KB214936

미국교회, 특히 복음주의권 교회들은 변화된 환경에 눈 질끈 감고 아직도 지배자 의식과 다수자 의식을 가지고 목회하며 선교하고 있다. 저자는 이 책에서 미국의 기독교가 지배자가 아니라 포로의 상태에 있으며 다수자가 아니라 소수자의 입장에 있음을 뼈아프게 각인시킨다. "지배신학"을 신봉하는 이들은 이 상황을 "쇠락" 혹은 "쇠퇴"로 읽지만 저자는 이를 "기회"로 읽는다. 그리고 구약의 에스더서와 다니엘서 그리고 신약의 베드로전서를 통해 유배 혹은 소수자의 상태가 어떻게 기회가 되는지를 밝히면서 그것이 오늘의 교회에게 어떤 의미를 가지는지 세세히 논한다. 한국교회도 미국교회의 영향을 받아 "지배신학"에 깊이 물들어 있다. 그것이 지금 한국교회가 표출하고 있는 온갖 문제의 뿌리라고 할 수 있다. 그런 의미에서 이 책이 설파하고 있는 "유배 신학"은 한국교회에도 매우 중요한 의미를 가진다. 교회와 신앙의 본질에 대해 고민하는 이들에게 권하고 싶은 책이다.

김영봉 | 와싱톤사귐의교회 목사

이 책은 기독교 신앙이 자명한 공리처럼 받아들여지던 기독교대세 문명 이후 시대를 사는 그리스도인들과 교회에게 역설적인 희망을 제시한다. 마치 예레미야가 가나안 땅을 잃고 이산과 유랑의 운명에 내던져진 바벨론 포로들에게 새 이스라엘의 싹이 자란다고 보았던 것처럼, 저자는 기독교 신앙이 더 이상 대세적 진리요 공리처럼 받아들여지지 않는 기독교 이후 시대야말로 기독교 신앙의 생존의지와 생존능력이 배가될 수 있는 기회라고 진단한다. 저자가 사는 북미 주(미국과 캐나다)에서 기독교 신앙은 자신의 정당성을 일상생활과 공적 사회에서 귀납적으로 입증하고 공증하여야 할 도전에 직면해 있다. 기독교 신앙을 후원했던 콘스탄티누스적인 국가권력의 후원은커녕 주류문화의 지지도 받지 못한 채 기독교회는 바벨론 제국 한 복판에 내던져져 있다. 기독교 신앙이 붙드는 진리 그 자체의 힘으로 상대주의와 허무주의와 세속주의 한 복판에서 자기 존재의 사명을 증언하고 스스로 그 사명의 정당성을 확신해야 한다. 저자는 국가권력의 비호 아래 있었던 콘스탄티누스 황제 치하의 교회보다는 유배 상황에 처한 교회가 교회의 본 모습에 더 가깝다고 확신한다. 유배 중인 교회가 성령의 감화 감동에 더 민감하다. 권력의 광채는 잃었지만 유배중인 교회가 정화된 신부처럼 교회의 영적 본질 회복에 더 유익하다는 것이다. 유배 중인 포로들이 하나님에 대한 쇄신된 영성을 회복했듯이 세속주의가 대세를 이룬 제국 내에서 소수요 주변화 된 나그네로 축소된 교회가 자신의 순례자적 정체성 회복에 더욱 유리하다는 것이다. 이런 유배 영성의 진면목을 탐색하기 위해 비치가 주목한 구약 세 책(에스더, 다니엘, 요나서) 및 신약의 복음서와 베드로전서는 유배 중인 교회의 길라잡이가 된다. 장로 대통령을 뽑아 기독교 국가를 만들어보려는 권력적 야심보다는 다종교사회인 한국사회에서 이산과 유랑의 운명을 짊어진 거룩한 나그네의 분투가 기독교회의 진면목이다. 기독교 신앙을 권력의 힘으로 확장하려고 하는 성시화 운동 참여자들도 이 책의 통찰에 신선한 도전을 받을 것이다. 성서적 메시지의 전복적 상상력을 잘 파헤친 이 책이 한국 독자들에게 널리 읽히기를 간구한다.

김회권 | 숭실대학교 기독교학과 구약학 교수

"추방과 귀향"—에덴에서의 추방과 새 예루살렘으로의 귀향—은 성서 전체를 관통하는 신학적 중심 주제다. 그 가운데 구약의 이스라엘의 추방 경험은 이스라엘 신앙의 새 관점을 형성하여 유배의 신학적 의미 발견하기, 이방 땅에서의 하나님의 부재와 임재, 이방 땅에서 거룩하게 살아가기, 적극적인 대응문화 만들어가기, 선교적 사명 등으로 발현한다. 이러한 구약의 추방 경험은 신약 시대에 하나님의 백성들로 하여금 지상에서 디아스포라로 살아가면서도 미래적 귀향을 열망하는 희망 공동체로 존재하도록 이끌어간다. 저자는 후기 기독교 시대를 교회의 유배 시기로 규정하여 교회가 어떻게 존재해야 하고, 무엇을 바라고, 어떻게 행동하고, 어떻게 앞을 향해 나아가야 하는지를 성서의 중요 주제인 유배-은유를 통해 설득력 있게 그려내고 있다. 월터 브루그만의 "추방과 귀향" 모티브로부터 영감을 얻은 저자는 복음주의적 관점에서 후기 기독교 시대 교회의 소명과 사명, 즉 교회는 전통적인 교회적 게토에서 벗어나 적극적으로 이 시대에 대한 대응문화와 대응신학을 창출할 것을 강력하게 주장한다. 설득력 있는 주장 전개와 통찰력 있는 세상 읽기, 세밀한 주석과 적절한 성서신학 사용은 이 책의 신뢰성을 더욱 공고히 해준다. 자극적이고 흥미 있는 저술이다.

류호준 | 백석대학교 신학대학원 구약학 교수

이 탁월한 책에서 리 비치는 우리가 이스라엘과 초기 교회의 경험을 통해 형성된 성서 안의 풍성한 유배 신학을 발견하도록 이끌어간다. 또한 그는 서구에서 점차적으로 주변화되어 가고 있는 교회가 그들 자신의 유배 상황을 받아들이도록 도전한다. 리 비치는 성서의 유배 모티브가 기독교 공동체들이 그들의 정체성과 사명에 대해 다시 생각하도록 도울 수 있음을 설득력 있게 주장한다. 비치에게 유배는 모험적 신앙을 요구하는 방향 전환과 희망을 위한 자리다. 학문적으로 견실하면서도 강력한 실천적 경향을 지니고 있는 이 시의적절한 책은 우리로 하여금 새로운 문화적 환경 속에서 하나님의 선교를 이행하며 살아가도록 새로운 활력을 불어넣어줄 것이다. 기독교 지도자들과 개교회의 회중들 모두 이 책이 제기하는 도전에 유의할 필요가 있다.

딘 플레밍 | 중미 나사렛 대학교
*Recovering the Full Mission of God*의 저자

리 비치는 잃어버린 크리스텐덤을 애타게 그리워하는 대신, 북미지역 교회들에게 오늘날의 유배 상황에서 교회의 정체성과 선교를 위해 고려해볼 만한 성서적인 모델을 제시한다. 구약성서에 등장하는 디아스포라 이야기들에 대한 섬세한 주석, 제2성전기에 이루어진 예수의 선교에 대한 해설, 그리고 베드로전서에 대한 심원한 분석은 후기 기독교라는 상황에 처해 있는 오늘의 교회를 향해 강력하게 말을 걸어온다. 우리는 문화의 주변부에서 살아가는 그리스도인들의 거룩하고 선교적이고 희망적인 삶에 대한 비치의 통찰을 통해 배워야 할 것이 아주 많다.

J. 리처드 미들턴 | 노스이스턴 신학교, 로버츠 웨슬리안 칼리지

리 비치는 심오한 성서적 넓이와 신학적 깊이를 바탕으로 유배 상태에 있는 오늘의 교회를 향해 현명한 조언을 한다. 그는 성서의 유배 모티브에 대한 진지한 재탐색을 토대로 유배적 상상력을 불러일으킴으로써 교회가 자신의 정체성을 새롭게 발견하는 데 필요한 창의적인 방법들을 제시한다. 여기서 우리는 교회를 섬기는 성서 연구와 창조에 버금가는 세상의 갱신을 위해 봉사하는 교회를 발견한다. 유배는 심각한 위협인 동시에 가장 창조적인 신학적 성찰과 공통의 실천을 모색할 수 있는 기회다. 비치는 우리가 강렬한 목회적 감수성을 지니고 오늘의 위험한 물살을 헤쳐 나가도록 돕는다.

브라이언 월쉬 | 크리스천리폼드처치 캠퍼스 사역자, 토론토 대학교

이것은 현대적이고 후기 기독교적이며 파편화된 사회에 대한, 그리고 유배 상황에 처해 있는 교회의 본질과 역할에 대한 실제적이지만 또한 심원할 정도로 희망에 가득 찬 설명이다. 리 비치는 철저한 성서 해석에 기반하여 이런 상태를 표준화하며, 실제로 교회는 자신이 발을 딛고 서 있는 '땅을 팔 때' 가장 건강하며 자신의 선교적 정체성에 가장 잘 부합한다고 주장한다! 비치는 교회가 자신의 참된 정체성을 따라 산다는 것의 의미를 구체적으로 밝힘으로써 '유배된 교회'를 위한 문헌을 형성하는 데 크게 기여한다. 교회의 모든 지도자들은 그들의 서가에 이 책을 비치해 두어야 한다!

로스 헤이스팅즈 | 리젠트 칼리지

*Missional God, Missional Church*의 저자

중심으로부터 주변으로의 이동은 점차적으로 서구 교회의 현실이 되고 있다. 비치는 유배 상태에서 하나님의 백성으로 사는 것의 의미에 관한 사려 깊은 신학과 실천 사항들을 발전시켜나간다. 만약 당신이 "본질적으로 선교적인" 공동체가 되고자 한다면, 하나님의 미래에 비추어 당신 자신의 상황에 개입할 때, 비치가 예언자적 상상력, 대응 신학, 그리고 유배적 정체성을 설명하며 제시하는 지혜를 적용하라.

JR 우드워드 | V3 처치플랜팅운동 디렉터

*Creating a Missional Culture*의 저자

브라보! 현대의 서구 문화 안에서 교회가 차지하고 있는 위치를 설명하기 위해 유배라는 은유를 사용한 탁월하면서도 읽기 쉬운 입문서가 나왔다. 리 비치는 우리에게 포스트 크리스텐덤 시대의 유배자라는 교회의 정체성을 받아들이고, 예언자적이고 선교적인 상상력의 지원을 받는 창조적인 신학적 성찰의 도전을 수용하고, 교회의 삶에 대한 전통적 모델들과 과감하게 결별하고, 하나님의 백성으로서 이 새로운 세상 속으로 용감하게 나아가라고 도전한다.

마이클 프로스트

『성육신적 교회』의 저자

리 비치는 아주 조심스럽게 그리고 학문적으로 진지하게 크리스텐덤의 붕괴와 그것에 대한 그리스도인들의 태도가 어떤 것이어야 하는지에 대해 쓴다. 이 책을 읽고 나면 당신은 울게 되거나 … 아니면 전에는 결코 보지 못했던 새로운 희망을 품고서 교회를 바라보게 될 것이다. 나의 경우는 후자였고, 나는 이 책을 읽은 것에 대해 깊이 감사하고 있다.

데이빗 피치 | 노던 신학교

*Prodigal Christianity*의 저자

The Church in Exile

Living in Hope After Christendom

새물결플러스

Originally published by InterVarsity Press
as *The Church in Exile* by Lee Beach.

유배된 교회

가나안교회 시대에
그리스도인으로
살아가기

리 비치 지음
김광남 옮김

목차

감사의 글

때로는 서점에서 충동구매를 하는 것이 삶 전체를 바꾸는 계기가 되기도 한다. 나의 경우가 그랬다. 2001년 어느 날, 나는 토론토에 있는 틴데일 신학교 서점에서 어슬렁거리며 책들을 살피다가 월터 브루그만(Walter Brueggemann)이 쓴 『깊은 기억, 열광적인 소망』(*Deep Memory, Exuberant Hope*)이라는 에세이집을 구매하기로 했다. 나는 어째서 그때 내가 그 책에 끌렸는지는 정확하게 기억하지 못한다. 하지만 그 책을 읽기 시작했을 때 나는 거의 즉각적으로 문화에 대한 그리고 문화 안에 있는 교회의 위치에 대한 브루그만의 통찰에, 그리고 그가 성서를 교회가 문화에 대응하는 방법에 대한 지침으로 사용하는 방식에 사로잡혔다. 무엇보다도 나는 그가 이스라엘의 유배와 오늘날의 북미 교회의 상황을 연결시키는 것에 매료되었다. 유배라는 은유가 현대 교회와 상관이 있다는 그의 주장은 나에게 아주 강력한 인상을 남겼고, 결국 여러 가지 방식으로 나를 변화시켰으며, 마침내 내가 이 책을 쓰도록 이끌었다. 무엇보다도 나는 그가 이 책을 위해 서문을 써준 것에 감사드린다. 그가 이 책의 형성에 포괄적인 영향을 주었다는 것은 절대로 과장이 아니기 때문이다.

그동안 이 책은 여러 차례 수정 과정을 거쳤지만 책의 큰 틀은 무엇보다도 나의 동료이자 박사학위 과정 지도교수인 마이클 노울즈(Michael Knowles)와의 긴밀한 대화를 통해 형성되었다. 이 책의 내용에 그가 끼친 영향은 책 전반에서 나타난다. 나에게 마이클은 멘토 겸 영적 지도자이자 좋은 친구다. 그가 나의 삶에 새겨놓은 각인은 내가 살아 있는 동안 계속될 것이다.

또한 나의 박사과정 심사위원회의 일원이었던 마크 보다(Mark Boda)에게 감사드린다. 그는 다양한 주제들에 관한 폭넓은 지식을 지닌, 그러나 특히 어떤 주장을 분석하고 그 주장 중 어느 부분을 더 발전시켜야 하는지를 간파해내는 비상한 능력을 지닌 아주 특별한 학자다. 이 책의 형성단계에서, 특히 구약성서의 본문을 다루는 부분에서 그가 준 도움은 결정적이었다.

더 나아가 나는 리처드 미들턴(Richard Middleton), 레베카 이드스트롬(Rebecca Idestrom), 그리고 스탠리 포터(Stanley Porter)에게 감사를 전하고 싶다. 그들 모두는 이 책이 출판되는 과정에서 다양한 방식으로 중요한 역할을 했다. 그 점과 관련해 또한 나는 IVP의 편집진에게, 특히 이 프로젝트를 추진하고 결실을 맺기까지 수고한 데이빗 콩든(David Congdon)에게 감사드린다. 또한 나를 도와 일했던 세 명의 강의조교인 브루스 워싱톤(Bruce Worthington), 제이슨 화이트(Jason White), 그리고 저스틴 로버츠(Justin Roberts)에게 감사드린다. 그들 모두는 내가 이 책의 원고를 준비하는 과정에서 큰 도움을 주었다.

보다 개인적으로 나는 나의 가족에게 감사의 말을 전하고자 한다. 나의 처가 식구들인 밥(Bob)과 루엘라 굴드(Louella Gould)는 내가 이 책을 쓰는 일에 집중하기 위해 장기간 가사로부터 물러나는 것이 필요했을 때 나에게 집필 장소를 제공한 것을 포함해 여러 가지 방식으로 지속적인 도움과 격려를 주었다. 나의 어머니 그웬 비치(Gwen Beach) 여사는 언제나 나의 든든한 지원군이셨다. 어머니와 나의 아버지 짐(Jim)은 내가 늘 감사해마지 않는 삶의 토대를 놓아주셨다. 내가 이 책을 쓰는 기간 내내 어머니는(아버지는 몇 해 전에 돌아가셨다) 우리 가정에 실제적인 도움을 제공하는 지속적인 근원이셨다. 우리의 삶 속에 어머니의 존재는 주님이 우리에게 주신 참된 선물이다. 나의 아이들인 조쉬(Josh)와 알렉산드라(Alexandra)는 늘 나를 평소대로 대함으로써 내가 우쭐해지지 않게 해주었으며, 또한 인생에는 책을 쓰는 일보다 더 중요한 일들이 있음을 일깨워주었다. 나는 그 아이들이 성장해가는 모습이 무척 자랑스럽다.

전에 나는 책의 첫머리에 실린 감사의 글 말미에서 저자의 배우자가 언급되는 것을 볼 때마다 살짝 냉소적이 되곤 했다. 나에게 그것은 모든 저자들이 거의 항상 치르는 의식처럼 느껴졌다. 그런 생각은 사실상 내 자신의 책을 쓸 때까지도 지속되었다. 그러나 나는 이제야 비로소 그런 감사의 말이 어째서 꼭 필요하며 또한 적절한 것인지 알게 되었다! 나의 아내 조앤(Joanne)은 이 모든 프로젝트를 가능케 한 사람이다. 그녀는 나의 가장 좋은 친구다. 나는 나에게 그녀보다 더 완벽한 파트너가 있을 수 있다는 것을 상상조차 할 수 없다.

리 비치는 우리가 신중하게 주목할 만한 가치가 있는 감각적이고 도발적인 책을 썼다. 교회의 미래에 관한 그의 주장은 사회에 대한 분석, 성서 주해, 그리고 실천신학의 융합과 관련되어 있다. 그의 사회에 대한 분석은 "크리스텐덤의 종말"에 대해, 그리고 북미의 인습적인 기독교 안에서 교회가 갖고 있던 영향력과 특권의 위치 이동에 관해 개괄한다. 그가 사용하는 데이터와 실례들 대부분은 그 자신이 캐나다에서 경험한 것으로부터 나오지만 그런 데이터와 실례들은 미국에서도 적용된다.

비치는 현대 교회 안에서의 상실 경험을 조명하는 은유의 역할을 해줄 "축출로서의 유배"(exile as displacement)라는 개념과 관련된 구약성서와 신약성서의 본문들에 대해 철저한 주해 작업을 수행한다. 그는 성서에 등장하는 이스라엘의 유배에 관련된 광범위한 본문들을 제시한 후 특히 유배된 교회라는 주제가 부각되는 베드로전서의 내용을 살핀다. 그는 "하나님의 백성은 처음부터 유배 상태에 있었다"는 결론을 내린다.

하지만 그런 주해 과정에서 그 자신도 인식하지 못하는 주목할 만한 변화가 발생한다. 그것은 내가 판단하기로는 칭찬할 만한 변화다. 사실상 비치는 에스더, 요나, 그리고 다니엘의 이야기들을 고찰하는 방식으로 이스라엘의 통상적인 유배 기간이 아닌 그 이후의 디아스포라 기간에 속한 본문들을 취한다. 여기서 "유배"로부터 "디아스포라"로 이어지는 연속성이 매우 중요한데, 그것은 나 자신을 포함해 많은 해석자들이 강조하고 있는 것이기도 하다. 양자의 차이는 "유배"라는 주제가 정상적인 상태로의 회귀에 대한 기대로 이어지는 반면, "디아스포라"라는 주제는 고향으로부터 멀리 떨어진 이들, 즉 집이나 이전의 정상적인 상태로 돌아가는 것에 대한 그 어떤 진지한 기대 없이 이제 그들의 집이 된 새로운 환경에 정착한 이들 사이에서 나타나는 삶과 믿음의 실천이라는 문제를 다룬다는 것이다. 이 문제는 실제로 사역을 해나갈 때 아주 중요하다. "유배"는 교회의 원래 모습을 "회복"하기 원하는 소망일 수도 있다. 반면에 "디아스포라"는 귀향은 물론 이전의 정상적인 상황을 회복하는 일도 없을 것을 인정하는 것이다.

유배와 구별되는 디아스포라는 신학, 교회, 그리고 사역을 위해 새로운 길을 모색할 필요가 있다. 비치는 그 문제에 대해 아주 간결하게 말한다. "[이런] 지도자는 회중 가운데서 미래의 존속을 위한 선교적 비전을 북돋우는 상상력을 계발해 회중의 삶 속에 희망을 불러일으키고자 애쓸 것이다".

여기서 핵심적인 단어들은 **희망**, **상상력**, 그리고 **선교적 비전**이다.

그러므로 이 책은 "고향으로 돌아가지" 않는 교회에게 지금 필요한 것과 허락된 것이 무엇인지를 고찰하는 실천 신학에 대한 확대된 담대한 표현이다. 비치의 고찰 중 많은 부분은 교회의 거룩함과 관련되어 있다. 유배 상태에서 이스라엘은 "주님에게 거룩한 백성"이 되는 것에 집중해야 했는데, 이것은 훗날 레위기의 엄격한 규정들로 이어졌다. 또한 서신서에서 나타난 교회는 로마 제국 속에서도 거룩한 백성이 되어야 했다.

그러나 너희는 택하신 족속이요 왕 같은 제사장들이요 거룩한 나라요 그의 소유가 된 백성이니 이는 너희를 어두운 데서 불러내어 그의 기이한 빛에 들어가게 하신 이의 아름다운 덕을 선포하게 하려 하심이라. 너희가 전에는 백성이 아니더니 이제는 하나님의 백성이요, 전에는 긍휼을 얻지 못하였더니 이제는 긍휼을 얻은 자니라(벧후 2:9-10).

비치는 지금의 상황에서는 다른 종류의 거룩함이 절박하게 요구된다는 것을 날카롭게 꿰뚫는다. 그는 나름의 정착된 관습을 지닌 낡고 본질주의적인 거룩함의 개념을 떨쳐버린다. 오히려 지금 꼭 필요한 것은 담대한 불순응을 통해 나타나는 관계적인 그리고 이야기적인 거룩함이다. 사실이 그런 것처럼 확실히 불순응의 긴급성은 언제나 교회에게 중요한 것이었다. 왜냐하면 그동안 교회는 늘 기성 사회의 확신과 기대를 거부해왔기 때문이다.

전형적인 "진보적" 그리스도인인 나는 최근 들어 자주 비치를 포함한 수많은 복음주의 그리스도인들이(결코 모두는 아니다!) 지친 진보주의자들보다 훨씬 더 많은 에너지와 기대를 갖고서 교회가 처해 있는 포스트모던적 상황이라는 새롭고 무질서한 개방 상태에 개입할 준비가 되어 있는 듯한 이유에 대해 숙고해왔다. 그리고 상황이 어째서 그리 된 것인지 물을 때 분명하게 드러나는 한 가지 사실은, 복음주의 안에는 새로운 계획에 대한 보증이 되는 하나님 자신의 성실함에 근거한 정당한 희망이 존재한다는 것이다. 비치의 주장을 진지하게 만들고 또한 우리가 그것을 진지하게 취급할 필요가 있도록 만드는 것이 바로 그런 훌륭한 희망이다.

여러 차례 그의 주장은 사도행전 10-11장에 있는 이야기로 되돌아간다. 그 이야기는 베드로가 성령을 통해 순결과 청결에 관한 이전의 개념을 넘어서 거룩함에 대한 새로운 개념에 이르는 과정에 대해 이야기한다. 비치가 보기에 그 새로운 거룩함은 매우 상황적이며, 베드로에게는 가장 까다로운 배움의 대상이었다. 이방인들의 면전이라는 그의 새로운 상황은 베드로에게 그의 믿음과 사도적 소명과 관련해 모험을 하도록 요구했다. 하나님의 거룩한 백성에게 무엇이 요구되고 무엇이 허락되는지는 대개 상황에 의해 결정된다. 성령의 이끄심을 받는 식의 믿음은 교회로 하여금 교회가 결코 가본 적도 없고 가려고 생각조차 해본 적도 없는 곳으로 가도록 촉구한다. 교회에게 이 새로운 상황은 마치 1세기의 유대 그리스도인들에게 이방인들이 그랬던 것만큼이나 과격한 타자성(radical otherness)을 의미한다. 비치의 평가는 분명히 옳다. 그의 책은 교회의 지도자들에게 하나님이 지금 교회를 옮겨 놓으신 장소를 제대로 식별하라고 촉구한다. 새로운 지도자들이 희망, 상상력, 그리고 선교적 비전의 측면에서 해야 할 일은 현실에 대한 모든 낡은 정의를 헤치고 뒤집고 넘어서는 방식으로 "현실을 정의하는" 일과 관련되어 있다. 특별히 이것은 복음의 진리와 맞서는 현실에 대한 지배적인 정의를 단호하게 부정하는 것을 의미한다. 그런 지도자들은 현실에 대한 새로운 정의가 회중 안팎에서 격렬하게 서로 부딪히며 경쟁하게 될 것을 예상해야 할 것이다. 그것보다 못한 것은 부적절하게 그리고 절망적으로 끝나고 말 것이다. 이 책은 희망 가운데서 이루어지는 가치 있는 운동이다!

월터 브루그만

컬럼비아 신학교

서론

후기 크리스텐덤 세계에서의 유배와 삶

1967년 7월 1일, 캐나다 온타리오 주 오타와 시의 아름다운 한 여름날, 2만 5천여 명의 사람들이 그 나라의 1백 번째 생일을 축하하기 위해 수도에 운집했다. 캐나다가 1백 번째 생일을 맞이한 날에 여러 축제들이 기도회와 더불어 시작되었다. 국영 TV를 통해 방영된 그 기도회는 그날의 모든 행사의 중심이었다. 수많은 유명 인사들이 기도회에 참석하기 위해 속속 도착하는 동안 군중은 흥분에 휩싸여 그들을 기다렸다. 그 인사들 중에는 수상, 정부 각료, 그리고 국회의원 같은 중요한 정치 지도자들이 모두 포함되어 있었다. 행사의 주인공인 엘리자베스 여왕(Queen Elizabeth)이 그녀의 남편 에딘버러 공(Duke of Edinburgh)과 함께 도착하자 8명의 성직자들이 그들을 영접한 후 연단 위에 있는 자리로 안내했다. 기도회는 몇 차례의 성서 봉독으로 이루어졌는데, 거기에는 당시 수상이었던 레스터 피어슨(Lester B. Pearson)의 봉독이 포함되어 있었다. 그는 베드로전서 3:8-14을 읽었다. 참석자들은 기독교 전통에서 나온 찬송가를 불렀고, 이어서 국가의 죄를 고백하는 기도문과 주기도문이 포함된 기도들을 드렸다. 탄원문이 낭독되었고, 그곳에 모인 이들은 그 탄원에 대해 "오 주님, 우리가 주님께 헌신하옵니다"라고 화답했다. 그 기도회는 캐나다의 처음 1백 년간의 발전과정에서 교회가 수행한 역할에 대한 분명한 표시였다. 그 기도회가 준 메시지는 캐나다는 종교적인 국가이며, 그 나라의 종교는

분명히 기독교라는 것이었다.[1]

그 무렵의 그리고 확실히 그 이전의 미국이나 서구 유럽의 모든 나라에서 그와 유사한 장면들은 결코 낯선 것이 아니었다. 대다수 서구 국가에서 기독교는 그 나라의 전체적인 기풍을 형성하는 것을 도왔고 여러 공적 행사와 모임에서 최고의 자리를 차지했다.

그러나 오늘 우리 중 많은 이들에게 방금 내가 간략하게 설명했던 장면은 더 이상 상상하기가 쉽지 않다. 한때 신앙이 중요한 역할을 했던 여러 지역에서 기독교 신앙에 대한 그런 식의 공적 표명은 아주 없지는 않으나 매우 드물게 나타난다. 이런 사회적 진화가 얼마나 큰 것이었는지는 1967년에 있었던 건국 1백 주년 기념예배 후 34년이 지난 시점에 그 나라의 수도에서 있었던 또 다른 공적 예배에 대한 간략한 묘사를 통해 포착된다. 2001년 9월 14일, 즉 9월 11일에 뉴욕의 세계무역센터와 워싱턴의 펜타곤에 대한 가공할 만한 테러가 발생한 후 사흘이 지난 시점에 캐나다 의회 건물 앞에서 집회가 벌어졌다. 그날 그 테러에 의해 희생된 이들을 추모하기 위해 의회 언덕에 모인 이들의 숫자는 10만여 명에 이르렀다. 비록 그날 모임의 성격이 1967년의 그것과 크게 다르고 모임의 분위기 역시 크게 다르기는 했으나, 그 모임의 진행 과정은 그동안 캐나다의 문화적 삶에서 발생한 변화를 보여준다는 점에서 매우 시사적이었다.

그날 연단에는 몇 개의 종교를 대표하는 이들이 자리를 잡고 앉았으

1 그 기도회에 대한 보다 상세한 설명과 그 기도회가 갖는 의미에 대한 몇 가지 훌륭한 통찰을 위해서는, Garry Miedema, *For Canada's Sake: Public Religion, Centennial Celebrations, and the Re-Making of Canada in the 1960s* (Montreal and Kingston: McGill-Queens University Press, 2005), xi-xvi를 보라.

나, 어찌된 일인지 기독교의 성직자는 (혹은 다른 그 어느 종교의 지도자도) 초대를 받지 못했다. 약 30분간 진행된 추모식은 수상 장 크레티앙(Jean Chretien), 미국 대사 폴 셀루치(Paul Celucci), 그리고 캐나다 총독 아드리엔 클락손(Adrienne Clarkson)의 짤막한 인사말을 포함한 조용한 행사였다. 그 어떤 성서 말씀도 봉독되지 않았고, 그 어떤 기도도 드려지지 않았고, 그 어떤 찬송도 불리지 않았다. 그나마 종교적인 것이라고 간주될 수 있는 유일한 발언은 수상이 한 말 중에 그런 경우에 적합할 수 있는 다음과 같은 표현뿐이었다. "우리는 우리의 인간성과 우리의 공통의 선함을 고수해야 하며 무엇보다도 기도에 매달려야 합니다."[2]

1967년의 모임과 2001년의 모임 사이의 대조를 이보다 더 분명하게 보여줄 방법은 달리 없다. 각각의 의식은 각 시대의 캐나다를 대표하는 것이었고, 따라서 그 둘은 그동안 하나의 국가로서의 캐나다가 얼마나 극적으로 변화되었는지를 보여주었다. 그리고 사실 그것이 보여준 것은 겨우 한 세대 동안 발생한 변화가 얼마나 극적인 것이었나 하는 것이었다. 만약 20세기 초기와 중기의 캐나다가 결정적으로 기독교적 유산에 의해 형성된 나라였다면, 21세기의 캐나다는 그 안에서 기독교는 고사하고 그 어떤 종교적 신앙도 국가적 행사에서 중심 무대를 차지하지 못하는 나라가 된 것이다. 실제로 범국가적인 애도 기간에조차 종교는 그런 애도 과정의 필수적인 부분으로 보이지 않았을 정도다. 만약 그런 국가적 행사가 그 나라의 특질에 대한 통찰을 제공한다면, 그 34년의 시간 동안 캐나다

2 Debra Fieguth, "Rallying in the Face of Horror," *Christian Week*, October 2, 2001을 보라. 또한 "Further My God," *National Post* editorial, September 18, 2001, A7을 보라.

는 교회가 중심적인 역할을 하는 나라로부터 종교가 더 이상은 낄 자리를 찾기 어려운 나라로 변화된 셈이다.

이런 시나리오는 내가 나의 고국에서 겪은 일에 근거한다. 그러나 사실 기독교 신앙이 다른 것으로 치환되는 현상은 서구 전역의 나라들이 공유하고 있는 이야기다. 오늘날 영국, 프랑스, 독일, 스페인, 그리고 유럽의 다른 여러 나라의 사람들은 유사한 경험을 하고 있다. 우리는 기독교 신앙이 국정에서 보다 중요한 역할을 맡고 있는 미국에서조차 국가적 삶의 여러 부분에서 문화의 중심으로부터 보다 주변적인 역할을 맡는 쪽으로 서서히 이동하고 있음을 보여주는 일화적인 증거들을 쉽게 발견할 수 있다. 우리는 이에 대한 한 예를 미국 자신의 9·11 추모식을 통해 찾을 수 있다. 2001년 9월 11일 그 끔찍한 사건이 발생한 지 3일 만에 워싱턴에서 개최된 추모식은 빌리 그레이엄(Billy Graham)을 설교자로 초청하면서 분명한 기독교적인 색채를 보여주었다. 그러나 그로부터 며칠 후 뉴욕의 양키 스타디움에서 또 다른 추모식이 열렸는데, 그 추모식은 오프라 윈프리(Oprah Winfrey)가 주관했고 여러 종교 전통의 사람들이 참여했다. 이것은 미국의 종교적 지형의 변화를 보여 주는 신호였다. 그 행사는 그 자리에 참석한 이들과 미국 전역에서 그 광경을 지켜보는 이들 모두에게 기독교가 여전히 미국의 삶의 일부이기는 하나 과거에 국민들 전체가 한데 모여 종교에 답을 구했던 시절에 그랬던 것처럼 배타적인 지위를 갖고 있지는 않음을 알려주었다. 뿐만 아니라, 비록 목회적 돌봄이 필요한 때에 사람들이 여전히 신뢰받는 목회자 빌리 그레이엄을 찾기는 했으나, 국가적 애도의 시기에 그 나라가 슬픔을 헤쳐 나가는 과정을 이끌도록 부름받은 사람은 영성에 대한 절충주의적 접근법으로 유명한 TV 스타였다.

그 나라의 종교적 지형에서 나타난 이런 변화는 9·11 참사 10주년 추모 행사에서 보다 분명하게 드러났다. 또 다른 추모식이 이번에도 양키 스타디움에서 열렸다. 그 추모식과 관련해 논쟁이 벌어졌는데, 그것은 행사를 계획한 이들이 성직자들의 참여와 기도를 완전히 배제하기로 결정했기 때문이었다. 이것은 수많은 성직자들과 언론에 종사하는 일부 사람들로부터 큰 분노를 자아냈다. 그들이 보기에 이것은 그 나라에서 대체로 일어나고 있는 일, 즉 일반적으로 종교가 그리고 특별히 기독교가 점차 문화의 주변부로 밀려나고 있음을 알리는 암시였다.[3]

2011년 6월에 퓨 리서치 센터(Pew Research Center)가 주관한 "종교와 공적 삶에 관한 포럼"(Forum on Religion and Public Life)에서 발표된 조사 결과에 따르면 지구의 남반구에서 살아가는 복음주의 개신교 지도자들 중 많은 이들은(58%)은 복음주의 그리스도인들이 그들의 나라에서 영향력을 "얻어가고" 있다고 답했다. 그러나 지구의 북반구에서 사는 많은 지도자들(66%)은 복음주의가 그들의 나라에서 영향력을 "잃어가고" 있다고 답했다. 특히 미국의 복음주의 지도자들은 미국 사회 안의 복음주의 기독교의 미래에 관해 부정적이었다. 82퍼센트의 사람들이 오늘날 미국에서 복음주의자들이 영향력을 잃어가고 있다고 말한 반면, 단 17퍼센트의 사람들만이 복음주의자들이 영향력을 얻어가고 있다고 여겼다. 북반구에서 살아가는 복음주의자들은 대체로(54%) 다음 5년 내에 교회의

3 Laurie Goodstien, "Omitting Clergy at 9/11 Ceremony Prompts Protest," *New York Times,* September 9, 2011, A1, www.nytimes.com/2011/09/09/nyregion/omitting-clergy-from-911-ceremony-prompts-protest.html?pagewanted=all.

전반적인 영향력이 전과 동일한 수준으로 겨우 유지되거나 약화될 것이라고 답했다.[4]

종교적 지형의 이런 변화 때문에 지금은 서구의 교회들에게는 독특한 시기라 할 수 있다. 지금 서구의 문화는 굉장한 변화의 시기를 맞고 있다. 변하지 않는 유일한 것이 하나 있다면, 아마도 그것은 상황이 늘 변하고 있다는 사실뿐일 것이다. 오늘날 서구 문화 안에서 교회가 차지하고 있는 위치가 이런 현실을 잘 반영하고 있다. 한때 교회가 문화의 형성과 시민들의 매일의 삶과 관련해 중요한 역할을 한 적이 있었다. 이미 언급했듯이, 수십 년 전만 해도 북미와 유럽의 여러 지역에서 사람들은 기독교에 대해 매우 우호적인 표현을 해왔다.[5]

하지만 이것은 오늘날 서구 교회들의 상황에는 더 이상 들어맞지 않는다. 지금 우리가 속해 있는 문화가 점차적으로 기독교의 독특한 가치들과 맞서며 갈등하고 때로는 적대적인 자세를 취하기까지 함에 따라 오늘날 교회의 지위는 크게 변하고 있는 중이다.[6] 물론 내 말은, 비록 때때로 그런 일이 일어나기는 할지라도, 기독교 신앙에 대한 공공연한 분노나 박

4 Pew Research Center's Forum on Religion & Public Life, "Global Survey of Evangelical Protestant Leaders," June 22, 2011, http://pewform.org/Christian/Evangelical-Protestant-Churches/Global-Survey-of-Evangelical-Protestant-Leaders.aspx.

5 이에 대한 증거를 위해서는 Mark Noll, *A History of Christianity in the United States and Canada* (Grand Rapids: Eerdmans, 1992); Hugh McLeod and Werner Usterof, *The Decline of Christendom in Western Europe, 1750-2000* (Cambridge: Cambridge University Press, 2003)을 보라.

6 "문화"를 정의하기는 어렵다. 하지만 여기서 그리고 이 책 전체를 통해서 내가 그 용어를 사용할 때는, 특별히 달리 상술하지 않는 한, 한 사회의 관습, 행동 양식, 사회적 실천, 사회 구조, 그리고 예술 등 그 사회의 특징을 이루는 광범위한 것들을 가리킨다. Jonathan Vance, *A History of Canadian Culture* (Oxford: Oxford University Press, 2009), vii-viii를 보라.

해가 있다는 뜻이 아니다. 그보다는 오히려, 잘 살펴본다면(수박 겉핥기식으로 살펴볼지라도), 서구 문화의 기준들이 자주 교회에 대해 그리고 교회가 문화 안에서 갖고 있는 정체성에 대해 도전을 제기하는 방향으로 움직이고 있음이 분명하게 드러나고 있다는 뜻이다. 한때 서구 문화의 중심에 혹은 적어도 가까이에 있었을 뿐 아니라 특권을 지닌 목소리를 낼 수 있었던 기독교는 그 중심이 파괴되는 것을, 그리고 중심으로서 자신의 위치가 사라져가는 것을 지켜보아야 했다.

미국 문화에 관한 월터 브루그만(Walter Brueggemann)의 논평은 이런 변화가 가져온 파급효과에 대해 말하고 있다.

> 기독교 설교자가 광범위한 신학적 합의를 반영하는 경청하는 공동체라는 공유된 전제에 의존할 수 있었던 때가 있었다. 하나님에 대한 가정이 서구의 상상력을 완전히 지배하고 거룩한 가톨릭교회가 모든 이들의 합의를 임의로 선언했던 때가 있었다. 그런 합의는 거칠었고 아마도 그다지 건강하지 않았을 것이다. 그럼에도 설교자들은 적어도 그것에 의지하며 일할 수 있었다.[7]

브루그만의 논평은 이전 시대와 현재의 상황 사이의 대조를 잘 보여준다. 오늘날의 교회는 기독교적인 문화적 합의와 유사한 그 어떤 것도 없는 상황에서 스스로를 정의하는 일과 자신이 일부를 이루는 문화에 개입하는 일을 계속해 나가야 한다. 몇몇 교회 전통들은 의식적으로 이런

7 Walter Brueggemann, *Deep Memory, Exuberant Hope: Contested Truth in a Post-Christian World* (Minneapolis: Fortress, 2000), 1.

필요를 인식하고 있다. 다른 전통들은 무언가가 변했다는 사실을 덜 인식하고 있을 수도 있다. 또한, 설령 인식하고는 있을지라도, 아마도 그것에 과도하게 반응해야 할 필요를 느끼지 못할 수도 있다. 그러나 교회의 미래에 대해 걱정하는 많은 이들은 우리가 처해 있는 문화적 상황 속에서 기독교 신앙의 독특성을 보다 잘 표현하기 위한 방법을 얻기 위해 새로운 길들을 모색하고 있는 중이다.

그런 모색 과정에서 "유배"(exile)라는 모티브는 이 특별한 역사적 시기에 교회가 자신을 정의하는 가장 도발적인, 그리고 어쩌면 열매를 맺을 수 있는 방식을 제공해줄 수도 있다. 오늘날의 교회의 상황이 각각 독특한 방식으로 유배를 경험했던 고대 이스라엘이나 초기 교회의 상황과 유사할 수도 있다는 확신이 점차 깊어지고 있다.[8]

유배: 교회를 위한 잠재적 모티브

아마도 유배는 하나님의 백성이 그들의 역사를 통해 언제나 자신들을 이해해야 하는 방식일 것이다.[9] 우리

8 예컨대 Brueggemann, *Cadences of Home: Preaching Among Exiles* (Louisville, KY: John Knox, 1997), 그리고 Brueggemann, *Deep Memory, Exuberant Hope*를 보라. 이 두 책에서 Brueggemann은 유배가 오늘날 서구 문화 안에서 기독교 교회의 위치를 이해하는 최고의 주제라는 입장에서 논의를 전개해 나간다. Richard J. Middleton and Brian J. Walsh는 그들의 책 *Truth Is Stranger Than It Used to Be: Biblical Faith in a Postmodern Age* (Downers Grove, IL: InterVarsity Press, 1995)에서 이 주제를 활용한다. Ralph Klein 역시 그의 책 *Israel in Exile: A Theological Interpretation* (Philadelphia: Fortress, 1979)에서 이 주제가 현대 문화 속에 있는 서구 교회와 어떻게 긴밀하게 연결되는지에 대한 고찰로 마무리한다. 특히 149-54를 보라. 또한 Michael Frost, *Exiles: Living Missionally in a Post-Christian Culture* (Peabody, MA: Hendrickson, 2006)을 보라.

9 Robert Carroll, "Exile! What Exile?: Deportation and the Discourses of Diaspora," in *Judaic Religion in the Second Temple Period,* ed. Lester Grabbe (London: Routledge, 2000), 66-67을 보라. 거기서 그는 유배가 바로 성서의 이야기라는 개념에 대해 논한다. 또한

는 크리스텐덤(Christendom, 기독교[Christianity]와 왕국[Kingdom]을 결합한 단어로 통상적으로 로마 황제 콘스탄티누스가 기독교를 공인한 이후 국가 교회[state-church] 형태로 존재했던 기독교를 가리킨다—역자 주)이 교회의 사명과 정체성에 대한 혼재된 결과를 낳은 변칙이었다고 주장할 수 있다.[10] 이에 비추어볼 때, 교회가 자기를 정의하는 수단으로서 유배라는 패러다임을 재발견하는 것은 포스트모던 시대와 후기 기독교 시대를 살아가는 교회로서는 절대적으로 필요한 일이다.

이 주제의 잠재성을 온전하게 이해하려면, 우리는 유배라는 개념이 강제적인 추방이나 자발적인 분리의 결과로서 자신의 조국으로부터 유리되는 것이라는 전형적인 정의 이상의 무언가를 함의한다는 점을 이해할 필요가 있다. 유배는 단순히 지리적인 위치 이동 이상의 무언가를 의미한다. 그것은 문화적인 그리고 영적인 상황이 될 수도 있다. 그것은 우리 자신이 이방인임을, 그리고 어쩌면 지배적인 가치가 우리 자신의 가치와 충돌하는 적대적인 상황에 우리가 처해 있음을 인식하는 경험이다.[11]

다시 말해, 우리는 고향으로 돌아와서도, 심지어 고향에 그대로 남아 있음에도 유배를 경험할 수 있다. 종교적 정체성이라는 영역을 넘어서 이런 견해는 세계 여러 나라의 예술가들, 시인들, 반정부 인사들, 철학자들,

Jacob Neusner, "Exile and Return as the History of Judaism," in *Exile: Old Testament, Jewish and Christian Perspectives,* ed. James Scott (Leiden: Brill, 2001), 221을 보라. 거기서 그는 "유배와 귀환이라는 패러다임은 현재에 이르기까지 모든 시대의 모든 유대교를 포함한다"고 말한다.

10 Bryan Stone, *Evangelism After Christendom: The Theology and Practice of Christian Witness* (Grand Rapids: Brazos, 2007), 11.

11 Brueggemann, *Cadences of Home,* 115.

그리고 종교 지도자들의 경험을 통해 확증된다. 폴 타보리(Paul Tabori)는 유배 경험에 대한 그의 중요한 연구서에서 "내적 유배"(inner exile)라는 개념, 즉 "자신의 나라 안에서 추방자가 되는" 경험에 대해 말한 바 있다.[12]

타보리의 책은 문화적이고 사회적인 관점에서 유배 경험의 가능한 범위와 어떻게 그것이 물리적 위치 이동을 포함하면서도 그것에 국한되지 않는지를 밝힌다. 그는 우리가 "고국에 있으면서도" 여전히 유배 상태에 있을 수 있음을 강조한다. 본질적으로 유배는 고향을 떠나 사는 것을 의미한다.[13] 이것이 기독교 신앙의 핵심인 까닭은 지금 우리가 우리의 궁극적인 종말론적 공동체로부터 멀리 떨어져서 살고 있기 때문이다. 더 나아가 유배는 우리가 우리 자신을 독특한 사람들로, 즉 이 세상의 나그네로 이해함으로써 발생하는 결과다. 이런 구별은 지고하신 하나님과 우리의 관계에 의해 정의되며, 종종 지배적인 문화와 갈등을 야기하는 그분과의 관계를 따라 살아갈 것을 요구하시는 하나님의 부르심에 근거한다. 이런 의미의 유배는 다수의 의견이라는 압제에 순응할 수 있는 능력이 없거나 순응하기 원치 않음으로 인해 사회에서 소외되거나 표류하거나 주변화되어 있다고 느끼는 사람들에 의해 경험된다.[14] 좀 더 간단히 말해보자. 에드

12 Paul Tabori, *The Anatomy of Exile: A Semantic and Historical Study* (London: Harrap, 1972), 32.

13 Susan Robin Suleiman, "Introduction," in *Exile and Creativity: Signpost, Travelers, Outsiders, Backward Glances,* ed. Susan Rubin Suleiman (Durham, NC: Duke University Press, 1996), 1을 보라. Suleiman은 유배는 "물리적인 것으로부터 지리적인 것과 영적인 것이 이르기까지 모든 종류의 소외 혹은 위치 이동을 가리킨다"(2)고 말함으로써 유배에 대한 전통적인 정의를 확대한다.

14 Wendy Everett and Peter Wagstaff, "Introduction," in *Culture of Exile: Images of Displacement,* ed. Wendy Everett and Peter Wagstaff (New York: Berghahn, 2004), x.

워드 사이드(Edward Saïd)는 유배란 "무소속이라는 위험한 영역"이라고 말했다.[15]

서구 그리스도인들에게 이와 같은 총체적인 문화적 주변화 경험은 오늘의 문화를 관통하고 있는 포스트모던적 에토스로 인해 더 악화됨으로써 결국 사이드가 "전위[傳位]의 경험"(an experience of dislocation) 혹은 "뿌리 없음"(rootlessness)이라고 부르는 상태에 이르게 될 수도 있다.[16] 원래 포스트모더니즘은 사람들로 하여금 노숙자와 같은 감정을 갖도록 만드는 경향을 지닌 문화적 에토스다. 본질적으로 그것은 사람들에게 (한때 기독교의 이야기가 북미와 유럽의 대다수의 사람들에게 그랬던 것처럼) 공통의 토대에 대한 인식을 제공할 수도 있는 어떤 보편적인 이야기나 집단적인 윤리를 거부하는 문화다.

이것은 포스트모더니즘이 궁극적으로 모더니즘에 대한 반동이며, 그런 반동은 재건주의적(reconstructionist) 운동이 아닌 해체주의적(deconstructive) 운동이기 때문이다. 정의에 의하면, 포스트모더니즘은 이전의 믿음과 삶의 방식을 해체한다. 그것은 새로운 질서가 아니라 새로운 "무질서"를 만들어낸다. 브라이언 월쉬(Brian Walsh)와 실비아 키즈매트(Sylvia Keesmaat)는 이전에 있었던 가정들에 의문을 제기하고, 다양한 가능성들을 고려하며, 거의 아무런 결론도 제시하지 않는 포스트모더니

15 Edward Saïd, *Reflections on Exile: and Other Literary and Cultural Essays* (London: Granata Books, 2001), 177. 유배라는 용어의 잠재적 용법의 범위와 그것이 오늘날 성서학과 실천신학에서 어떻게 연구되고 있는지에 대한 철저한 개관을 위해서는 Pamela, J. Scalise, "The End of the Old Testament," *Perspectives in Religious Studies* 35, no. 2 (2008): 163-78을 보라.

16 Ibid.

즘을 "파편의 문화"(a culture of fragmentation)라고 설명한다. 그들은 "우리가 다양한 견해들, 정체성들, 그리고 세계관들과 더불어 노는 데 익숙해질 때 삶이 파편화되는 것처럼 느껴지기 시작하는 것은 놀랄 일이 아니다"[17]고 말했다. 그런 전망은 파편화된 문화와 잠재적으로 파편화된 자아를 낳는데, 그것은 고립의 경험으로 이어질 수 있다. 포스트모더니즘 문화에서 자아는 안정을 제공하는 공동체와의 결합의 부재로 인해 발생하는 고립 속으로 빠져들 수 있다.[18] 이렇게 불안정을 야기하는 문화적 에토스는 우리가 속해 있는 사회적 집단이, 오늘날의 북미와 유럽 기독교의 경우처럼, 한때 문화 권력의 중심을 차지했다가 점차 주변으로 밀려나는 경우에 훨씬 더 악화된다. 그런 상황에서 유배는 서구에 속한 교회가 자기 이해를 위해 사용하는 유용한 방식이 된다.

유배가 이렇듯 여러 가지 방식으로 이해될 수 있는 복잡한 용어이기는 하나, 이 책에서 그것은 이 책 자체의 목적을 위해 "신학적-사회학적 유배"(theo-sociological exile)라는 렌즈를 통해 오늘의 교회의 상황에 적용될 것이다. 이 책은 우리의 유배가 신학적 측면과 사회학적 측면 모두를 포함하고 있음을 인정한다. 앞으로 살펴보겠지만, 이스라엘에게 유배는 깊은 신학적 의미를 내포하는 경험이었고, 그것은 제2성전기의 유대인들에게도 마찬가지였다. 신약 시대에서도 유배는 신학적인 의미로 가득 차 있는 개념으로, 예수의 사역과 초기 교회에 영향력을 끼쳤다. 이 책에서

17 Brian J. Walsh and Sylvia C. Keesmaat, *Colossians Remixed: Subverting the Empire* (Downers Grove, IL: InterVarsity Press, 2004), 25.

18 Michael P. Gallagher, *Clashing Symbols: An Introduction to Faith and Culture* (London: Darton, Longman and Todd, 1997), 92.

우리는 오늘날 서구 교회가 그 시대의 사람들과 계속해서 신학적 연관성을 유지하고 있음을 보게 될 것이다. 더 나아가 우리는 서구 문화의 중심으로부터 밀려나고 있는 우리 자신의 경험이 어떻게 우리를 이스라엘, 제2성전기의 유대인, 그리고 초기 교회와 사회학적으로 연결시켜주는지를 살펴 그들이 생산한 자료가 우리의 현재의 경험에 도움을 줄 수 있도록 할 것이다.

분명히 말해 두어야 할 것은, 유배 같은 주제를 우리의 것으로 삼으려 할 경우 우리는 아주 조심스럽게 그리고 그 용어의 심각성에 대해 깊은 존경을 보이면서 그렇게 해야 한다는 것이다. 사실 유배는 많은 이들에게 아주 끔찍한 경험이었다. 문화적 권력의 박탈을 미화하는 것은 그것이 실제로 개인의 그 어떤 권리도 침해하지 않는 경우에 얼핏 낭만적으로 보일 수도 있다. 하지만 만약 그것이 실제적인 폭력, 강제적인 퇴거, 그리고 공민권의 박탈을 낳는다면, 그것은 그다지 매력적인 일이 될 수 없다. 어떤 이들은 후기 크리스텐덤의 정체성과 그것으로 인해 초래된 교회의 비주류적 위치를 신속하게 받아들일 것이다. 하지만 스즈-카 완(Sze-kar Wan)은 권력을 진정으로 박탈당했을 때, 유배자들은 그런 상실을 축하하기보다 그것을 되찾기를 갈망하는 경험을 한다고 지적한다.[19] 카렌 카플란(Caren Kaplan)은 "일시적인 유행을 좇는" 것과 같은 방식으로 유배라는 주제를 사용해 그것에 대한 모든 진지한 의미를 박탈하는 것에 대해 쓴

19 Sze-kar Wan, "Does Diaspora Identity Imply Some Sort of Universality? An Asian American Reading of Galatians," in *Interpreting Beyond Borders,* ed. F. F. Segovia (Sheffield: Sheffield Academic, 2000), 119.

다.[20] 같은 맥락에서 에드워드 사이드는 이렇게 묻는다. "만약 실제적인 유배가 최종적인 상실의 상황이라면, 어째서 그것이 그렇게 쉽게 현대 문화의 유력한, 심지어 그것을 풍성하게 만드는 주제로 변화된 것인가?"[21] 이런 비판은 마땅히 주목 받아야 하며, 우리는 유배라는 주제를 오늘의 교회에 적용하는 과정에서 조심스럽게 다뤄야 할 필요가 있다. 그럼에도 오늘의 교회에 유배라는 주제를 적용하는 것이 적법한 이유는, 부분적으로는 그 주제가 결코 성서 시대의 하나님의 백성에게 새로운 주제가 아니라는 사실로부터 나온다.

성서에 비추어볼 때, 하나님의 백성은 처음부터 유배 상태에 있었다. 역사적으로 아브라함과 이삭과 야곱의 하나님을 섬기는 이들은 종종 스스로를 자신들의 특별한 정체성과 믿음을 지키기 위해 분투하면서 위협을 당하는 소수자들로 여겼다. 에덴동산에서 쫓겨난(유배된) 최초의 부부로부터 가인의 방랑에 이르기까지, 우리가 방금 언급한 족장들의 유랑생활에 이르기까지, 애굽에서의 종살이에 이르기까지, 군주제 기간 내내(왕들이 본질적으로 메소포타미아의 권력의 하수인들에 불과했던 북왕국과 남왕국의 마지막 시기까지 포함해) 발생한 적들의 지속적인 위협에 이르기까지, 북왕국이 기원전 8세기에 아시리아에 의해 그리고 남왕국이 기원전 6세기에 바빌로니아에 의해 정복되기까지, 그리고 페르시아, 그리스, 마침내 로마의 지배하에서 계속된 이스라엘의 연속적인 식민지 상태에 이르기까지

20 Caren Kaplan, *Questions of Travel: Postmodern Discourses of Displacement* (Durham, NC: Duke University Press, 1996), 63.

21 Saïd, *Reflections on Exile,* 137.

이스라엘은 지속적인 국가적 안전을 누리며 사는 기쁨을 결코 누려본 적이 없었다. 교회의 1세대를 형성한 그리스도인들 역시 마찬가지였다. 그렇게 고대의 이스라엘 백성, 제2성전기의 유대인들, 그리고 초기 그리스도인들 모두의 **정체성과 소명**이 그들의 **현실**과 때로는 심각할 정도로 대립하는 문화적 상황 속으로 내던져졌다.

이 경험은 오늘날 서구에서 교회가 처한 상황을 적절하게 묘사할 수 있다. 그리고 고대 이스라엘과 유대교와 초기 기독교 공동체들은 자신들의 유배 상황을 우리가 위에서 묘사한 것과 유사하게 다양한 방식으로 이해했기에 자신들의 유배 생활에 다양한 자료들을 갖고서 대응했다. 사실 이스라엘에게 유배는 굉장한 창조성이 나타난 시간이었고, 그런 사정은 초기 교회에도 마찬가지였다. 유배 상태에 있는 공동체가 번성하기 위해서는 단순히 이전의 관습으로 돌아가는 것 이상이 필요하다. 그런 공동체를 유지할 뿐 아니라 새로운 삶의 환경이 제기하는 도전에 응하기 위해서는 믿음에 대한 새로운 해석이 필요하다. 고대 이스라엘에게 유배는 신앙에 대한 새로운 이해(히브리 정경)와 새로운 실천(유대교)을 낳은 신학적 창조성을 촉발시켰다.[22]

월터 브루그만은 "유배는 구약성서에서 가장 빛나는 문학과 가장 모험적인 신학적 언명을 자아냈다"고 말함으로써 이 개념에 대해 상세하게 설명한다.[23] 비슷하게 마이클 프로스트(Michael Frost)는 직접적으로 현대

22 Brueggemann, *Cadences of Home*, 115. Ralph Klein 역시 "유배는 믿음을 해석하는 촉매였고 지금도 그러하다"라고 말한다 (*Israel in Exile*, 153).

23 Brueggemann, *Cadences of Home*, 3.

서구 교회에 임박한 도전에 대해 말한다. 그는 우리가 유배 상황에서 할 일은 예수의 가르침과 초기 교회의 실천을 재발견해 후기 기독교 제국에서의 삶에 적용하는 것이라고 주장한다.[24]

실제로 유배는 새로운 문화적 환경의 도전에 대응하기 위해 일어서는 새로운 창조적 에너지를 공동체 안으로 주입시키는 경향이 있다.[25] 그러므로, 성서에 묘사된 것처럼 유배에 대한 공동체들의 반응은 오늘의 교회에게, 그리고 교회가 유배된 백성으로서 자신의 정체성을 형성하는 데 필요한 여러 가지 자료들을 제공한다. 요약하건대, 유배는 서구 교회가 현재의 상황 속에서 자신과 자신의 사명을 이해하는 데 차용할 수 있는 적절한 모티브라고 할 수 있다. 유배에 대한 구약성서와 신약성서의 비전에 근거한, 성서적이고 실천적으로 탄탄한 신학은 현대 교회의 자기 이해와 선교에 도움이 될 수 있다.

이 책을 통해 나는 우리가 성서적인 유배 신학에 대해, 그리고 오늘날 교회가 주변화된 존재로서 자신의 실천에 그 신학을 적용할 수 있는 몇 가지 방법들에 대해 고찰하는 것을 돕고자 한다. 그러기 위해 우리는 유

24 Frost, *Exiles,* 26.

25 유배가 어떻게 창조성을 위한 자극이 되는지에 대한 설명을 위해서는 Zygmunt Bauman, "Assimilation into Exile: A Jew as a Polis Writer," in *Exile and Creativity,* 321을 보라. 거기서 그는 "유배의 상황에서, 불확실성은 자유를 만난다. 창조성은 그 둘의 결합을 맺어준다"고 말한다. Susan Robin Suleiman 역시 수사적인 표현을 사용해 묻는다. "유배지까지의 거리가 본래의 완전함과 창조성의 원천으로부터 멀어진 거리를 뜻하는 것일까 아님 반대로 창조성의 자극제를 뜻하는 것일까?" 마지막으로, Lucia Ann McSpadden 역시 "Contemplating Repatriation to Eritrea," in *Coming Home: Refugees, Migrants and Those Who Stayed Behind,* ed. Lynellyn D. Long and Ellen Oxfeld (Philadelphia: University of Pennsylvania Press), 46에서 유배의 상황이 유배된 자들로 하여금 자신의 국가와 기성 제도를 비판하게 만든다는 것에 대해 언급한다.

배를 오늘날 교회가 서구 문화 안에서 자신이 처해 있는 위치를 이해하기 위한 방법으로 전용할 수 있는 적절한 패러다임으로 만들어주는 몇 가지 문화적 현실에 대한 간략한 고찰로부터 시작할 것이다. 이어서 우리는 구약성서를 통해 제시된 이스라엘의 유배 이야기를 살필 것이다. 그 과정에서 우리는 이스라엘이 바빌로니아에게 패한 이후 여러 세기에 걸쳐 이런 저런 형태로 포로살이를 하는 과정에서 극적으로 변화된 자신들의 새로운 상황에 대처했던 방식을 보여주는 몇 가지 중요한 주제들을 확인할 수 있을 것이다. 특히 우리는 유배 생활이 갖고 있는 가능성을 보여주는 세 가지 성서 이야기들을 살펴볼 것이다. 에스더, 다니엘, 그리고 요나의 이야기는 특별한 종류의 유배기 문학으로서 우리에게 유배 생활에 대한 희망적인 비전과 강력한 모델을 제공해준다. 종종 "디아스포라 조언 이야기들"(diasporic advice tales)이라고 불리는 이런 이야기들은 그 이야기들을 처음으로 들었던 고대인들에게 그랬던 것처럼 오늘의 유배 공동체들에게도 동일하게 생성적인 비전을 제공해준다.

이스라엘의 유배에 대한 고찰에 이어서 우리는 제2성전기(혹은 중간기) 문학에 나타난 유배 모티브의 발전 과정을 간략하게 추적할 것이다. 유배는 역사의 이 기간에도 계속해서 방향을 제시하는 중요한 개념이 되었다. 우리는 그것 역시 간략하게 살필 것이다. 그것이 유배를 예수와 초기 교회의 사역의 주제로 소개하는 데 도움이 되기 때문이다. 여기서 특히 우리는 베드로전서에 초점을 맞추면서 유배에 대한 이스라엘의 대응과 제2성전기 유대인들이 그 개념을 계속해서 발전시킨 것이 어떻게 베드로전서 저자의 글을 통해 반향되고 있는지, 또한 어떻게 그가 당시의(1세기의) 독자들을 위해 그 당시 기준으로도 이미 고대의 접근법이었던 것을 전용했는지에 대해 살필 것이다. 베드로전서에 대한 연구는 구약성서 시대와 신약성서 시대의 유배 경험 사이에 존재하는 개념들의 일관성을 보여줄 것이고, 또한 우리 자신이 이 패러다임을 전유하는 일에 있어서 몇 가지 매력적인 제안을 할 것이다.

책의 마지막 부분은 이 고대의 지혜를 21세기의 교회에 적용하는 문제에 대해 다룰 것이다. 특히 우리는 성서적인 유배 신학이 어떻게 리더십, 신학, 거룩함, 사명, 종말론과 같은 분야들에서 이루어지는 사역의 실천에 적용될 수 있는지 살필 것이다. 이것들은 임의적인 범주들이 아닌 성서 자체가 유배지에서의 삶에서 핵심적이라고 규정하는 범주들이다. 우리의 현대적 상황에서 그것들에 대해 탐구하는 것은, 그것들의 잠재력을 유배지에서 교회가 되고자 하는 우리의 사역을 수행하는 일에 전용할 수 있게 한다.

서구에서 교회가 쇠퇴하고 있다는 것은 거의 보편적으로 동의하고 있는 사항이다. 서구 문화의 발전 과정에서 핵심적인 역할을 했던 교회는 이제 자신이 한쪽 구석으로 밀려나 있음을 발견하면서 어떻게 여전히 사회에 적절한 공헌을 할 수 있는지에 대해 고민하고 있는 중이다. 이에 대한 나의 견해는 캐나다의 그리스도인으로서 그리고 교회의 지도자로서 내 자신의 경험에 근거를 두고 있다. 캐나다는 포스트 크리스텐덤 시대로의 이동과 관련해 자신만의 독특한 이야기를 갖고 있으며, 캐나다의 교회들 역시 그로 인해 문화의 중심으로부터 주변으로 밀려난 것과 관련해 나름의 이야기를 갖고 있다. 그리고 이런 현실에 대한 대응 경험은 다른 상황에 있는 그리스도인들, 특히 그들 자신의 유배라는 문화적 경험의 측면에서 캐나다보다 뒤져 있으나 분명하게 캐나다와 같은 방향으로 나아가고 있는 미국의 그리스도인들에게 유익한 정보를 제공해줄 것이다. 이 책의 목표는 급변하는 시대에 속한 교회의 정체성에 대한 필수적이고 지속적인 대화에 공헌하는 것이다. 이는 교회가 누구인지에 대한 그리고 유배된 교회의 자기이해가 어떻게 우리로 하여금 회복에 필수적인 생명을 주는 수단과 접촉하게 하는지에 대한 성서적인 성찰을 제시함을 통해 이루어질 것이다. 비록 교회가 사회 안에서 예전과는 아주 다른 위치에 있기는 하나 교회가 여전히 계속해서 세상에 영향을 미칠 수 있다는 소망을 가지고 말이다. 유배가 이스라엘에게 자기평가와 방향전환을 위한 시기였던 것처럼, 그것은 교회에도 같은 것이 될 수 있다. 우리가 해야 할 일은 우리가 처한 상황을 살펴 이해하고, 뒤를 돌아보아 우리의 기독교 신앙이 우리에게 제공하는 자료들을 모아 교회가 현대적 유배 상황에 처한 하나님의 백성으로서 어떻게 기능해야 하고 또 어떻게 할 수 있는지에 대한 분명한 비전을 지니고 앞을 내다보는 것이다. 이 연구서에서 나는 교회의 선교가 그것이 문화의 중심에 있었던 과거의 "집"으로부터가 아니라 오히려 문화의 주변부로 밀려난 현재의 "집"으로부터 더 새로워지리라는 소망을 지니고 그 회복 과정에 필요한 세 가지 측면들에 대해 살필 것이다.

유배는 이스라엘의 삶과 믿음에 엄청난 충격을 주었고 초기 교회의 삶은 도전의 연속이었다. 하지만 그들이 처했던 환경은 그들 모두에게 보다 나은 미래를 제공해 준 발전의 시기였음이 입증되었다. 이프레임 래드너(Ephraim Radner)가 이스라엘의 유배와 관련해 웅변하듯이, "유배는 우리 주님이 구원을 이행하셨던 하나의 움직임이기도 했다. 그렇기에 유배는 두려움의 원인이 될 수 없다."[26] 만약 우리가 우리의 믿음의 조상들의 지혜로부터 배우고자 한다면, 이것은 21세기 서구 교회에도 해당될 수 있는 일이다.

26 Ephraim Radner, "From Liberation to Exile: A New Image for Church Mission," *Christian Century* 30, no. 18 (1989): 934.

1부

유배 신학

A Theology of Exile

1장

오늘의 교회를 위한 모티브로서의 유배

5세기 초에 로마인들은 잉글랜드 남부에 있는 그들의 대저택에 비스듬히 누운 채 자신들의 세계가 온전하고 앞으로도 오랫동안 그렇게 되리라는 확신을 만끽하고 있었다. 그렇다. 그들의 군대는 분주했으나 그 분주함은 늘 그들의 거주지에서 멀리 떨어진 곳에서 일어난 반란이나 야만인들의 국경 침범을 제압하기 위한 것이었다. 도로는 여전히 각종 교역 물품을 운반하느라 수선스러웠고, 공중목욕탕은 여전히 영업 중이었고, 추수는 아무 이상 없이 진행되고 있었다. 잉글랜드 거주민들은 색슨족이 한때 강력한 로마 제국의 영원한 영토처럼 보였던 땅을 도모하기 위해 이미 잉글랜드 해협을 건너고 있다는 사실을 염두에 두지 않았다. 색슨족은 머지않아 로마의 지배하에 있는 브리타니아 지역을 침략하고 약탈하고 점유했다. 브리타니아가 사라지기까지는 그로부터 채 한 세대도 걸리지 않았다. 대저택들은 약탈당했고 일부 사람들은 살해당했다. 다른 이들은 노예로 팔리거나 쫓겨났다. 물리적 구조물들은 여전히 그곳에 있었고 길과 대저택과 각종 건물들도 대부분 온전하게 남아 있었으나, 전에 그곳에 존재했던 사회는 완전히 사라지고 말았다. 겉보기에 로마 세계는 안전하고 심지어 흔들리지 않는 것처럼 보였다. 그때까지 로마는 1천 년간이나 존재해 왔다. 하지만 시대는 바뀐다. 그리고 때때로 그런 변화에는 그렇게 오랜 시간이 걸리지 않는다.

잉글랜드에서 살았던 로마인들의 이야기는 오늘의 서구 교회에도 들어맞는다. 오랫동안 존재해왔던 세상이 우리가 방금 묘사했던 것과 같은 극적인 변화를 겪고 있다. 오랜 세월에 걸쳐 확립된 삶의 방식, 이상, 그리고 권력과 영향력을 지닌 지위가 더 이상 과거와 같은 모습으로 존재하지 않는다. 사회에서 교회가 문화의 중심에 자리 잡고 있었던 시절이 있었다. 그때만 해도 그것과 달리 상상하는 것은 어려웠다. 그러나 지난 몇십 년간 북미나 서구 유럽에서 살았던 이들은 상황이 아주 짧은 기간에 얼마나 크게 변할 수 있는지 알게 되었다.

현대의 서구 사회에서 살아가는 우리가 고대의 이스라엘과 초기 교회의 지혜 및 그것이 오늘의 교회에 줄 수 있는 잠재적 유익에 대한 이해를 얻기에 앞서, 우리는 우리 자신의 상황에 대해 좀 더 생각해 보고 과연 유배가 오늘의 문화 안에서 우리의 위치를 이해하기 위한 적합한 방식인지, 그리고 만약 그것이 적합한 방식이라면 어떻게 해서 그런 것인지를 헤아려 볼 필요가 있다. 서문에서 간략하게 설명했듯이, 유배는 우리가 경솔하게 전유할 수 있는 개념이 아니다.[1] 유배가 많은 이들에게 끼치는 영향은

1 "유배를 유익한 것으로 혹은 인본주의나 창조성을 위한 자극으로 여기는 것은 그것이 초래하는 손상을 너무 가볍게 보는 것이다. … UN의 기관들이 돕고자 하는 무수히 많은 사람들에 대해, 즉 품위라고는 전혀 없고 오직 식량 배급 카드와 기관 번호만 갖고 있는 난민들에 대해 생각해 보라."(Daniel Smith-Christopher, *A Biblical Theology of Exile* [Minneapolis: Fortress, 2002], 21, Edward Saïd, "The Mind of Winter: Reflections on Life in Exile," *Harpers* [September, 1983]: 50에서 재인용).

너무나 가혹한 것이기에 우리는 마치 그것이 우리의 안락한 중산층 교회에서 사역의 혁신을 위해 사용할 수 있는 일시적으로 유행하는 새로운 개념인 것처럼 그것에 접근해서는 안 된다. 하지만 우리가 우리 문화의 실체를 살피고 교회의 위상이 그 안에서 변하고 있음을 고려할 때, 우리는 유배라는 관점이 오늘의 서구 세계 안에서 교회가 자신과 자신의 위치를 확인하는 데 도움이 될 수 있다는 것을 알 수 있다. 우리가 그런 연관성을 정당화하기 위해 주목해야 할 핵심적 개념은 종종 "크리스텐덤"이라는 명칭으로 불리는 것의 소멸이다. 이런 문화적 경향의 의미를 이해할 때, 우리는 유배라는 주제가 오늘날의 교회에 방향을 지시해주는 패러다임으로서 얼마나 유용한지를 인식할 수 있을 것이다. 그러므로 여기서 우리는 크리스텐덤의 소멸과 오늘날 서구에서 나타나고 있는 포스트 크리스텐덤의 문화적 경험의 발전에 대해 간략하게 살필 것이다.

크리스텐덤의 소멸

우리가 이 책의 서론에서 살펴보았듯이, 대다수 서구 국가들의 역사에는 기독교가 사실상 제국의 공식 종교였던, 그리고 교회가 정치권력의 핵심이나 부근에 자리했던 시절이 있었다. 그런 상황에서 교회는 문화를 형성하고 사회의 중요한 도덕적 구조를 결정하는 것과 관련해 핵심적인 역할을 수행했다. 이런 문화적 현실의 소멸은 사실상 아주 급속하게 이루어졌으며 다수의 저자들에 의해 다양한 방식으로 다뤄졌었다.[2] 이런 각각의 연구들은 우리 중 많은 이들이 이미 사실로 알고 있

2 쉽게 접근할 수 있는 책들로는 Malcolm Muggeridge, *The End of Christendom* (Grand Rapids: Eerdmans, 1980)과 Douglas J. Hall, *The End of Christendom and the Future of*

는 것, 즉 기독교가 한동안 서구 문화 안에서 누렸던 공용어(lingua franca)로서의 지위를 점차적으로 잃었으며 날이 갈수록 오직 신앙을 고백하는 그리스도인들에 의해서만 사용될 뿐 다른 이들에게는 이해되지 않는 지역어(local language)가 되어가는 경향을 보이고 있음을 확증해 준다.[3]

크리스텐덤은 황제 콘스탄티누스(Constantine, 272-337)가 로마 제국 내에서 기독교에 대한 제국적 차원의 관용을 선포하는 밀라노 칙령(Edict of Milan)을 발표했던 4세기 이후부터 서구 사회를 지배했던 종교 문화를 가리키는 용어다. 이때부터 황제는 기독교에 우호적인, 그리고 결과적으로 기독교를 국가 종교와 동일한 차원으로 이끌어간 몇 가지 칙령들을 연이어 선포했다. 이런 정책은 유효했고 그 상태는 그 후로 적어도 14세기 내지 15세기에 걸쳐 아무런 도전도 받지 않은 채 유지되었는데, 이는 교회와 국가가 지배적인 문화적 환경을 동등하게 떠받치는 두 개의 기둥과 같은 역할을 했었기 때문이다. 기독교는 공식적으로 제국의 일부였다. 어떤 나라에서는 그 나라의 수장이 곧 교회의 우두머리였다. 그 나라의 시민들은 국가 교회에서 세례를 받았고, 그들이 그 나라의 시민이라는 이유만으로 그리스도인으로 간주되었다.[4] 캐나다나 미국처럼 국가 교회가 존재하지 않던 나라들에서도 기독교는 그 나라들이 형성되던 초기에 자동적으로 그 나라를 대표하는 종교가 되었다.

Christianity (Eugene, OR: Wipf and Stock, 2002) 등이 있다.

3 Hugh McLeod, "Introduction," in *The Decline of Christendom in Western Europe, 1750-2000*, ed. Hugh McLeod and Werner Ustorf (Cambridge: Cambridge University Press, 2003), 11.

4 Michael Frost, *Exiles: Living Missionally in a Post-Christian Culture* (Peabody, MA: Hendrickson, 2006), 4-5.

계몽주의 시대 혹은 "이성의 시대"라고 불렸던 17세기와 18세기에 이르러 비로소 변화가 서구의 여러 나라에서 서서히 나타나기 시작했다. 계몽주의는 종교 문화를 비롯해 서구 문화가 전제한 많은 것들에 대해 의문을 제기하기 시작했다. 계몽주의가 진행됨에 따라 근대주의 시대가 발전했고 크리스텐덤의 기반들이 서서히 붕괴되기 시작했다. 20세기가 동틈과 더불어 문화는 정체성의 측면에서 격변을 경험하기 시작했다. 그런 변화들의 상세한 사항에 대한 심층적인 분석은 이 장의 범위를 벗어나지만, 필리스 티클(Phyllis Tickle)은 그녀의 책 『위대한 출현』(*The Great Emergence*)에서 이런 변화의 몇 가지 중요한 형세를 열거한다. 티클은 계몽주의 시대에 싹이 텄으나 실제로는 20세기에 들어와 만발해 세계를 변화시키고 있는 과학, 경제, 정치구조, 기술, 여성의 역할, 가족의 삶, 그리고 도덕 분야에서의 발전에 독자들의 이목을 집중시킨다.[5] 이 모든 변화는 종교의 내용과 종교가 사회에서 수행하는 역할의 측면에서 이루어진 종교에 대한 재평가의 원인이 되었다. 이런 재평가는 결국 종교가 점차적으로 사적인 것이 되도록 만들었으며 공적인 삶에서 종교의 역할을 축소하도록 이끌었다.

교인의 숫자나 겉으로 드러난 종교적 소속 현황이 실상 전체를 말해 주는 것은 아니지만, 여전히 그것들은 우리에게 기독교와 인구 전체의 관계와 관련해 발생한 상황 변화의 실제 모습에 대해 부분적인 통찰을 제공해 준다. 2008년 퓨 포럼(Pew Forum)에서 발표된 종교적 지형에 관한 설

5 Phyllis Tickle, *The Great Emergence: How Christianity is Changing and Why* (Grand Rapids: Baker 2008), 5장.

문조사 결과는 오늘날 미국인들의 종교적 믿음 안에서 발생하고 있는 커다란 변화를 보여주었다. 3만 5천 명 이상의 사람들을 대상으로 이루어진 퓨 여론조사 결과는 바야흐로 미국이 그 나라의 역사상 처음으로 개신교가 소수파로 전락하는 경계에 있음을 알려 주었다(응답자들 중 51퍼센트만이 자신이 개신교인이라고 답했다). 가톨릭 교인들은 인구 전체의 24퍼센트에 불과하지만 여론조사는 응답자의 31퍼센트에 해당하는 이들이 자기가 가톨릭 신자로 태어나 자랐다고 보고했다. 가장 빠르게 성장하는 종교적 소속은 "소속 없음"(unaffiliated)이다. 이 숫자는 젊은 세대에서 가장 빠르게 증가하고 있다. 실제로 18세에서 29세에 속한 미국인들 네 명 중 한 명은 자신이 그 어떤 종교에도 소속되어 있지 않다고 답했다. 그들 중에는 무신론자, 영지주의자, 그리고 "특별히 믿는 것이 없는 이들"이 포함되어 있다.[6] 이 보고서는 미국 전역에서 전례를 찾기 어려울 정도의 종교적 이동이 벌어지고 있는 상황에 주목하면서 이 자료에 대한 분석을 제공하는데, 특히 종교적 소속에 관한 보고는 이런 경향을 가장 잘 예시해 준다. 이 여론조사는 성인 인구 중 3.9퍼센트의 사람들이 특별한 종교가 없이 성장하다가 나중에 특정 종교 집단에 소속되기 시작했다고 보고한다. 하지만 그보다 세 배 이상 많은 이들(성인의 12.7퍼센트)이 특별한 종교 전통 안에서 성장하다가 훗날 그 어떤 종교 집단에도 소속되지 않게 되었다. 소속된 종교로부터의 이와 같은 이탈은 미국인의 삶에서 나타나고 있는

6 The Pew Forum on Religion and Public Life, "U.S. Religious Landscape Survey," February 2008, http://religions.pewforum.org/pd/report-religious-landscape-study-full.pdf, 5-6.

중요한 경향을 반영한다.[7] 만약 이런 경향이 현재의 속도대로 계속된다면, 2042년 즈음에는 종종 "무종교인들"이라고 불리는 이들의 수가 그리스도인의 수를 넘어서게 될 것이다.[8]

신에 대한 기본적인 믿음조차 시들해지고 있다. 1960년에 실시된 퓨 여론조사는 미국인들에게 하나님을 믿느냐고 물었다. 97퍼센트라는 엄청난 숫자의 응답자들이 그 질문에 "그렇다"라고 답했다. 2008년도에는 단지 71퍼센트의 사람들만이 하나님 혹은 "우주의 영"이 존재한다고 "확신했다." 이것은 미국인들의 종교적 확신이 26퍼센트나 줄어들었음을 보여준다. 비록 질문들이 약간은 다르게 표현되고 선택사항들 역시 조금 다르게 제시되긴 했으나, 신앙심의 쇠퇴라는 경향만큼은 분명하게 드러났다.[9]

캐나다에서도 비슷한 경향이 쉽게 발견된다. 사실 그런 경향은 미국에서보다 캐나다에서 더 급속하게 일어나고 있다. 사회학자 레지날드 비비(Reginald Bibby)의 연구는 캐나다의 십대 중 47퍼센트가 그 어떤 종교 행사에도 "전혀" 참석하지 않고 있음을 보여준다.[10] 비비는 24년 넘게 매 4년마다 이런 여론조사를 수행해왔는데, 그의 여론조사는 캐나다의 젊은이들 사이에서 나타나는 종교적 소속의 변화를 보여준다. 1984년에 실시된 여론조사에서, 무려 85퍼센트나 되는 캐나다 십대들이 자신들을

7 Ibid., 25.

8 Diana Butler-Bass, *Christianity After Religion: The End of Church and the Birth of a New Spiritual Awakening* (New York: HarperCollins, 2013), 46.

9 Ibid., 45.

10 Reginald Bibby, *The Emerging Millenials: How Canada's Newest Generation Is Responding to Change and Choice* (Lethbridge, AB: Project Canada Books, 2009), 185.

개신교 혹은 가톨릭 신자라고 답했다. 2008년에는 단 45퍼센트만이 같은 답을 했다. 인상적인 것은 응답자의 32퍼센트가 종교적 소속과 관련해 자신들을 "무종교인"이라고 보고하고(1984년에는 12퍼센트에 불과했다), 16퍼센트가 자신들이 모종의 비기독교적 신앙 집단에 소속되어 있다고(1984년에는 3퍼센트에 불과했다) 보고했다는 점이다.[11] 비비의 통계자료는 캐나다가 25년 전보다 훨씬 더 급속한 종교적 변화를 겪고 있음을 보여준다. 그리고 특히 젊은이들 사이에서 이런 변화가 일어나고 있다는 사실은 이런 변화가 단지 시작일 뿐임을 암시한다. 그런 변화의 완전한 결과는 아직 캐나다 문화 전반에서 충분하게 감지되지 않고 있다.

21세기에 들어서면서 이전 세기의 문화적 격변으로 인해 발생한 먼지가 서서히 개이기 시작했을 때, 우리는 교회가 더 이상 모든 상황의 중심이나 중심 가까이에서 자신의 역할을 수행하지 않고 있음을 분명하게 알게 되었다. 기독교가 처한 새로운 현실은 이제 더 이상 그것이 온전히 문화에 통합되지 않는다는 것이다. 그리고 이런 현실은 다음 수십 년 동안 점점 더 분명해질 것이다. 이제 교회는 그 어떤 종류의 문화적 권위도 배제하는 새로운 틀 안에서 자신의 역할을 수행해야 한다.[12]

여론조사 전문가인 마이클 아담스(Michael Adams)는 이 새로운 문화적 환경을 "하나님의 죽음 그리고 가정과 공동체의 전통적인 개념의 죽음에서 출발하여 개인적 통제와 자율에 주목하는 고도로 개인주의적인 인

11 Ibid., 176.

12 Terrence Murphy, "Epilogue," in *A Concise History of Christianity in Canada,* ed. Terrence Murphy and Roberto Perin (Toronto: Oxford University Press, 1996), 369.

구 분포로 향하는, 그리고 새롭게 배태되었으나 빠르게 성장하고 있는 인간과 기술 및 자연의 상호연관성으로 향하는 험난한 여행"이라고 묘사한다.[13] 어떤 이들에게 이런 발전은 인간의 성장을 억제했던 이전의 문화적 기준들로부터의 해방을 제시했다.

아담스의 분석은 서구 문화의 진화와 그 문화를 기독교 신앙에 대한 과거의 충성으로부터 점점 더 멀리 이끌어가는 지속적인 변화를 포착해낸다. 무엇이 이런 변화를 이끌었는지에 대한 질문은 분명히 적절한 것이며, 그 질문에 대한 답은 복잡하다. 하지만 몇 가지 중요한 발전은 문화적 에토스의 이런 변화에 기여했다고 사료될 수 있다. 다음의 분석은 서구 문화가 그처럼 상대적으로 짧은 기간에 어떻게 그토록 극적으로 변화되었는지에 대한 몇 가지 중요한 통찰을 제공해준다.

증대되는 풍요

이러한 문화적 변화를 이끈 주요 발전은 전후 시대에 특히 북미 지역에서 일어난 국가적 부의 명백한 증대다. 군수물자를 생산하기 위해 설립된 공장들이 소비재를 생산하기 위한 시설로 바뀜에 따라 제조업에서 붐이 일어났다. 대도시 외곽에 형성된 교외지역은 젊은 중산층 가정들에게 집을 살 수 있는 기회와, 자녀들에게 "더 나은 삶"을 보장하는 방식으로 전후 자신들의 삶을 살기 원하는 가정들로 이루어진 지구(地區)에서 삶을 영위할 수 있는 기회를 제공해줬다. 때때로 경기 침체가 나타나기는 했으나 풍요는 1950년대와 60년대의 문화에 대한 논의에서 지

13 Michael Adams, *Sex in the Snow: Canadian Social Trends at the End of the Millennium* (Toronto: Viking, 1997), 200.

배적인 주제가 되었다. 냉전이 여러 가지 복잡한 일들을 야기하기는 했으나 풍요는 정상적인 상황으로 간주되었고, 불황과의 싸움과 제2차 세계대전의 고역은 이제 베이비부머라고 불리는 새로운 세대에게는 거의 아무런 영향도 주지 않는 먼 기억이 되고 말았다.[14] 전후 제조업의 붐이 만들어낸 경제적 풍요는 또한 기술 분야의 발전을 위한 촉매가 되었다. 이런 발전들은 국가의 전반적인 성장과 개인의 부의 증대를 낳았다.

물질적 안정과 안락의 증대 및 그것들과 더불어 찾아온 선택의 기회는 미국과 캐나다의 전반적인 세속화에 공헌한 요소들로서 간과되어서는 안 된다. 왜냐하면 그것은 어떤 이들로 하여금 종교적 위안에 대해 아무런 필요도 느끼지 않도록 만들어주었기 때문이다. 이런 나라들이 그들의 역사의 대부분에 걸쳐 어느 정도의 풍요를 즐겼다는 것과 풍요에 대한 추구가 인간의 역사가 진화하는 과정에서는 낯선 것이 아님은 분명하지만, 그런 현상은 전후 시대에 전례 없는 방식으로 일어났으며 1960년대에는 특히 두드러지게 나타났다. 수많은 이들에게 찾아온 이 새로운 풍요는 그들의 삶과 그들이 선택했던 삶의 방식에 커다란 변화를 가져다주었다. 이런 선택들은 때때로 종교적인 관행을 포함한 어떤 특정한 전통적인 관행에 참여하는 일에 영향을 주었다. 또한 그것은 그들이 새로 얻은 풍요를 사용해 다양한 세속적인 가능성을 즐기고자 했을 때 그들로 하여금 오랫동안 당연시되어 왔던 사회적 기준들에 대해 의문을 제기하도록 만들었다. 이런 모험적인 정신은 전쟁터에서 다른 문화에 노출되고 그때까지만 해도 낯

14 Doug Owram, *Born at the Right Time: A History of the Baby Boom Generation* (Toronto: University of Toronto Press, 1996), 183.

설거나 금기시해야 할 것으로 간주되었던 것들에 대한 경험을 맛보고 돌아온 많은 북미 지역의 사람들로 인해 다소 고무되었다. 다시 돌아온 그들은 자신들의 고향에서 기회를 얻을 때마다 그런 것들에 접근하고자 했다. 그렇게 해서 전후 사회의 여러 부분에서 점차적으로 사교상의 음주, 성적 풍습, 그리고 "휴식일"로서의 일요일 같은 문제들에 대한 관용이 나타나기 시작했다. 새로운 소비자들은 보다 세련된 삶의 방식에 이바지하는 생산물들로 자신들을 포장하는 데 열을 올렸다. 이전의 보다 청교도적이었던 삶의 방식들은 인간의 생래적 자유를 제한하는 것으로 정죄되었다. 20세기가 진행됨에 따라 새로운 생산물과 기술들의 도래, 맞벌이로 인한 보다 큰 소득, 그리고 소비에 대한 점증하는 욕구 등이 그 무렵 북미 지역 문화의 대부분을 헤집고 있던 소비욕이라는 불에 기름을 끼얹었다. 소비주의와 물질적 소유가 제공하는 안락은 영적 요구의 소멸에 이바지했다.

세속화

보다 깊은 차원에서 보자면, 이런 변화들은 그 나라들의 삶의 초기부터 나타나기 시작했으나 제2차 세계대전 이후에 보다 확고하게 진행된 세속화 움직임에서 발견되는 기세로부터 생명력을 얻었다. 21세기라는 상황 속에서 유배가 어떻게 교회 자신을 이해하게 하는 유용한 패러다임이 될 수 있는지에 대한 기본적 이해를 얻기 위해서는 세속주의와 그것이 북미 지역의 삶에 끼친 영향에 대해 간략하게나마 설명하는 것이 필요할 듯하다.[15]

15 하나의 철학으로서의 세속주의(secularism)와 하나의 사회적 움직임으로서의 세속화(secularization)는 여러 가지 측면들을 가지고 있으며 단순하게 정의되지 않는다. 서구 문

20세기 초에 세속화의 세력은 서구의 모든 공적 삶을 잠식해 들어오기 시작했다. 그러므로 세속화 과정이 20세기 말의 현상이라고 가정하는 것은 잘못이다. 그러나 미국과 캐나다의 국가로서의 발전 과정은 강력한 종교적 색채를 지니고 있었고, 세속화의 세력이 북미 문화에 대해 가시적인 영향력을 행사하기 시작한 것은 단지 제2차 세계대전 이후부터였다. 그러나 면밀하게 살펴보면 서구 전반의 세속화 경향이 북미 사회의 진화 과정에서 되울리고 있었던 것은 식별하기가 어렵지 않다.

세속화라는 주제와 관련해 광범위하게 글을 써오고 있는 맥길 대학교의 찰스 테일러(Charles Taylor) 교수는 세속화를 하나의 철학으로, 그리고 그와 동시에 하나의 움직임으로 묘사하는 여러 가지 미묘한 차이점들을 식별해준다. 그는 세속성을 향한 변화가 무엇보다도 "하나님에 대한 믿음이 의심 없이 받아들여지고 사실상 문제시되지 않는 사회에서 그 믿음을 하나의 선택사항으로 이해하면서 종종 수용하기가 가장 쉽지 않다고 간주하는 사회로의 이동"이라고 씀으로써 그것에 대한 부분적인 정의를 제공한다.[16] 비슷하게 역사가인 램지 쿡(Ramsey Cook)은 그것을 단순

화 안에 있는 이런 세력들에 대한 철저한 분석은 이 책의 범위를 넘어선다. 그래서 우리는 여기에서 세속주의와 세속화의 주요 윤곽만 추적할 것인데, 이는 이런 세력들이 북미 지역의 일상 생활에 영향을 미쳤기 (또 계속해서 미치고 있기) 때문이다. 이 용어들에 대한 흥미로운 설명을 위해서는 캐나다가 세속화 세력의 소용돌이와 드잡이하던 시절에 글을 썼던, Mark R. Macguigan, "Unity in the Secular City," in *One Church, Two Nations?* ed. Philip Leblanc and Arnold Edinborough (Don Mills: Longmans, 1969), 149-50을 보라. 현대 사상의 세속화는 서구 유럽의 종교에 많은 영향을 끼치고 있으며 캐나다와 미국에도 간접적인 영향을 주고 있다. 이에 대한 다양한 이해의 간략하면서도 유용한 비교는, Jeffrey Cox, "Master Narratives of Long-Term Religious Change," in *Decline of Christendom in Western Europe*, 1750-2000, 201-17을 보라.

하게 "인간의 행동에 대한 종교적 설명으로부터 비종교적 설명으로 옮겨가는 것"이라고 정의한다.[17] 이런 변화는 서구 문화가 종교를, 특히 기독교를 국가적 정체성의 핵심부로 여기던 민족 공동체에서 더 이상 그 어떤 종교에도 우위를 부여하려 하지 않는 문화로 이동함에 따라 점차적으로 서구 문화 전반에서 나타났다.[18]

폴 브라마다트(Paul Bramadat)는 세속화 과정에서 만난 두 개의 광의적인 문화적 세력들로 합리주의(rationalism, 삶을 과학적이고 논리적인 원리들을 중심으로 체계화하는 과정)와 각성(disenchantment, 마술이나 종교와 관련된 개념이나 제도들의 영향력을 점차적으로 빼앗는 것)을 꼽는다.[19] 세속주의를 추진해나가는 힘은 과학적 연구와 종교적 연구들에 그 뿌리를 내리고 있었다. 다윈의 진화론에 대한 점진적 수용은 세상과 관련해 더 이상

16 Charles Taylor, *A Secular Age* (Cambridge, MA: Harvard University Press, 2007), 3.

17 Ramsey Cook, *The Regenerators: Social Criticism in Late Victorian English Canada* (Toronto: University of Toronto Press, 1987), 4.

18 이것은 종교적 중립이라는 개념이 캐나다에서 아주 새로운 것이었다고 암시하는 것이 아니다. 초기 캐나다의 여러 영향력 있는 지도자들은 과도하게 종교적이지도 않았고 한 종교(혹은 교단)가 다른 종교보다 선호되어서는 안 된다고 주장하지도 않았다. 어떤 면에서 이것은 캐나다 사회의 설립 시기의 견해였다고 할 수 있다. J. R. Miller가 "Unity/Diversity: The Canadian Experience: From Confederation to the First World War," in *Reading in Canadian History: Post-Confederation,* 7th ed., ed. R. Douglas Francis and Donald B. Smith (Toronto: Nelson, 2006)에서 언급하듯이, John A. Macdonald(캐나다의 초대 총리—역자 주)의 건국 비전은 "다양성 속의 일치"였다(71). 기독교 신앙이 두드러졌음은 부인할 수 없는 사실이나, 그것은 단지 캐나다의 초기 시민들 대다수가 실천적 그리스도인들이었기 때문일 뿐이다. 그러므로 종교를 존중하는 것은 입법화된 가치라기보다는 본래적인 가치였다. David B. Marshall, *Secularizing the Faith: Canadian Protestant Clergy and the Crises of Belief 1850-1940* (Toronto: University of Toronto Press, 1992), 22-24을 보라.

19 Paul Bramadat, "Beyond Christian Canada," in *Religion and Ethnicity in Canada,* ed. Paul Bramadat and David Seljak (Toronto: Pearson-Longman, 2005), 4.

하나님에 대한 믿음을 필요로 하지 않는 과학적 설명을 제공했고, 무엇보다도 그런 믿음을 내켜하지 않았던 이들에게 하나님에 대한 믿음을 덜 강제적인 것으로 만들어주었다. 알베르트 아인슈타인(Albert Einstein)의 상대성 이론이나 베르너 하이젠베르크(Werner Heisenberg)의 양자역학 이론과 같은 보다 복잡한 과학 이론들은 과학의 한계를 뛰어넘어 우주의 기능을 이해하는 새로운 방식을 열어 놓았다. 두 차례에 걸친 세계대전 동안 그리고 그 이후에 나타난 기술의 급격한 신장은 전세계의 문제들에 관한 해결책을 혁신하고 만들어내는 인간의 능력에 대한 점증하는 낙관주의를 촉발시켰다.

종교적 연구의 측면에서 보자면, 19세기에 역사 연구 분야에서 나타난 역사비평(historical criticism)은 오랫동안 유지되어온 기독교 신앙의 내용에 대해 종교적 비판을 제기했고 사람들에게 기독교 신앙에 대해 과거와 달리 생각하는 방법을 제시했다. 19세기 말과 20세기 초에는 "역사적 예수"와 관련된 의문들이 제기되었다. 교회가 믿는 예수는 역사 속 예수와 동일한가? 헤르만 사무엘 라이마루스(Hermann Samuel Reimarus)나 알베르트 슈바이처(Albert Schweitzer) 같은 독일 학자들은 이런 질문들을 공개적으로 제기함으로써 그 이후 세대의 학자들로 하여금 계속해서 여러 세기 동안 참된 것으로 간주되어왔던 기독교 사상의 토대들에 대해 의문을 제기하도록 만들었다. 이런 학자들이 내린 결론은 성서에 대한 여러 가지 전통적인 해석들을 의심스러운 것으로 만들었고, 그 이전까지는 핵심적이었던 믿음들을 여러 가지 방식으로 약화시켰다.[20] 종교는 중요하고 본이 되는 문화적 서사와는 반대로 사적 문제로 기능하는 "전근대"적인 산물로 재구성되었다.

사람들이 기독교를 신봉하는 것으로부터 멀어짐으로써 나타난 또 다른 현상은 그동안 종종 종교체제에 의해 금기시되었던 믿음과 실천들이 증대되기 시작한 것이다. 지적했듯이, 이것은 소비주의를 향한 움직임을 통해 축약적으로 나타났다. 우리가 이미 살핀 바 있는 소비에 대한 충동은 모든 발전하는 사회의 일부로 그리고 삶의 자연스러운 일부로 받아들여진다. 그건 그렇다 치고, 어떤 이들은 세속화 운동이 궁극적으로 자기들이 신봉하는 다윈이나 역사비평을 주장하는 독일의 성서학자들에 의해 제기된 "외적 공격"에 의해서보다, 소비주의가 초래한 "내적 부패"에 의해 훨씬 더 큰 영향을 받았다는 이론을 펼친다.[21] 이런 견해를 반복해서 주장하는 이는 사회학자인 스티브 브루스(Steve Bruce)인데, 그는 과학이 분명 서구 세계에서 기독교 신앙의 토대를 허물었음을 인정하지만 실질적인 문제는 과학과 종교 사이의 노골적인 갈등이 아닌 과학이 합리적 세계관에 부여한 권한이라고 말한다. 브루스는 과학이 갖고 있는 주된 세속화의 효과는 그것이 종교적 개념들을 직접 논박하는 것으로부터가 아니라 오히려 그것이 세상에 대한 합리적 지향을 총체적으로 고무하는 것으로부터 온다고 주장한다. 특히 그는 이런 지향이 사회조직의 지배적인 형태인 관료주의 안에서의 합리적 관점을, 그리고 우리 자신의 운명에 대한 지배력을

20 다윈주의와 역사비평의 영향에 관한 간결한 개관을 위해서는 Brian Clarke, "English Speaking Canada from 1854," in *Concise History of Christianity in Canada,* 317-22를 보라. 또한 L. B. Kuffert는 *A Great Duty: Canadian Responses to Modern Life and Mass Culture* 1939-1967 (Montreal and Kingston: McGill-Queens University Press), 2003의 3장에 실려 있는 캐나다 사회의 의식 형성 과정에서 과학과 기술이 한 역할을 추적한다.

21 George A. Rawlyk, *Canadian Baptists and Christian Higher Education* (Montreal and Kingstom: McGill-Queens University Press, 1988), 36-37.

높이는 일에서 기술의 역할을 예시했다고 주장한다.[22]

이런 분석이 옳은 것이든 아니든, 어쨌거나 그것들은 우리 사회 안에 여러 가지 세속화 세력들이 활동하고 있다는 것과 그런 세력들이 서서히 그러나 지속적으로 북미 지역에서의 삶의 모습을 바꿔나가고 있다는 것을 우리에게 상기시켜준다. 북미 사회는 교회의 도덕적 권위와 시민들의 종교적 헌신이 쇠퇴의 징조를 보이는 가운데 도시산업 사회로 변화되고 있었고 이에 발맞춰 그들의 기독교적인 세계관도 합리적이고 과학적인 세계관으로 대체되고 있었다.[23] 이런 변화는 북미 지역 사람들로 하여금 서서히 교회의 권위를 경시하게 했으며, 특정한 종교적 신념이나 규정과는 상관없이 개인의 성취를 추구하는 개인의 권위와 능력에 관심을 돌리게 만들었다. 대부분의 경우 이 과정은 느리고 점진적이었고, 때로는 거의 감지되지도 않았을 정도다.

그러나 그 과정이 진행됨에 따라 종교적 믿음과 제도가 쇠퇴하고 있는 사회에 대한 전망이 캐나다와 미국 그리고 서구의 "기독교적인" 나라들에서 살아가는 많은 이들을 대경실색하게 했다. 그동안 그들에게 기독교는 각 나라의 도덕적 삶과 사회질서의 근간을 이루는 것으로 간주되었기 때문이다.[24]

하지만 교회만 세속화라는 현실을 느낀 것은 아니었다. 어떤 이들은 교회가 세속화를 영속화시켰다고 주장한다. 일부 역사가들은 다원주의와

22 Steve Bruce, *God Is Dead: Secularization in the West* (Oxford: Blackwell, 2002), 73.
23 Marshall, *Secularizing the Faith,* 16.
24 Ibid., 4.

성서에 대한 역사비평에 의해 제기된 종교의 위기는 종교적인 사람들로 하여금 기독교를 본질적으로 사회적인 종교로 만들도록 부추겼다고 주장한다. 그래서 기독교의 일부 지배적인 경향 안에서는 신학을 사회학으로 대체하는 현상이 나타났으며, 그 결과 교회는 점차 본질적으로 세속적인 토대 위에서 대중에게 호소하고자 하는 종교를 대표하게 되었다.[25]

의도적인 것은 아니었지만, 교회의 세속화를 향한 이런 움직임은 사회복음 운동의 출현을 통해 크게 도움을 받았다. 미국의 신학자 월터 라우센부쉬(Walter Rauschenbush)와 뉴욕 시에서 목회하는 목회자 해리 에머슨 포스딕(Harry Emerson Fosdick)에 의해 시작되고 대중화된 사회복음은 북미 지역 종교의 주류 안으로 침투했다. 본질적으로 사회복음 운동은 하나님 나라에 관한 예수의 가르침을 중하게 여기고 그것을 현대 사회의 삶의 현실에 적용하려고 한다. 또한 그것은 교회 안에 사회의식을 불어넣음으로써 교회로 하여금 예수가 했던 것과 같은 방식으로 사회의 주변화된 이들의 고통에 진지하게 대응하도록 만들고자 했다. 전통적인 방식으로 공공정책에 영향을 끼쳤던 자들은 기독교식의 사회교육이 재구성되기를 원하는 반응을 요구했는데, 이는 특히 주류 진영에 있는 많은 성직자들에게 분명해 보였다. 만약 기독교가 사회개혁과 좋은 시민의식에 관한 메시지로 해석될 수 있다면, 그것의 타당성은 유지될 수 있을 거라는 것이 그들의 생각이었다.[26] 그렇게 사회복음은 기독교의 원리들을 도시의 산업사회의 삶에 융합해 새로운 기독교, 즉 점차적으로 세속화되어가는

25 Cook, *The Regenerators,* 4.
26 Ibid., 229-30.

나라와 점차적으로 주변화되어가는 교회에 의해 제시되고 있는 도전들을 진지하게 대하는 기독교를 만들어내려 했다. 이런 종류의 기독교는 복음의 본질에 충실할 뿐 아니라 개신교가 현대 사회에서도 번성할 수 있는 능력을 제공할 수 있다는 것이 그들의 생각이었다.[27] 게다가 교회 지도자들은 사회과학 분야의 전문가들이 더 잘 처리할 수 있다고 생각되는 사안에 관해 사람들이 그들의 말에 점점 더 귀 기울이지 않으려고 하는 것을 걱정스럽게 생각했다.[28] 이에 대응하기 위해 주류 교회들은 자기들이 자유주의, 평등주의, 그리고 다양성에 적응하고 있음을 보여주는 이런저런 프로그램과 프로젝트를 개발해냈다.[29]

이와 같은 수용은 불가피하게 교회로 하여금 지배적인 문화에 영향을 덜 미치도록, 그리고 그 문화를 훨씬 더 잘 수용할 수 있게 만들었다고 역사가들은 주장한다. 전에는 문화의 형성 과정에서 많은 부분을 담당했던 교단들이 지금은 급속하게 변하는 문화와 대화하기 위해 필사적인 노력을 하고 있다. 그러나 문화 전반에서 일어나고 있는 일을 살펴보건대, 여러 면에서 주사위는 이미 던져진 듯하다. 그리스도인들로 하여금 교회의 사회적 효용성을 강조하고 교리들을 경시하거나 무시하도록 촉구하는 사회지향적인 그리스도인들이야말로 교회를 세상과 무관한 것으로 만들고

27 캐나다 사회 안에서 일어난 사회복음 운동과 그것의 발전에 관한 심층적인 분석을 위해서는 Richard Allen, *The Social Passion: Religion and Social Reform in Canada 1914-28* (Toronto: University of Toronto Press, 1990)을 보라.

28 Garry Miedema, *For Canada's Sake: Public Religion, Centennial Celebrations, and the Re-Making of Canada in the 1960s* (Montreal and Kingston: McGill-Queens University Press, 2005), 50.

29 Ibid.

있다. 한때 북미 사회에서 교회가 수행했던 역할을 이제는 다른 기관들이 더 잘 수행하고 있다.[30]

다른 이들은 교회의 소멸이 영속화된 것은 교회가 문화적인 기준을 택했기 때문이 아니라 변화하는 문화 현실에 유연하게 대응하지 못해서라고 주장한다. 세속화에 대한 교회의 대응이 쟁점이기는 하나, 의문의 여지가 없을 만큼 분명한 사실은 20세기 후반에 들어와 교회가 서구 문화의 중심에 있던 자신의 자리를 미끄럼의 속도가 수그러들 기미를 보이지 않을 정도로 급속하게 잃어버렸다는 점이다. 아마도 가장 분명한 것은 시대가 급속하게 변화하고 있다는 것과 교회가 자신의 과거의 자리를 지키기 위해, 혹은 적어도 새롭게 출현하고 있는 서구 문화 안에서 자신의 새로운 자리를 얻기 위해 분투하고 있다는 사실일 것이다.

제2차 세계대전 이후, 교회에 특권을 부여하고 국민생활에서 기독교를 우선적인 종교로 여기고자 하는 이들은 거의 없었다. 더 나아가 사람들은 점점 더 위계, 권위, 그리고 배타적인 진리 주장들에 대해 의혹을 갖기 시작했다. 젊은이들은 오랫동안 국민생활을 결정해왔던 제도들에 대해 점점 더 흥미를 잃기 시작했고 그것들과 그것들이 대표하는 사회적 규범들로부터 돌아서기 시작했다. 이것이 교회와 교회의 모든 분야에 끼친 결과는 교회의 사회적 보증제도로서의 역할이 심각하게 감소되었다

30 Cook, *The Regenerators*, 6. 우리는 이 점이 역사가들 사이에서 논쟁거리가 되고 있음을 염두에 두어야 한다. Nancy Christie와 Michael Gauvreau는 교회가 세속화의 진척을 도왔다는 개념은 과장된 것이라고 주장한다. 그들이 쓴 *A Full Orbed Christianity: The Protestant Churches and Social Welfare in Canada 1900-1940* (Montreal and Kingston: McGill-Queens University Press), 1996의 서문을 보라.

는 것이다.[31]

변화하는 사회적 상황 서구 문화의 급변에 공헌한 또 다른 요소들 중 하나는 이민법과 이민 양상의 변화다. 제2차 세계대전 이후 북미 지역으로의 이민이 크게 늘었다. 새로운 이민자들이 미국과 캐나다로 유입되기 시작하면서 오랫동안 유지되어왔던 이민의 양상이 변하기 시작했다. 제2차 세계대전 이전에는 이민자들이 주로 서유럽과 동유럽으로부터 왔다. 이런 현상은 세계대전이 끝난 직후에도 얼마간 계속되었다. 그러나 머지않아 다른 지역에서 이민자들이 점차 유입되기 시작했다. 그중 가장 주목할 만한 지역들은 동남아시아, 중동, 그리고 인도였다.[32] 1971년에 캐나다의 수상 피에르 트뤼도(Pierre Trudeau)는 "이중 언어의 틀 안에서의 다문화주의"를 이민에 대한 캐나다 정부의 지도적 이념으로 내세우면서 캐나다 문화의 새로운 현실을 반영하는 연방정부의 정책을 선포함으로 비(非)백인종 집단의 사람들을 환영하겠다는 정부의 비전을 시인했다. 이 정책에는 모든 문화 집단들이 다른 문화들과 상호작용하는 것을 돕기 위해 그들을 지원하는 내용이 포함되어 있었다.[33] 그런 정책은 캐나다가 20세기 후반부에 들어와 기독교라는 단색화(單色畵)로부터 떠나 종교적 만화경(萬華鏡) 안으로 들어가는 데 크게 기여했다.[34]

31 Miedema, *For Canada's Sake,* 39.

32 캐나다의 인구조사 통계는 1972년과 2000년 사이에 유럽, 호주, 그리고 북중미로부터의 이민은 급격하게 떨어진 반면, 아프리카와 아시아로부터의 이민은 기하급수적으로 늘었음을 보여준다. J. M. Bumstead, *Canada's Diverse Peoples: A Reference Sourcebook* (Santa Barbara, CA: ABC-Clio, 2006), 282를 보라.

33 Ibid., 253.

미국에서 1965년은 새로운 이민 및 국적법(Immigration and Nationality Service Act)이 통과된 해였다. 그 법은 1882년에 미국 의회가 중국으로부터의 이민을 금했던 것과 정면으로 배치되었다. 그 새로운 법은 수많은 잠재적 이민자들에게 이민과 시민권 획득의 기회를 제공하고자 하는 대다수 미국인들의 갈망을 반영한 것이었다.[35] 전후 유럽 국가들의 발전의 일부였던 이런 변화는 중요한 방식으로 미국의 문화에 영향을 끼치고 그 문화를 형성했다. 새로운 이민자들은 새로운 유행과 산업을 들여왔는데, 이것은 소비자들의 습관에 영향을 주었고 모험적인 구매자와 식사 손님들에게 새로운 선택의 기회를 열어주었다. 비유럽 국가들로부터 온 이민자들은 새로운 사상들을 가져왔다. 그리고 여기에는 문화적 관습들과 종교적 믿음들이 포함되어 있었다. 이슬람교, 힌두교, 혹은 불교 같은 "외국" 종교들은 이제 더 이상 아주 먼 지역들에 이관된 사상들이 아니었다. 이제 이런 종교들 중 하나가 당신의 이웃이나 직장 동료의 종교일 가능성이 점점 더 높아졌다. 만약 우리가 시간을 들여 그들에 대해 알고자 한다면, 우리는 그들의 믿음이 마치 기독교가 많은 미국인과 캐나다인들에게 그런 것만큼이나 그들에게도 의미 있는 것임을 어렵지 않게 알 수 있게 되었다. 또한 오래지 않아, 비록 그들의 관습과 믿음이 우리의 그것과 다르기는 하지만, 그들 역시 가족, 친구, 경제적 번영 같은 우리와 유사한 관심사들을 갖고 있는 "좋은" 사람들이라는 사실이 분명해졌다.

34 Robert Choquette, *Canada's Diverse Religions* (Ottawa: University of Ottawa Press, 2004), 378.

35 Tickle, *Great Emergence,* 94-95.

더 나아가 정착한 이민자들은 점차적으로 자신들의 특별한 견해가 자기들이 선택한 나라의 공적 삶의 영역에서 적법한 것으로 인정받고 수용되기를 바랐고 이를 요구하기까지 했다. 많은 이들이 자신들의 새로운 나라의 방식에 자신을 맞출 준비를 하고서 그 나라로 찾아오기는 했으나, 그들은 자신들의 토착 문화의 일부를 유지하고 그것들을 공적으로 표현할 기회를 얻게 되기를 바라기도 했다. 이와 같은 모든 현실은 북미 지역의 삶에서 사실상 표준 종교의 역할을 했던 기독교의 지위를 변동시키는 데 이바지했다. 나라들이 다양성을 존중하고 자국 안으로 들어오는 여러 새로운 사상들과 관습들을 수용할수록 오래된 전통들은 침식되어갔다. 세계는 열렸고, 새로운 관습들이 나타났고, 기독교는 도전을 받았지만, 세계는 무너지지 않았다. 사람들은 재정립된 사회 안에서도 풍성한 새 삶을 영위할 수 있다는 사실을 깨닫기 시작했다. 새로운 문화와 새로운 사상들은 눈에 띄지 않는 변방으로 밀려날 것이 아니라 수용되고 포함되어야 할 필요가 있었다.[36]

결론

바로 이것이 후기 기독교 시대의 삶의 현실이다. 한때는 교회가 서구 세계에서 제국의 다양한 형태들을 규정하는 것을 도왔으나, 이제 그것의 영향력은 줄어들었다. 현대 문화 속에는 이전의 믿음과 삶의 방식,

36 이 부분이 북미나 영국 같은 지역에서 나타난 변화의 시기에 토착민과 이민자들 모두가 마주했던 갈등에 대한 지나친 단순화라는 점을 인정해야 할 것 같다. 하지만 서구의 전반적인 문화적 현실은 (때때로 서서히) 서로 다른 문화들을 받아들이고 통합하는 쪽으로 향하고 있다. 여기에는 이런 경향이 좋지 않다는 암시는 전혀 없다. 다만 나는 새로운 문화, 사상, 그리고 관습들의 존재가 서구 문화의 구조에 영향을 미쳐왔음을 인정하고자 할 뿐이다.

그리고 여러 세대 동안 세계의 특징을 이뤄왔으나 이제 더는 그렇지 않은 관습들에 대한 해체가 이루어지고 있다. 현대성의 구조들에 대한 이와 같은 분해는 통제권을 쥐고 있는 자들에게서 권력을 빼앗고 그들의 권력을 영속화했던 제도를 해체하는 혁명과 비슷하다. 정치적 혁명에서처럼 그것은 그동안 권력의 자리를 누려왔던 이들로 하여금 허둥거리면서 새로운 문화적·사회적 현실 안에서 자기들에게 맞는 자리를 찾아가도록 압박한다. 후기 기독교 혁명에서, 우리는 교회가 한때 문화라는 테이블에서 영향력 있는 자리에 있었으나 이제는 변화무쌍한 현대 문화 속에서 자기 자리를 찾고 있는 과거의 실세들 중 하나라고 말할 수 있다.

이 간략한 분석은 오늘날 서구 교회가 처해 있는 사회적 현실에 대한 서론을 제공한다. 분명 이것은 새로운 문화적·철학적 제국을 말하고 있으며 그것의 전체적인 형세는 기독교 신앙을 규정하는 많은 것들과 정반대로 내달리고 있다. 이것은 현대 문화의 모든 것이 교회와 교회의 신앙에 어긋난다는 것을 뜻하거나, 전통적인 기독교가 옹호하는 것만이 복음에 대한 절대적인 표현이라서 그것이 보다 많은 사람들에 의해 지지를 받아야 한다는 것을 뜻하지 않는다. 뿐만 아니라, 크리스텐덤이 어떻게 우리가 이 장에서 살펴왔던 문화적 현실의 출현에 기여했는지를 무시하고자 하는 것이 아니다. 단지 이것은 과거에 문화가, 비록 불완전했지만 사회 안에서 명백하게 기독교적인 비전을 표현하고자 애쓰던 교회에 대해 우호적이었다는 것과 대개 그것에 의해 형성되었다고 주장하는 것이다.

많은 이들에게 이런 변화는 받아들이기 힘든 것이지만, 또한 그것은 모종의 희망에 대한 전망을 제공하기도 한다. 그것은 우리에게 교회가 마땅히 갖고 있어야 할 모습이 무엇인지를, 그리고 지극히 비기독교적인 사회 안에서 교회가 속한 곳이 어딘지를 재평가할 수 있는 기회를 준다. 후기 기독교 문화에서 우리의 삶의 현실은 깊은 성찰과 자기분석을 위한 시간을 유발함으로써 교회를 위한 치유의 기회의 역할을 할 수도 있을 것이다. 휴 맥리오드(Hugh McLeod)는 서구 유럽의 크리스텐덤의 쇠퇴에 대해 고찰하면서 우리에게 다음과 같은 점을 낙관적으로 상기시킨다. "크리스텐덤은 기독교 역사의 한 국면일 뿐이며 또한 단지 교회와 사회 사이에 가능한 여러 가지 관계들 중 하나를 대표할 뿐이다."[37] 교회사가인 존 웹스터-그랜트(John Webster-Grant)도 1972년에 쓴 글에서, 교회가 갱신될 가능성이 교회가 점차적으로 주변화되는 과정에서도 나타나고 있다고 말했다. 그 역시 유배를 모티브로 삼아 자신의 생각을 전했다.

> 교회는 공적인 적의와 집단적인 증오에 맞서면서도 성장했으며 그리스-로마 사회 속으로도 스며들었다. 그리고 교회가 콘스탄티누스 황제에 의해 채택된 것이 교회의 가장 큰 불행이라고 여기는 사람들도 많다. 권력의 주변부로 유배된 기간이 오랜 세월 질식되어왔던 기독교의 에너지를 방출할는지도 모른다.[38]

지금이야말로 의사(擬似) 크리스텐덤의 종말과 포스트모던 문화의 도래가 교회를 향해 치유의 목소리를 제공할 수 있는 시기다. 왜냐하면 바로 그것이 우리로 하여금 교회를 유배적 사고방식에 따라 정의하도록 요

37 McLeod, *Introduction,* 2.
38 John Webster-Grants, *The Church in the Canadian Era,* 2nd ed. (Burlington: Welch Publishing, 1988), 216-17.

구하기 때문이다.

우리의 문화적 위치에 대한 분석을 통해 우리는 우리가 이런 시기에 예수의 추종자로서 충실하게 살아가려면 이런 새로운 문화적 현실에 충분한 정보를 갖고 대응할 방법을 찾아야 한다는 것을 알 수 있다. 비록 때때로 교회가 문화에 종속되는 잘못에 빠지기는 했으나, 많은 경우 교회의 사명은 문화와 거리를 두고 사람들에게 대안적 삶의 방식을 제공하는 것이다. 교회는 자신을 문화 안에 있는 이방인으로 여겨야 하는 때가 있다. 오늘날 교회가 깨달아야 하는 것은, 한때 우리에게 문화는 "집"처럼 편했으나 이제는 더 이상 그렇지 않다는 것이다. 중심에서 주변부로 밀려난 오늘 우리의 상황은 사실상 유배의 한 형태라고 할 수 있다.

물론 하나님의 백성에게 유배는 결코 새로운 경험이 아니다. 히브리성서, 제2성전기의 문헌, 그리고 신약성서 모두는 우리의 영적 조상들의 유배 경험에 대해 기록하고 있다. 그것들은 우리가 자신의 유배의 상황을 어떻게 접근해야 하는지 고찰할 때 우리가 참고할 수 있는 풍부한 자료들을 제공해준다. 유배는 우리가 이 어려운 사회적 현실 속에서 그저 살아남는 것만이 아니라 새롭게 될 것을 촉구한다. 유배 상황에 처한 교회는 자신의 토대를 이루는 이야기, 즉 성서에 기록된 하나님의 백성의 이야기로 돌아가 거기서 자신의 정체성을 회복하는 데 필요한 자료를 발견해야 한다. 무엇보다도 우리는 우리가 유배를 경험한 첫 세대가 아니라는 것, 다른 이들이 우리보다 앞서 그런 상황에 처했으며 그 경험을 바탕으로 우리가 참고할 수 있는 문서들을 유산으로 남겼다는 것을 상기할 필요가 있다. 우리가 다음으로 살필 것이 바로 그런 문서들이다.

2장

구약성서에 나타난 유배

만약 당신이 기원전 587년에 예루살렘에서 살았다면, 틀림없이 당신은 바빌로니아의 군대가 당신의 도시 안으로 밀려 들어와 온 도시를 약탈하고 폐허로 만드는 것을 지켜보아야 했을 것이다. 당신은 친구들과 이웃들 그리고 아마도 당신의 가족들이 죽임과 부상과 욕보임을 당하는 것을 지켜보아야 했을 것이다. 또한 아마도 당신은 주변의 집들이 파괴되고, 사람들의 재산이 탈취되고, 도시의 중요한 상징물들이 훼손되는 것을 지켜보아야 했을 것이다. 이 마지막 범주에 속한 것들 중 가장 중요한 것은 그 나라의 종교적 상징의 핵심인 성전이었다. 성전은 하나님이 특별한 방식으로 임재하셨던 곳이다. 기원전 587년에 바빌로니아인들은 예루살렘 성전을 완전히 파괴함으로써 자신들이 유다를 물리적으로 완전히 제압했음을 과시하고 또한 종교적으로 자신들의 신 마르두크(Marduk)가 이스라엘의 하나님 야웨를 이겼음을 만방에 알렸다. 예루살렘이 무너진 직후에 당신은 당신이 알고 있던 유일한 땅, 즉 당신의 고향이었던 땅으로부터 낯선 땅으로 강제 이주되었을 것이다. 그곳에서 당신은 정복된 외국인으로서 이방인의 언어를 사용해야 했을 것이며 당신이 지금까지 살아오면서 개탄해왔던 것들이 포함된 낯선 관습을 가진 이들과 더불어 살아야 했을 것이다. 바로 그곳이, 당신이 아는 한, 당신이 여생을 살아가야 할 곳이었다.

유배는 이스라엘 민족에게는 결정적인 경험이었다. 포로와 그 이후에 있었던 귀환의 범위와 성격에 관한 학문적 토론이 계속되고 있으나, 이 경험의 영향은 오늘에 이르기까지 이스라엘 민족의 삶에서 고도로 형성적인 역할을 하고 있다.[1] 고대인들의 유배 경험이 현대 서구 문화 안에서 그리스도인으로 살아가는 우리의 경험에 실제적인 도움이 될 수 있는가? 만약 그렇다면, 우리는 이스라엘의 유배 경험에 대해, 그리고 그 백성이 그것에 대응했던 방법에 대해 얼마간이라도 이해해야 할 필요가 있다. 아래에서 우리는 유배에 대한 간략한 역사와 사회학에 대해, 그리고 바빌로니아와 페르시아의 통치하에서 계속된 이스라엘의 삶에 대해 고찰할 것이다.[2] 또한 우리는 유배의 삶에 대한 이스라엘의 몇 가지 중요한 신학적

1 예컨대, Robert Carroll, "Exile! What Exile?: Deportation and the Discourses of Diaspora," in *Judaic Religion in the Second Temple Period,* ed. Lester Grabbe (London: Routledge, 2000), 66-67은 유배를 일부러 "신화"라고 부르면서 동시에 그것이 유대 민족의 정체성을 형성하는 과정에서 수행한 이데올로기적 효능을 인정한다. 역으로, Peter Ackroyd, *Exile and Restoration* (London: SCM Press, 1968), 237-38은 유배의 역사성을 주장하기는 하나, 그것이 "정확하게 서술하기 굉장히 어려운 문제"라는 것을 인정한다. 비록 역사적 사실의 내용이 모호하기는 하나, 그는 유배 경험이 이스라엘의 신학적 사유에 있어서 결정적 요소라고 분명하게 주장한다. 또한 다작하는 유대인 학자 Jacob Neusner에 따르면, "유배와 귀환이라는 패러다임은 현재에 이르기까지 모든 시대의 모든 유대교를 포괄한다"("Exile and Return as the History of Judaism," in *Exile: Old Testament, Jewish and Christian Perspectives* ed. James Scott [Leiden: Brill, 2001], 221).

2 이 연구의 목적상 "이스라엘"이라는 용어는 그 민족을 역사적 백성으로 가리키기 위해 사용될 것이다. 이 용어에는 북왕국 이스라엘과 남왕국 유다가 모두 포함된다. "유다"라는 용어는 남왕국을 배타적으로 가리킬 때 사용될 것이다.

대응에 대해 고찰할 것이다. 이 둘을 이해함으로써 우리는 현대 교회가 어떻게 오늘날 서구 사회에서 유배된 백성으로 살아가고 있는 자신의 정체성을 만들어낼 수 있는지에 대해 신선한 통찰을 얻게 될 것이다.

유배에 대한 간략한 역사

이미 언급했듯이, 하나님의 백성에게 유배의 경험은 에덴동산에서 최초의 부부와 더불어 시작되었다고 할 수 있다. 그들의 타락은 하나의 원형이었다. 그들의 죄는 그들로 하여금 고향에서 쫓겨나 낯선 곳에서 살아가게 만들었다. 이스라엘이 자신의 특유한 역사적 상황 속에서 야웨에게 행한 특정한 불충의 결과로서 유배를 직면했을 때, 이것은 그들 자신을 되돌아 보게 하는 선례와 본보기가 되었을 것이다. 아담과 하와가 낙원에서 추방된 것은 이스라엘이 하나님과 항상 씨름하고 또 그로 인해 자주 심판을 받는 백성이라는 정체성을 수립하는 데 도움이 되었다.[3]

이스라엘의 역사는 험난했다. 북왕국 이스라엘은 기원전 734년에 최초로 아시리아에 의해 유배를 경험했고, 이어서 기원전 722년에는 두 번째로 강제 이주를 경험했다. 남왕국 유다는 그로부터 약 한 세기 반 후에 바빌로니아에 의해 포로가 되었다. 바빌로니아 왕 느부갓네살과 그의 장군 느부사라단은 기원전 597년, 587년, 그리고 581년 세 차례에 걸쳐 유다와 예루살렘을 침탈했다.[4]

3 Henri Blocher는 *In the Beginning: The Opening Chapters of Genesis* (Downers Grove, IL: InterVarsity Press, 1984), 187에서 히브리인과 유대인들의 정체성을 주제로 하여 그 부부가 낙원으로부터 쫓겨난 사건이 갖고 있는 규범적 성격에 대해 언급한다.

4 Rruce Bruce et al., *A Theological Introduction to the Old Testament* (Nashville:

그 침략은 기원전 605년부터 시작된 예루살렘에 대한 바빌로니아의 지속적인 위협의 정점이었다. 증거들에 따르면, 이 세 차례에 걸친 침략 과정에서 유다의 중심 지역에 속한 모든(혹은 거의 모든) 성읍들은 심각한 해를 입었다.[5] 이런 성읍들 중에는 두 번째 침략 때 파괴된 예루살렘과 그 안에 있던 성전도 포함되어 있었다.[6]

고고학적 증거가 결정적인 것은 아니기에 유배 기간의 정확한 역사는 대부분 불확실한 상태로 남아 있지만, 오랜 세월 동안 압제자에게 종속되고 고향으로부터 강제 이주되는 추방 경험은 굉장히 힘든 일이며 그것을 달리 형용하긴 어렵다. 다니엘 스미스-크리스토퍼(Daniel Smith-

Abingdon, 1999), 322. 성서 자료와 성서 외적 자료 모두를 하나로 엮으며 전개되는 유배의 역사에 대한 간략한 개관을 위해서는, Jill Middlemas, *The Templeless Age: An Introduction to the History, Literature, and Theology of the "Exile"* (Louisville, KY: Westminster John Knox, 2007), 9-27을 보라.

5 예루살렘의 멸망과 유대 마을들의 파괴에 대한 개관을 위해서는 Oded Lipschits, *The Fall and Rise of Jerusalem* (Winona Lake, IN: Eisenbrauns, 2005), 36-97을 보라.

6 이 사건의 결과와 관련해서는 약간의 논란이 있다. 이는 고대 이스라엘의 역사 속에 있는 이 기간과 관련된 정보가 부족하기 때문이다. 어떤 학자들은 유배의 역사성 자체를 의심해왔다. 유배의 범위를 둘러싼 학자들의 논쟁에 대한 간략한 개괄을 위해서는 Charles E. Carter, *The Emergence of Yehud in the Persian Period: A Social and Demographic Study* (Sheffield: JSOT, 1999), 39-50; Hans Barstad, *The Myth of the Empty Land: A Study in the History and Archeology of Judah During the "Exile" Period* (Oslo: Scandinavian University Press, 1996); Lester L. Grabbe, *Leading Captivity Captive: The Exile as History and Ideology* (Sheffield: Sheffield Academic Press, 1998); 그리고 P. R. Davies, *In Search of Ancient Israel* (Sheffield: Sheffield Academic Press, 1992)을 보라. 이 모든 자료들은 유배에 관한 성서의 설명의 역사적 정확성에 대해 의심하고 있다. 반면에 Daniel Smith-Christopher, *A Biblical Theology of Exile* (Minneapolis: Fortress, 2002); Albertz, *Israel in Exile;* and Bustney Oded, "Judah and the Exile," in *Israelite and Judean History,* ed. J. M. Miller and J. H. Hayes (Philadelphia: Westminster, 1977), 435-88은 유배의 역사성에 보다 공감하는 반응을 보인다.

Christopher)는 이 시기에 관한 그의 연구서에서 현대의 유배 경험도 그런 삶을 살아야 하는 이들에게 정신정 충격을 준다고 묘사한다.[7] 더 나아가 성서 본문들은 유배를 묘사할 때 아주 생생한 언어를 사용해 그것이 매우 엄혹한 경험이었음을 알려준다. 예레미야애가는 다음과 같이 극적으로 말한다. "유다는 환난과 많은 고난 가운데에 사로잡혀 갔도다"(애 1:3). "그 모든 백성이 생명을 이으려고 보물로 먹을 것들을 바꾸었더니 지금도 탄식하며 양식을 구하나이다"(11절). 유배 경험이 특별히 엄혹했던 것은 아니라는 다른 학자들의 주장에 맞서 스미스-크리스토퍼는 "예레미야애가의 시문은 무서운 재앙에 관한 것"이라고 항변한다.[8] 예언자 예레미야가 선포한 예루살렘의 멸망에 대한 묘사도 역시 극적이다. "그해 넷째 달 구일에 성중에 기근이 심하여 그 땅 백성의 양식이 떨어졌더라"(렘 52:6). 시편 저자 역시 동일한 사건들을 되돌아보며 다음과 같이 탄식한다. "그들이 주의 종들의 시체를 공중의 새에게 밥으로, 주의 성도들의 육체를 땅의 짐승에게 주며 그들의 피를 예루살렘 사방에 물 같이 흘렸으나 그들을 매장하는 자가 없었나이다"(시 79:2-3; 또한 시 44:13을 보라).[9] 에스겔은 그의 예언서 10장에서 한 가지 환상을 통해 유배 사건의 압도적인 의미와 그것이 그 민족에 대해 갖는 영적 함의를 생생하게 묘사한다. 그는 하나

7 Smith-Christopher, *Biblical Theology of Exile,* 15-21.

8 Ibid., 47.

9 타당한 확실성을 지니고 유배 기간까지 거슬러 올라갈 수 있는 네 개의 시편들이 존재한다. 시편 44; 74; 79; 89가 그것들이다. 시편 137편 역시 유배 경험에 대한 분명한 성찰을 담고 있다. Thomas Raitt, *A Theology of Exile: Judgment/Deliverance in Jeremiah and Ezekiel* (Philadelphia: Fortress, 1977), 87을 보라. 다른 이들은 시편 102; 106도 포함시킨다. 그 목록에 관해서는, Middlemas, *Templeless Age,* 36을 보라.

님이 성전을 떠나시는 것에 대해 말한다. "에스겔 1장에서 수레를 탄 야웨의 영광은 성전 문지방을 떠나 동편 문에 머물다가(겔 10:19) 마침내 감람산으로 옮겨간다(11:23). 우리는 이 머뭇거리는 출발에서 그것이 상징하고 있는 파괴에 대한 슬픔을 감지할 수 있다."[10]

이런 사건들은 유다 백성에게 엄청나게 충격적인 결과를 가져왔을 것이다. 그들이 겪은 유배는 오늘날의 유배와 마찬가지로 끔찍한 강제 이주, 무기력, 그리고 고통스러운 기억으로 가득 찬 경험이었다. "유배로 인한 트라우마를 의식하지 않으면서 이런 본문을 읽는다면, 적어도 그것은 유배의 피해자들을 비난하는 것과 다름없으며, 그런 사회적 상황 안에서 쓰인 본문의 힘을 크게 오해하고 있는 것일지도 모른다."[11]

바빌로니아 유배의 정확한 성격에 대한 다양한 논의들을 상세하게 살피는 것은 이 책의 범위를 넘어서지만, 여기서 우리는 그 유배가 이스라엘과 유다 백성의 민족적 삶과 정체성에 중요한 결과를 초래했다는 가정에 입각해 나아갈 것이다.

이스라엘이 바빌로니아에 의해 멸망 당했을 때, 그 나라는 적어도 세 가지 중요한 상징들을 빼앗겼다. 그것들은 땅, 왕, 그리고 성전이었다. 아마도 이 세 가지 상징들이야말로 다른 어떤 것들보다도 하나님의 임재와

10 Ralph Klein, *Israel in Exile: A Theological Interpretation* (Philadelphia: Fortress, 1979), 76. 바빌로니아 포로의 결과를 이해하기 위한 그 이상의 자료는 바빌로니아 사람들이 유다를 포함해 자기들이 정복한 자들을 아주 거칠게 다뤘던 현실을 지적하는 성서 외적 증거로부터 나온다. Daniel Smith-Christopher, "Reassessing the Historical and Sociological Impact of the Babylonian Exile (597/587/581)," in *Exile: Old Testament, Jewish and Christian Perspectives*, ed. James Scott (Leiden: Brill, 2001), 23-25를 보라.

11 Smith-Christopher, *Biblical Theology of Exile*, 104.

그분이 자신의 백성 이스라엘과 맺으신 독특한 관계를 잘 보여주었을 것이다. 땅은 그 백성이 출애굽 했을 때 그들에게 주어진 약속의 일부였다. 땅은 하나님의 신실하심에 대한 상징이었고, 이스라엘이 그들에게 주어진 특정한 장소에서 하나의 백성으로서 살아갈 수 있게 해주었다. 다윗 계열의 왕권은 하나님과 그분의 백성 사이에 맺어진 언약에 대한 또 다른 상징이었다. 그것은 자기 백성에 대한 하나님의 이끄심을 상징했다. 그리고 예루살렘 성전은 이스라엘 백성이 하나님의 임재가 특별히 직접적으로 드러나는 곳이라 믿었던 장소였다. 성전은 종교적 제의의 중심이었고 야웨가 그분의 언약 백성을 다스리고 지배하신다는 사실을 상기시키는 장소였다. 유배와 함께 이 세 가지 상징들은 다 사라지게 되었다. 이제 더 이상 땅은 그들의 것으로 불릴 수 없었다. 이제 더 이상 왕은 정치적 자율성을 주장할 수 없었다. 이제 더 이상 성전은 사람들이 야웨를 예배하는 독특한 의식에 참여하기 위해 모이는 장소가 될 수 없었다. 가장 사무치는 것은, 이것이 하나님이 자신의 언약에 대한 상징으로 그 백성에게 주셨던 모든 것이 사라졌음을 의미한다는 사실이었다. 그렇다면 이것은 언약이 깨졌음을 의미하는 것일까? 이제 그들은 더 이상 하나님의 택하심을 받은 백성이 아닌 것일까? 야웨는 그들을 버리신 것일까? 바로 이런 것들이 유배가 이스라엘에게 던졌던 질문들이었다.

유배 상태에서 살기

바빌로니아 사람들의 승리가 치명적인 결과를 낳은 것은 분명하지만, 초기 포로 상황으로 인한 트라우마가 가라앉자마자 바빌로니아에 있는 자들과 유다에 남아 있는 자들 모두가 일상적인 활동의 수행을 포함하는 삶의 패턴에 적응했음을 알려주는 고고학적, 성서적,

그리고 성서 외적 증거들이 있다. 유배가 이스라엘 내부의 다양한 사람들에게 하나의 복합적인 경험이었다는 사실은 그 공동체 내부로부터 제기된 다양한 반응들이 있었음을 의미한다.

바빌로니아와 페르시아에서의 포로생활[12]을 포함해 유배 상태의 이스라엘의 사회학은 광범위한 연구를 요구하는 풍성하고 다양한 문화적 모체다. 그러나 고대 이스라엘의 유배 경험과 현대 서구 교회의 그것을 연관시키고자 하는 우리의 목적을 위해서는, 몇몇 중요한 사회적 형세를 개관하는 것만으로도 고대사와 오늘의 상황 사이에 존재하는 몇 가지 암시적 연관성을 제시하기에 충분할 것이다.

성서는 기원전 597년과 581년 사이에 발생한 세 차례의 침략 과정에서 유다로부터 바빌로니아로 끌려간 이들의 정확한 숫자와 관련해 다소 모호한 입장을 취한다. 예레미야 52:28-30은 이 세 차례의 두드러진 강제 이주 과정에서 유다로부터 끌려간 이들이 4,600명에 이른다고 기록한다. 열왕기하는 바빌로니아 왕 느부갓네살이 재위 8년째 되던 해에 예루

12 기원전 539년에 페르시아는 바빌로니아를 정복하고 이스라엘을 물려받았다. 정복민을 다루는 방법에 관한 정책의 차이로 인해, 유다 백성들 중 일부가 기원전 539년 이후에 그들의 땅으로 돌아왔다. 이때 이후의 시기는 종종 포로기 이후(postexilic)라고 일컬어진다. 그러나 포로기 이후라는 용어와 그것이 페르시아 시대에 대한 설명으로서 적합한가에 대한 논란이 있다. 사실상 이스라엘은 이 시기 동안 여전히, 그들이 나중에 그리스와 로마의 지배하에서 그랬던 것처럼, 포로민으로 남아 있었다. 나는 페르시아 시기(와 그 이후의 시기)를 언급할 때도 "유배"라는 용어를 사용할 것이다. 비록 그들의 지배자들의 접근법이 바뀌었을 수는 있으나, 나는 그 용어가 이스라엘이 기원전 539년 이후에도 계속해서 경험했던 삶을 묘사하는 데 적합하다고 생각한다. Jill Middlemas는 (유배의 경험과 관련된 역사적 모호성은 물론이고) 유배와 포로기 이후를 둘러싼 용어 사용의 어려움의 문제를 다루면서 첫 번째 성전의 파괴와 두 번째 성전의 건축 사이의 기간을 적절히 묘사하기 위해서는 "유배"(exile)라는 용어 대신 "성전이 없던 시대"(templeless age)라는 용어를 사용해야 한다고 주장한다. Middlemas, *Templeless Age*, 3-7.

살렘의 엘리트 백성 1만 명을 잡아갔고(왕하 24:14), 그로부터 10여년 후에 유다 왕 시드기야의 반란을 제압하고 나서 예루살렘 인근 백성들 중 일부를 다시 잡아가면서 오직 "그땅의 비천한 자를 남겨 두어 포도원을 다스리는 자와 농부가 되게 하였더라"고 보도한다(왕하 25:11-12).[13] 우리가 이런 성서 본문들로부터 합리적으로 도출할 수 있는 결론은 바빌로니아의 침략으로 인해 유다의 거민들 중 일부는 살해당하고, 일부는 끌려가고, 일부는 도망치고, 일부는 그땅에 남았다는 것이다. 어떤 이들은 남고 어떤 이들은 끌려간 것이 흥미로운 사회적·신학적 역학을 만들어냈다. 우리는 나중에 이에 대해 살필 것이다. 여기서는 먼저 유다 땅에서 쫓겨나 바빌로니아 왕국 안에서 유배 생활을 해야 했던 이들의 운명에 대해 살펴보기로 하자.[14]

성서 본문과 현대의 연구자들이 대체로 합의하고 있는 사항은 바빌로니아로 보내진 이들이 주로 교육 수준이 높은 부유한 계층의 사람들이었다는 점이다. 그곳에서 이 사람들은 당시 급성장하고 있던 바빌로니아를 위해 복무했는데, 그 무렵 바빌로니아는 오직 교육받은 이들에 의해서만 충족될 수 있는 여러 가지 수요가 있었다.[15] 바빌로니아에서의 유배 생활

13 다양한 숫자들에 관한 간략하지만 유익한 검토를 위해서는, Iain Provan et al., *A Biblical History of Israel* (Louisville, KY: Westminster John Knox, 2003), 281-82를 보라.

14 예레미야서 역시 애굽으로 피난한 집단에 대해 언급한다(렘 41:11-44:30). 그들이 어찌 되었는지는 알려져 있지 않다. 하지만, 예레미야의 신탁과 그에 대한 기술이 보존되어 있다는 사실이 지적해 주듯이, 그들 중 일부가 애굽으로부터 유다로 돌아왔음은 분명해 보인다. Ackroyd, *Exile and Restoration,* 39n1을 보라.

15 Jon L. Berquist, *Judaism in Persia's Shadow: A Social and Historical Approach* (Minneapolis: Fortress, 1995), 15-17.

이 종종 현대적 상황에서 이해되는 것과 동일한 방식의 노예살이가 아니었음을 알려주는 여러 가지 증거들이 존재한다. 예레미야서는 유배된 이들이 자신들의 집을 세우고, 사업상의 이익을 추구하고, 결혼을 할 수 있었음을 보여준다(렘 29:5-7). (바빌로니아에서 일어난 사건을 담고 있는) 다니엘서와 (페르시아의 수도 수산 궁에서 일어난 사건을 담고 있는) 에스더서는, 그 내용 모두가 역사적인 것이든 아니든 간에, 일부 유배자들이 자기들을 억류하고 있는 이들의 정부 안에서 중요한 직위를 얻을 수 있었음을 알려준다. 느헤미야가 가졌던 왕의 술관원이라는 지위는 그런 위상에 대한 또 다른 예를 제공한다. 성서 외적 증거 역시 이런 견해를 뒷받침해준다. 예컨대, 비록 약간 후대의 것이기는 하나, 무라슈(Murashû) 가문의 문서들은 어느 지방 기업을 증거로 제시했는데, 그 기업에는 유대식 이름을 지닌 고객들이 있었다. 이런 고객들은 지주들이었고 국가의 관리와 행정관으로 고용되어 있었다.[16] 이것은 페르시아가 바빌로니아를 집어삼킨 후에도 자신들이 정착한 땅에 머무는 쪽을 택하고 옛 고향으로 돌아가지 않았던 일부 유대인들이 그들의 새로운 고향에서 오랫동안 번성했음을 보여준다.

이런 예는 번영이 모든 유배된 자들의 공통적인 경험이었음을 의미하지 않는다. 어떤 이들에게 강제 이주의 경험은 황폐하기 짝이 없는 것이었다. 설령 그들의 정복자들이 합리적이고 친절했다고 할지라도, 유배는

16 그 이상의 설명과 기록을 위해서는 Provan et al., *Biblical History of Israel,* 282-83을 보라. 또한 P. R. Davies and John Rogerson, *The Old Testament World,* 2nd ed. (Louisville, KY: Westminster John Knox, 2005), 86을 보라.

여전히 정치적 자율과 익숙한 삶의 패턴에 대한 상실을 의미했다. 지역민들은 종종 그들이 낯선 행습이라고 단정한 것에 대해 그다지 우호적이지 않은 태도를 보이는데, 유배된 사람들은 그런 상황 속에서도 그들의 관습과 종교를 실천하는 새로운 길을 찾아내야 했다.

반면에 유다 땅에 남겨진 이들은 주둔군 부대와 바빌로니아가 임명한 총독 그달랴에 의해 통제를 받았다(왕하 25:22). 상주하는 바빌로니아 군대와 비다윗 계열 지도자의 존재는 계속해서 그 백성에게 그들이 이제까지 지켜왔던 삶이 사라졌음을 상기시켜 주었다. 그 땅에 남은 자들은 강제 이주된 자들이 남기고 간 땅 중 얼마를 물려받기는 했지만, 그들의 경제적 수단과 교육의 부족(그들은 종종 "그땅의 가난한 사람들"로 묘사된다)은 그들로 하여금 바빌로니아 사람들에게, 그리고 유다 백성의 약세를 틈타 힘을 과시했던 다른 민족들에게 쉽게 공격을 받을 수밖에 없는 상황에 놓이도록 만들었다.[17]

사회학적 연구에 따르면 급격한 강제이주는 실향민들의 정체감에 영향을 주고 그들로 하여금 자신들의 실향에 다양한 방식으로 대응하도록 만든다.[18] 얼마간의 실제적인 폭력, 핵심 시민 척출, 일부 인구의 재배치를

17 바빌로니아가 외국인들을 일부러 불러오지는 않았으나, 다른 나라—에돔, 모압, 그리고 암몬—사람들 중 일부가 그 땅으로 들어와 자신들의 목적을 위해 그 땅의 일부를 취했다는 증거가 있다. Davies and Rogerson, *Old Testament World,* 87. 이것은 Provan et al., *Biblical History of Israel,* 285에 의해 확증된다.

18 Daniel Smith는 사회학자 Brian Wilson의 작품을 인용하는데, Wilson은 종교적인 사람들로 이루어진 집단이 전통적으로 실향에 대응하는 7가지의 방식을 제시한다. *The Religion of the Landless: The Social Context of the Babylonian Exile* (Bloomington, IN: Myer-Stone, 1989), 51-52. 또한 Middlemas, *Templeless Age,* 7을 보라.

수반했던 군사적 점유는 분명히 그 땅에 남아 있는 자들과 그 땅으로부터 쫓겨나거나 달아난 이들 모두에게 그런 상황에 대해 공통의 대응을 하도록 만들었을 것이다. 고대 이스라엘 백성의 상황이 그러했음을 알려주는 증거는 예언자들의 활동을 통해서 분명하게 드러난다. 그들의 말은 유배 경험이 제공한 트라우마와 그것에 대한 다양한 반응들을 보여준다. 유배가 얼마나 파괴적인 경험이었는지에 대한 다양한 관점들은 다시 한번 우리에게 유배가 군사적 패배, 자율성의 상실, 그리고 외세에 의한 지배를 의미한다는 기본적인 사실을 상기시켜준다. 그런 경험은 세상을 유일신론적으로 이해하고 있는 사람들(그들은 자신들을 유일하게 선택받은 복 받은 자들로 생각한다)로 하여금 이전과는 급격하게 다른 상황 속에서 자신들의 현실을 어떻게 이해해야 하는지에 대해 묻도록 만들었다. 팔레스타인 땅에 남은 이들에게 꼭두각시 왕과 바빌로니아 군인들의 존재는 그들이 이제는 더 이상 독립된 국가의 백성이 아님을 끊임없이 상기시켜 주었다. 그리고 강제 이주된 자들에게 그들이 외국 땅에 거주하고 있다는 사실은 정복된 소수자로서의 자신들의 처지를 결코 잊지 않게 해주었다.

그러나, 비록 고대 이스라엘의 모든 이들이 유배에 동일한 방식으로 반응했던 것은 아닐지라도, 유배의 삶에 대한 그 민족의 비전을 궁극적으로 형성했던 일반적인 반응이 있었다. 그것은 "재구성"(reformulation)이라고 불릴 수 있다.[19] 이것은 히브리 성서의 윤곽을 형성하는 것이라고도 할 수 있다. 히브리 성서에서 우리는 이스라엘이 새로운 상황에 처한 자신들의 종교를 재구성하기 위해 자신들의 새로운 사회적 상황을 신학적

19 Middlemas, *Templeless Age*, 7.

으로 해석하고 있는 것을 발견한다. 이런 반응의 실천을 이해하는 것은 아주 중요하다. 왜냐하면 그것은 오늘의 교회가 자신의 사회적 상황에 반응할 때 도움이 될 수 있는 신학적 자료들을 제공해주기 때문이다.

구약성서에 등장하는 유배 신학의 실제적 강조점은 그 땅에서 쫓겨나 바빌로니아에서 살아가는 이들에게 맞춰진다.[20] 고향으로부터 쫓겨난 이들은 "참된" 이스라엘이지만 그 땅에 남은 자들은 "이스라엘인"의 신분을 버리고 무엇보다 유다 백성이 아닌 자들과 결혼한 배교자 집단이라는 독특한 의견에 주목하는 것도 의미 있는 일이 될 것이다.[21] 정경 역사의 궁극적 형성자가 되어 귀환한 유배자들의 이와 같은 대립과 승리가 성서의 이야기에 유배적 관점을 제공해주었다. 이스라엘 백성의 종교적 특성은 그들로 하여금 자신들의 포로 상황에 대해 신학적 이해를 추구하도록 몰아갔다. 정경의 자료들은 이스라엘로 하여금 그들의 신앙에 대한 재구성을 요구하는 희망적 사고의 흐름을 포함하고 있다. 성서의 유배기 문학에서 나타나는 여러 목소리들은 이스라엘의 상황에 대한 진단뿐 아니라 후기 기독교 사회에서 교회로 살아가는 우리 자신의 유배적 상황에도 도움을 줄 수 있는 신앙의 재구성을 위한 처방전까지 제공한다. 이스라엘 백

20 Davies와 Rogerson은 팔레스타인 땅에 머물렀던 이들에 대한 성서 저자들의 무관심을 지적하면서 "그 땅에 남았던 대다수의 사람들은 관심의 대상이 되지 못하거나 중요하지 않은 사람들이었다"고 분명하게 밝힌다. *Old Testament World,* 88.

21 Ibid., 88. 또한 예레미야 24:1-10을 보라. 거기서 예언자는 두 개의 무화과나무 광주리 이미지를 사용하는데, 그중 하나에는 좋은 무화과가 들어 있고 다른 하나에는 나쁜 무화과가 들어 있다. 여기에서 좋은 무화과는 분명 유배된 사람들이고, 나쁜 무화과는 시드기야와 그의 정책에 찬동하는 그 땅에 남은 자들이다. 에스겔은 그 땅에서 강제 이주된 자들이 그 땅에서 추방됨으로써 그들 몫의 벌을 받은 반면, 그 땅에 남은 자들은 그들의 잘못으로 인해 추가적인 심판에 직면할 것임을 강조했다(겔 33:21-31).

성에게 유배는 신앙의 포기나 완전한 절망으로 이어지지 않았다. 오히려 그것은 구약성서에서 가장 창조적인 문학과 담대한 신학적 표현들에 영감을 불어넣은 자극이 되었다.[22]

이것은, 비록 유배된 집단이 포로살이에 대응하는 여러 가지 방법들이 있었고 그들 중 어떤 이들은 그들의 운명을 자신들의 정복자들에게 던지고 또 다른 이들은 분리주의적 접근법을 택했을지라도, 이스라엘의 핵심적인 인물들은 자신들의 사회적 유배에 신학적 개혁이라는 방식으로 대응했음을 보여준다. 유배 시기는 새로운 사회적 현실이 가져오는 방향의 상실을 보여주며, 또한 거룩한 문서들과 인간의 경험을 통해 계시된 하나님의 본성에 관한 신학적 숙고가 어떻게 이런 새로운 현실에 효과적으로 대응하는 지혜를 낳을 수 있는지를 예시해준다. 그러므로 우리는 유배기에 형성된 성서의 문헌들에 대한 연구를 통해 이스라엘이 유배라는 새로운 상황에서 어떻게 자신을 재정립했는지 정확히 파악할 수 있을 것이다. 그리고 우리는 이런 연구를 통해 다음과 같은 몇 가지 핵심적인 주제들이 떠오르는 것을 알 수 있다.

이방 땅에 임재하시는 하나님

이미 지적했듯이, 유배 이전에 하나님이 이스라엘에 임재하심을 보여주었던 세 가지 상징은 땅, 다윗 계열의 왕권, 그리고 예루살렘 성전이었다. 이스라엘에게 이 셋은 하나님의 약속 및 언약적 성실함에 대해 상징적인 역할을 했다. 유배는 이스라엘에게서 이 세

22 Walter Brueggemann, *Cadences of Home: Preaching Among Exiles* (Louisville, KY: John Knox, 1997), 3.

가지 기본적인 정체성의 표지를 모두 빼앗아 갔고, 그들로 하여금 지금 자신들이 처한 새로운 상황 안 어디에서 하나님을 찾아야 할지 몰라 혼란스러워하도록 만들었다. 하지만 겉으로 드러난 상황에도 불구하고 예언자들은 그들의 예언을 통해 하나님이 자신의 백성을 포기하지 않으셨으며 그들의 유배지에서조차 여전히 그들과 함께 계신다는 확신을 심어주었다.

예컨대 하나님의 임재라는 현실은 에스겔서 1장에 등장하는 신비로운 환상을 통해 창조적으로 제시된다. 하나님의 영광이 그토록 막대한 죄로 가득한 곳에 더 이상 머물 수가 없어 성전과 그 땅을 떠나실 때, 하나님은 바퀴를 타고 움직이시는 분으로 묘사되었다(겔 1:1-21). 이 환상의 핵심적 개념은 하나님이 예루살렘에 묶여 계시지 않는다는 것이다. 그분은 움직이고 계시며 자기 백성과 함께 유배지로 가실 것이다. 이것이 사실이라면, 이스라엘 백성의 삶과 믿음은 그 오래된 제도들과 무관하게 계속될 수 있을 것이다. 유사한 환상이 에스겔 8-10장에서도 제시된다. 거기서 예루살렘 성전은 야웨가 더 이상 그곳에 머물러 계실 수 없을 정도로 가증스러운 신성모독과 우상숭배가 행해지는 장소로 분명하게 묘사된다. 에스겔 10:15-22은 야웨의 영광이 성전을 떠나 바빌로니아에 있는 유배된 자들과 함께 있기 위해 그곳으로 날아가는 모습을 묘사한다.[23] 야웨의 영광은 성전에 국한되지 않는다. 그것은 바빌로니아를 포함해 그분이 자신의 영광을 드러내기로 결정하신 모든 곳에 임재한다.[24] 그렇게 임재하

23 Walter Brueggemann, *Theology of the Old Testament: Testimony, Dispute, Advocacy* (Minneapolis: Fortress, 1997), 672.

24 Ibid.

시는 하나님에 대한 신학은 과거의 확신, 제도, 그리고 종교적 기초들을 모두 빼앗긴 백성에게는 아주 중요한 것이었다.

다소 모호한 방식으로이기는 하나, 우리는 이 주제를 예레미야 29:4-7에서도 만날 수 있다. 거기서 유배된 자들은 바빌로니아의 유익을 위해 일하라는 가르침을 받는다. 예레미야는 궁극적으로 유배된 자들이 바빌로니아로부터의 구원될 것을 예견하지만(렘 29:10), 그런 복은 유배된 자들이 자기들을 포로로 삼은 자들의 유익을 위해 일할 때 비로소 바빌로니아로 찾아올 것이다. 분명히 이런 복의 가능성은 자신이 궁극적으로 누구에게 은혜를 베푸실 것인지를 결정하는 분이신 야웨의 통치와 연결되어 있다. 여기서 드러나는 개념은 하나님의 백성이 성실하게 그곳에 정착해서 살아가면 주님은 자신의 백성들을 통해 그들을 포로로 삼은 자들에게 복을 내리시리라는 것이다. 다시 말해 그분은 비록 자기 백성이 그들의 땅에서 멀리 떨어져 있을지라도 계속해서 그들의 일과 그들을 포로로 삼은 나라의 일에 개입하며 활동하시리라는 것이다. 이런 개념은 하나님이 바빌로니아에게 복보다는 심판을 내리시길 원하는 일부 공동체 사람들의 얼굴을 찌푸리게 했을지도 모른다. 그러나 우리는 자기 백성의 순종에 대해 복을 내리고자 하시는 하나님의 뜻에 변함이 없다는 것을 안다. 게다가 그 복은 그들을 통해 그들의 적들에게까지 확대될 것이다. 이것은 열국의 삶에 대한 하나님의 보편적 주권과 섭리를 확증해주지만 또한 여전히 이스라엘에게 하나님의 복의 도구로서의 특별한 역할을 부여한다. 나중에 우리는 유배가 어떻게 열방의 빛으로서의 이스라엘의 사명을 분명하게 밝혀주었는지 살필 것이며, 이 원리가 이방 나라들도 자신을 경배하는 모습을 보기 원하시는 하나님의 궁극적인 소원을 이루기 위해 어떻게 활용되었는지에 대해서도 고찰하게 될 것이다. 그러나 그것은 바빌로니아 사람들에게 복을 매개하는 도구의 역할을 하는 이스라엘로부터 시작된다.

하나님도 그분의 백성과 함께 유배지에 계신다는 명시적인 그리고 함축적인 이미지들은 이스라엘에게 희망의 토대가 된다. 만약 야웨께서 참으로 그들과 함께 계시고 그들이 자신들을 사로잡은 자들 가운데서 살아갈 때 그들 가운데서 역사하신다면, 그들에게는 단순히 생존에 대한 희망만 있는 것이 아니라 해방에 대한 소망 역시 남아 있는 셈이다.

거룩

예언자들이 유배에 대해 보인 반응을 담고 있는 예언적 본문들 안에는 유다 공동체에게 공통의 정체성에 대한 갱신된 의식을 심어주기 위해 의도된 거룩함의 실천을 통해 스스로를 구별된 백성으로, 특히 보다 큰 문화의 관습들로부터 분리된 백성으로 특징지으라는 명령이 들어 있다. 그런 본문들이 신실함이라는 언약적 실천의 갱신을 강조하는 것은 "동화(同化)가 성공을 위한 보다 많은 기회를 제공할 듯 보이는 이방 문화 안에서 선택된 백성으로서 구별된 정체성을 유지하기 위한"[25] 시도로 쉽게 이해될 수 있다. 이와 같은 실천은 야웨에 대한 신실함을 보여주기 위해 고안된 것인데, 바빌로니아에서 그런 행위는 이스라엘을 자신이 처한 환경으로부터 구별해주는 "고도로 신앙고백적인" 행위가 되었다.[26] 그러므로 유배기 동안 최종적 형태를 갖추게 된 성결법전(Holiness Code)은

25 Klein, *Israel in Exile,* 6.
26 Ibid., 126.

유배에 대한 반응인 동시에 다른 이들에 대한 증언이기도 하다.

신학계 안에는 성결법전이 기원전 6세기경에 결정적으로 모양을 갖췄다는 대체적인 합의가 존재한다. 그리고 대체로 그것은 모세 오경 안에 있는 제사장 문서의 일부를 이룬다고 간주된다. 성결법전은 "레위기 17-26장에서 눈에 띌 정도의 양을 가진 자료 더미로 야웨의 거룩하심에 흔들리지 않는 초점을 맞추고 있으며 올바른 사회적 관계가 이스라엘 백성들 사이에서 형성될 것을 요구하고 있다."[27] 이 문헌은 이스라엘이 거룩하신 하나님 야웨와 관계를 맺고 살아가는 백성으로서 자신의 정체성을 세우도록 돕는 역할을 한다. 이 문헌은 이스라엘이 거룩한 하나님이신 야웨와 관계를 맺고 살아가는 백성으로서 자신의 정체성을 확립하는 일에 도움을 주며, 또한 야웨의 거룩한 백성으로 산다는 것이 어떤 의미인지를 구체적으로 말해준다.[28] 그 법전은 이스라엘이 적극적으로 이행해야 할 행위뿐만이 아니라, 그들이 하나님의 백성이라는 신분을 유지하고 그분의 이름에 먹칠을 하지 않기 위해 반드시 금해야 할 행위들도 명시하고 있다. 이런 요구는 하나님과 그분의 백성의 관계적 본성에 근거하는데, 그 본성은 그 법전 안에서 무려 22번이나 나타나는 "나는 너희의 하나님 야웨이니라"(가령 레 20:7, 26; 21:8 등)라는 구절의 반복을 통해 분명하게 드러난다. 그들의 신의 거룩함이야말로 그 백성 역시 거룩해져야 할

27 Middlemas, *Templeless Age,* 126.

28 성결법전의 형성을 둘러싼 학문적 토론에 대한 간략한 개관을 위해서는, Middlemas, *Templeless Age,* 125-29를 보라. 또한 이에 대한 확대된 논의를 위해서는, Jan Joosten, *People and Land in the Holiness Code: An Exegetical Study of the Ideational Framework of the Law in Leviticus 17-26* (New York: Brill, 1996)을 보라.

이유가 된다(레 19:2; 20:7).[29] 여기에는 다른 신들에게 헛된 예배를 함으로써 야웨의 이름을 더럽히지 않는 것(레 18:21), 서로에게 거짓말 하지 않는 것, 서로의 물건을 훔치지 않는 것, 그리고 야웨의 이름으로 헛된 맹세를 하지 않는 것(레 19:11-12) 등이 포함된다. 또한 구별되라는 부르심의 본질에는 안식일의 준수를 회복하는 것이 포함되어 있다 (렘 17:19-27; 사 56:2-6; 겔 44:24). 회복된 거룩함에 대한 이와 같은 명령은 신명기 역사에서 발견되는 축복과 저주의 구도를 이용하는데, 이 구도는 야웨의 율법에 대한 순종에는 축복을 그리고 순종에 실패하는 자들에게는 저주를 약속하며, 또한 백성들에게 그들이 회복과 복을 경험하는 길이 다시 한번 언약의 실천에 신실하게 임하는 것임을 상기시킨다.

회복된 언약적 충성을 통해 드러나는 거룩함과 분리됨에 대한 헌신은, 유배된 자들에게 그들의 독특성을 자신들의 세계에서 드러내는 일이 될 것이다. 그것은 또한 바빌로니아의 규범들에 대한 미묘한 거부이며 자신들은 바빌로니아가 아닌 다른 곳의 주민이라고 말하는 한 가지 방법이기도 했다. 다니엘 스미스-크리스토퍼는 그런 사회적 상황 안에서 "순결"(purity)은 곧 "불순응"(nonconformity)을 의미한다는 개념을 제시한다.[30] 실제로 이런 견해는 바빌로니아 유배에 대한 예언적 대응 안에 내재되어 있었다.[31]

29 Middlemas, *Templeless Age,* 130-34.

30 Smith-Christopher, *Biblical Theology of Exile,* 160. 또한 Brueggemann, *Cadences of Home,* 6-7을 보라.

31 에스라서와 느헤미야서는 이런 관점과 관련해 특별히 과격하다. 그 본문들은 "순결 이데올로기"를 사용해 누가 유대인인지를 재정의하고 이방인으로 분류된 이들을 추방하는 것을 통해 유대 공동체를 재형성하도록 돕는다. 이에 대한 연구를 위해서는 Roger E. Olyan의 논문 "Purity

유배지에서의 삶에 관한 문헌은 이스라엘 백성이 외국 세력의 지배 아래에서 사는 동안 자신의 공동체적 정체성을 확보하기 위한 방법으로서 다시금 순결을 강조하고 있음을 보여준다. 거룩함으로의 부르심은 유배된 공동체를 위해 구별된 정체성을 확보해주었을 뿐 아니라 거의 성례전적 기능을 하는 분명한 행동 양식도 제공해주었다. 이런 양식은 그 공동체로 하여금 그들 사이에 임재하신 하나님을 의식적으로 인정하게 하며 그들 자신들을 예배 공동체로 자리매김할 수 있게 한다.[32]

선교 이스라엘이 유배의 삶 속에서 갖게 된 희망이 준 가장 역동적인 측면 중 하나는 자신들이 사명을 맡은 백성이라는 의식의 회복이다. 유배는 이스라엘이 세상의 열국들 사이에서 야웨의 지고하심을 선포하는 역할을 가지고 있다는 의식의 회복을 가져왔다. 이것은 이사야서에서 가장 분명하게 드러난다. 거기서 예언자는 야웨의 백성들에게 다시 한번 열방의 빛이 되라고 강력하게 주장한다(사 42:5-7; 49:5-6). 열방 가운데서 포로된 백성으로 살아가는 그들의 상황을 감안한다면, 이스라엘이 이방 사람들에 대한 자신의 책임에 대해 성찰하는 것은 이상한 일이 아니다. 이사야가 한 말은 모세 오경이 강조하는 (창 12:3; 출 19:6; 그리고 신 4:5-8에서 발견되는 것과 같은) 믿음의 핵심적 가르침을 떠올리게 한다. 거기서 이스라엘은 그들 주변의 나라들의 선을 도모하는 백성으로 기술된다. 이것

Ideology in Ezra-Nehemiah as a Tool to Reconstitute the Community," *Journal of the Study of Judaism 35,* no. 1 (2004): 1-16을 보라.

32 Brueggemann은 *Cadences of Home,* 8-9에서 이 개념에 대해 설명한다.

은 이스라엘이 자신을 진공상태 속에서 사는 존재로 여길 것이 아니라 하나님이 그분의 동역자로 삼은 자들에게 주신 모든 은사를 관리하는 책임 있는 청지기로서 자신의 비전을 회복할 것을 요구한다.[33] 이런 요구는 아주 담대하게 유배에 자연스럽게 뒤따라오는 패배 의식을 새로운 방향으로 돌려놓을 뿐 아니라, 또한 정복자들이 개종함으로써 정복된 이들의 신앙으로 회심하게 될 것이라고 주장한다. 종종 신들이 매우 지역적인 방식으로 이해되었을 뿐 아니라 한 나라가 다른 나라에게 패하는 것 역시 한 신이 다른 신에게 패하는 것으로 간주되었던 고대 세계에서 이것은 선교를 유배에 대한 과격한 대응으로 제시했던 매우 반이데올로기적인 주장이었다. 이것은 야웨가 패했다는 것을 인정하지 않을 뿐 아니라, 사실은 이스라엘의 적들이 야웨를 예배하는 자들이 될 필요가 있다고 주장하는 반현실적 입장을 드러내는 것이었다.[34]

이런 선교적 사고의 핵심에는 제2이사야에서 발견되는 네 개의 구절들이 있다(사 42:1-9; 49:1-6; 50:4-10; 52:13-53:12). 전통적으로 "종의 노래"라고 불리는 이 구절들은 야웨의 특별한 종인 이스라엘에게 대담한 선교신학을 제공한다.

그 종의 실제 정체가 무엇인지는 성서학에서 심각한 논쟁거리가 되고 있으나 그 논쟁의 모든 차원을 상세하게 설명하는 것은 이 책의 범위를 넘어선다.[35] 그러나 그 시의 일부가 이스라엘을 문제의 그 종으로 가리킨

33 Brueggemann, *Old Testament Theology,* 433-34.

34 이사야 45:20-25; 56을 보라.

35 그 종의 정체의 문제에 관한 논의를 위해서는, Klaus Westermann, *Isaiah 40-66* (London: SCM Press, 1969), 92-93; Christopher K. Seitz, "'You Are My Servant, You Art the Israel

다고 믿을 만한 충분한 이유가 있다. 랍비 알렌 메일러(Allen S. Mailer)는 이사야 자신이 이 장들에서 여러 차례에 걸쳐 특별히 야곱/이스라엘을 가리키고 있음을 지적한다(사 41:8; 44:1, 2, 21). 이런 구절들은 이스라엘이 하나님이 택하신 종임을 분명히 밝힌다. "그 민족 공동체는, 성서에서 종종 그러하듯이(렘 30:10), 개인이라는 관점에서 언급된다."[36]

그런 의미에서 이스라엘은 그 시에서 언급되는 종, 즉 열방의 빛으로 행동하고, 거부되고, 고난당하게 될 종이다. 만약 그 종이 실제로 이스라엘이라면, 분명히 "그는 세상의 구원을 위해 부당하게 고난을 당할 것이다."[37] 이스라엘의 유배에 관한 완전한 신학 안에서 "이스라엘의 고난의 주된 그리고 역사적인 목적은 세상의 회심이다."[38]

이런 비전은 앞서 언급한 내용, 즉 바빌로니아의 안녕을 구하라는 예레미야 29:7의 가르침과 일치한다. 또한 그 구절은 선교적으로 이해될 수 있다. 야웨에 대한 이스라엘의 신실함이 바빌로니아에 복을 가져올 것이

in Whom I Will Be Glorified': The Servant Songs and the Effect of Literary Context in Isaiah," *Calvin Theological Journal 39* (2004): 117-34를 보라. Mark Gignilliat, "Who Is Isaiah's Servant? Narrative Identity and Theological Potentiality," *Scottish Journal of Theology*, 61, no. 2 (2008): 125-36은 이 논쟁을 다음과 같은 말로 요약한다. "그 종을 묘사하기 위해 사용된 언어는 '비밀스럽고 베일에 싸여 있으며' 역사적으로 확산된 채 남아 있으려는 의도를 가지고 있다"(134). Middlemas, *Templeless Age*, 100-102 역시 다양한 시들이 하나 혹은 그 이상의 인물들에게 적용되는 것을 가능케 하는 방식에 대해 간략하게 개관한다.

36 Allen S. Mailer, "Isaiah's Suffering Servant: A New View," *Dialogue and Alliance 20*, no. 2 (2006): 9.

37 David N. Freedman, "Son of Man, Can These Bones Live?" *Interpretation* XXIX (1975): 185.

38 Ibid., 186. Joseph Blenkinsopp, "Second Isaiah—Prophet of Universalism," *JSOT* 41 (1988): 83-103은 이스라엘이 그 자신을 이제 "개종자들에게 열려 있는" "신앙고백적 공동체"로 여기기 시작했다고 논평했다.

다. 이것은 하나님이 이스라엘 백성과 함께 계신다는 것을 입증해줄 것이고, 또한 이스라엘의 이방인 통치자들에게 이스라엘의 하나님의 우월성에 대한 증언의 역할을 하게 될 것이다.

유배는 이스라엘 백성들이 이방인들과의 교류로부터 멀어져야 한다는 의미에서 배타적인 민족이 되도록 지음 받지 않았다는 원리를 분명히 보여주었다. 오히려 "이스라엘은 지배적인 문화의 삶에 온전히 참여해야 했다."[39] 이것은 이방 나라들에 대한 모든 것을 다 긍정적으로 생각해야 한다는 것을 의미하지 않는다. 왜냐하면 이스라엘은 바빌로니아의 파멸을 기뻐하기 때문이다(사 47장). 그럼에도 이스라엘은 열방의 변혁과 관련해 수행해야 할 역할이 있었다. 하나님은 이스라엘이 유배지에 머물러 있는 동안 세상에 대한 그의 선교를 포기할 의도가 없으셨다. 유배 과정을 통해 하나님은 이스라엘을 구속적으로 사용하실 계획이셨고, 그 백성은 그 궁극적 목적의 수행에 협력하도록 부르심을 받았다.

결론

비록 이스라엘의 유배의 한 부분이었던 이런저런 사건들이 잊기 어려울 정도로 충격적이었고 그 민족의 삶과 정신에 영구적인 영향을 주기는 했으나, 그에 맞서 제기된 신학적 반응은 새로운 희망을 가져다주었다. 우리가 지금껏 고찰해 온 개념들은 이스라엘 백성에게 유배지에서의 체류와 관련해 희망적인 비전을 제공해주었다. 이처럼 서구 교회가 중심에서 주변으로 유배되는 시기로 접어들고 있는 오늘과 같은 때에, 교회도 현재 자신이 직면하고 있는 독특한 도전을 통해 자신을 지탱해 줄 수

39 Brueggemann, *Cadences of Home*, 13.

있는 신학적인 비전이 필요하다. 이스라엘에 대한 예언적인 비전이 가져다 준 희망은 우리에게도 지침이 되는 지혜를 가져다준다.

하지만 이 지혜는 구체화되어야 한다. 그것은 유배된 백성의 매일의 삶을 통해 드러나야 하며 유배 상태에서의 삶이 불가피하게 초래하는 시련들과 맞설 수 있어야 한다. 그런 까닭에 그런 예언자적 비전은 디아스포라 조언 이야기(diaspora advice tale)라고 알려진 이야기적 장치를 통해 계속해서 되풀이되었다. 그런 이야기들은 그 이야기의 주인공들이 문화의 주변부에서 살아가는 도전에 맞서 신실하게 살아가는 모습을 묘사하는 실제적인 방식으로 이스라엘의 희망을 창조적으로 표현했다. 그 이야기들은 우리가 이미 살펴본 바 있는 예언적이고 전례적인 자료들과 더불어 유배 상황에서의 삶이 어떤 것이 될 수 있는지에 대한 비전을 제공했다. 그런 이야기들 중 몇몇은 살펴볼 만한 가치가 있는데, 이는 그것들이 유배기의 희망에 관한 현대 신학에 도움이 되는 정보를 제공해줄 것이기 때문이다.

유배기의 이야기: 지혜와 희망의 내러티브

이미 언급했듯이, 유배가 이스라엘 백성에게 커다란 단절을 초래했다고 추정하는 것은 타당한 일이다. 그것은 또한 그들에게 바빌로니아나 페르시아의 종교들에 통합되어 그럭저럭 어울리며 살아가거나, 아니면 그것들과 완전히 분리되어, 그리고 그로 인해 자기들을 지배하고 있는 문화와 무관하게 살아가고자 하는 유혹을 제기했다. 하지만 완전히 새로운 환경으로 인한 최초의 충격이 잦아들기 시작하면서 결국 이스라엘은 하나님과 그분의 백성으로서의 자신의 정체성을 이해하는 나름의 방법을 발견하는 창의적인 신학적 반성을 통해 유배 상황에 대응했다. 우리가 이미 보았듯이, 자신의 선교적 본질을 재구성하는 것은 물론 하나님의 행동이 이스라엘 본토와 멀리 떨어진 곳에서도 전과 동등하게 강력하다고 생각할 수 있었던 그들의 능력은, 유배가 어떻게 신학적 개념들을 사용해 창조적인 개입을 유발했는지를 보여준다. 믿음에 관한 새로운 이해는 하나님의 명백한 부재에 대한 성찰을 통해 형성되었고, 윤리적 이상들은 언약에 대한 충성을 강조하는 것을 통해 되살아났다. 마지막으로 열방을 섬기는 종으로서의 이스라엘의 역할도 분명해졌다.

고대 근동의 다른 나라들 역시 아시리아, 바빌로니아, 그리고 페르시아에 의해 정복되었다(훗날 그리스와 로마에 의한 정복은 말할 것도 없다). 그리고 그들의 패배와 포로살이는 결국 그들의 문화와 종교의 소멸로 이어졌다. 하지만 이스라엘은 그런 운명에 굴복하지 않았다. 하나의 백성으로서 이스라엘은 오랫동안 외국의 강력한 적들의 위세에 눌려 살면서도 문화적으로나 종교적으로 그들의 독특한 정체성을 상실하지 않은 채 나름의 살 길을 찾았다. 확실히 패배, 유배, 그리고 오랜 포로살이 경험은 심각한 질문들을 불러일으켰다. 하나님은 어디에 계신가? 하나님은 정말로 강하신가? 하나님은 정말로 그분의 백성을 사랑하시는가? 하나님은 정말로 신실하신가? 우리는 어떻게 살아남을 것인가?

이런 질문들은 단순히 지적이거나 이론적인 성찰이 아니라 유배가 낳은 현실 세계의 질문들에 답하고자 하는 창조적인 신학적 성찰을 고무했다. 그것은 또한 정경 안에서도 가장 우아하고 모험적인 몇몇 문학 작품들, 즉 흔히 디아스포라 조언 이야기라고 불리는 작품들을 낳았다. 이 문학은 이스라엘로 하여금 하나님의 백성으로서 자신들의 정체성이 어떻게 실제적인 유배 상황 속에서 구현될 수 있는지 보도록 도왔던 유배에 대한 이야기식 대응법을 제공해주었다. 이런 형태의 유배기 문학은 이스라엘이 미래에 대해 갖고 있던 희망의 구체적인 표현이었다.

디아스포라 조언 이야기는 문학의 한 형태로서, 그 이야기의 주인공이 유배된 민족 (이 경우에는 이스라엘) 전체를 대표하는 것으로 이해될 수 있다. 더 나아가 그 주인공의 행위는 그 민족이 포로살이 동안 어떻게 행동해야 하는지에 대한 조언을 제공한다. 우리가 이 책에서 특히 에스더, 다니엘, 그리고 요나의 이야기들을 살필 때, 우리는 유배기의 주제들, 이데올로기들, 그리고 신학들이 하나로 어우러지게 되는 것을 보게 될 것인데, 이는 자신들의 유배 경험에 의해 압도되지 않은 유배기의 남자들과 여자들을 묘사하는 희망의 이야기를 제공한다. 사실 그 각각의 이야기들은 하나님의 계획을 진척시키고 주인공과 그의 백성들의 안전을 촉진하는 방식으로 유배와 맞선다. 그 이야기들은 유배 경험에 대한 적절한 신학적 반응을 식별할 수 있게 하는 풍성한 자료들을 우리에게 제공할 뿐 아니라, 유배라는 모티브가 어떻게 후기 기독교 시대의 삶을 긍정적으로 형성할 수 있는지에 대해서도 정보를 제공함으로써 도움을 준다.[40]

고대의 유배(혹은 디아스포라)라는 상황 안에서 유배된 자들의 삶을 묘사했던 이야기들은 교훈적 성격을 지닌 문학의 한 형태였다. 이스라엘의 경우 이런 이야기들은 대개 그들이 처해 있던 강제 이주라는 상황 속에서

40 이런 특성들이 어떻게 핵심적인 유배기 본문들과 신학적 개념들에서 오늘날 우리에게 필요한 것을 끄집어낼 수 있는지에 대한 실례를 위해서는, Smith-Christopher, *Biblical Theology of Exile,* 특히 5-7장을 보라.

도 번성할 수 있었던, 혹은 심지어 중요하고 영향력 있는 자리에까지 올라갈 수 있었던 유대인 남자나 여자들의 모습을 그렸다. 그런 인물들은 디아스포라기의 짧은 이야기들 속에 등장하는데, 그런 이야기들은 현명하면서도 경건한 영웅들이 어떻게 당시의 지배적인 인종 집단에 속한 훨씬 더 강력한 사람들을 극복하고 통치권자의 호의를 얻었는지에 대해 묘사한다. 디아스포라 조언 이야기들은 성서의 여러 곳에서 나타나며 이스라엘 공동체가 디아스포라 상황에서 살아가는 과정에서 의지할 수 있는 지혜를 제공한다.[41] 그런 이야기들 중 많은 것은 소위 포로기 이후에 나왔으나, 분명히 그것들은 유배나 디아스포라 상황에 속한 이들의 삶에 대한 정보를 제공해준다.

그런 이야기들은 강제 이주된 이들의 전형적인 상황을 보여준다. 종종 어느 한 사람의 이야기가 실제 삶에 대한 그들의 이해를 가장 생생하게 묘사하기도 하고 자기들이 택할 수 있는 최상의 길에 관한 그들의 믿음을 표현하기도 한다.[42] 이런 종류의 이야기들은 오늘날에도 세계의 난민 집단들 가운데서 유행하고 있는데, 그것은 그 이야기들이 문화적 분석을 제공할 뿐 아니라 사회 주변부의 삶에 대한 억압에도 맞서기 때문이다.[43]

41 디아스포라 조언 이야기의 자격을 잠재적으로 갖춘 성서 이야기들로는 에스더, 다니엘, 요나, 룻, 모르드개, 느헤미야, 그리고 요셉의 이야기가 있다.

42 히브리 성서에서 발견되는 디아스포라 조언 이야기들 같은 이야기들은 오늘날의 수많은 (모두는 아니지만) 주변화된 문화들 안에서도 발견될 수 있다. 예컨대, 아프리카계 미국인 노예들의 경험으로부터 나온 흑인 영가는 일본계 미국인 수용소로부터 나온 "현명한 여우"에 관한 이야기들이나 남아프리카로부터 나온 "흑인 예수"에 관한 이야기들과 유사한 역할을 수행한다. Smith, *Religion of the Landless,* 163을 보라.

43 Roger Bromley, *Narratives for a New Belonging: Diasporic Cultural Fictions* (Edinburgh: Edinburgh University Press, 2000), 3.

우리의 목적을 위해 우리는 구약성서에 등장하는 세 개의 디아스포라 이야기들, 즉 에스더, 다니엘, 요나의 이야기들을 살필 것이다. 또한 우리는 이런 이야기들이 어떻게 예언자적 문헌으로부터 출현한 신학적 주제들을 입증하는지(혹은 구현하는지)에 대해서도 고찰할 것이다. 고도로 창의적인 이런 이야기들은 이스라엘로 하여금 신학적이면서도 인류학적인 개념들을 형성하도록 도왔다. 이 개념들은 새로운 하나님이 아닌, 하나님과 그들과의 관계에 대한 새로운 이해를 낳았다.[44] 오늘의 그리스도인들에게 디아스포라 조언 이야기들은 서구 세계에서 교회로 살아가는 우리의 경험 속에서 우리가 누구이며 하나님이 어떤 분이신지에 대해 새로운 이해를 제공해줄 수 있다.

44 Andre LaCocque, *Esther Regina: A Bakhtinian Reading* (Evanston, IL: Northwestern University Press, 2008), 10.

3장

에스더서: 유배된 자들을 위한 조언

에스더서는 성서에 실려 있는 가장 매력적이고 논쟁적인 이야기 중 하나다. 그것은 어느 히브리 고아 소녀가 성장해 페르시아의 왕비가 되고 곧이어 자기 백성을 구원하는 자가 되는 이야기를 전개하면서 독자들에게 긴박한 드라마와 희극적인 익살을 제공한다. 에스더서의 배경은 아하수에로(크세르크세스 1세, 기원전 486-465)가 다스리던 페르시아 시대이지만, 확실히 그 책은, "이 일은 아하수에로 왕 때에 있었던 일이니"라는 첫 구절이 지적하듯이, 그보다 후대에 쓰였다. 대부분의 학자들은 이 책의 정확한 저술 시기를 판단하기가 어렵다는 데 동의한다.[1] 그러나 대체로 에스더서의 최종적인 히브리어 형태는 페르시아 후기나 헬레니즘 초기에 속하는

1 이에 대한 간략하지만 철저한 논의를 위해서는, Michael V. Fox, *Character and Ideology in the Book of Esther* (Columbia: University of South Carolina Press, 1991), 39-41을 보라. 에스더서의 히브리어 문법에 대한 분석에 기초해 제기된 보다 이른 시기(기원전 5세기 전반)의 저작설과 관련해서는, Hillel I. Millgram, *Four Biblical Heroines and the Case for Female Authorship: An Analysis of the Women of Ruth, Esther and Genesis 38* (Jefferson, NC: McFarland, 2008), 100-102를 보라.

것으로 간주된다.[2] 순전히 문학적인 관점에서 보자면, 유대인의 부림절의 토대가 되는 이야기인 에스더서는 여전히 그와 같은 삶을 경험하고 있는 이들에게 유배지에서의 삶의 잠재성을 보여주기 위해 쓰인 것처럼 보인다.

에스더는 그녀의 사촌인 모르드개의 양육 아래서 자란 유대인 고아 소녀다. 에스더는 일찍부터 아름다운 젊은 여인으로 밝혀졌다. 그리고 에스더는 페르시아 왕이 새로운 아내를 구하기 위해 개최한 미인 경연대회에 참가하는데, 그 대회의 우승자는 곧 왕비로 임명된다. 대회가 끝났을 때 아름다운 용모와 다양한 매력으로 왕을 가장 기쁘게 한 경연자였던 에스더가 마침내 페르시아의 새로운 왕비로 임명된다. 그 과정이 진행되는 내내 에스더는 사촌 모르드개의 충고를 따라 유대인인 자신의 신분을 숨긴다. 왕비로 임명된 직후 하만이라는 이름을 가진 왕의 측근 하나가 왕을 꼬드겨 페르시아 전역의 유대인들을 죽이라는 조서를 내리도록 만든다. 그 계획을 들은 모르드개는 에스더에게 왕비로서 그녀가 가진 영향력을 사용해 동포들을 위해 그 일에 개입해주기를 청한다. 개인적인 위험이 매우 큰데도 불구하고, 에스더는 일련의 놀라운 우연의 일치와 계획의 반전을 통해 왕에게 하만이 의심스러운 인물임을 알리는 데 성공하고 마침내 자기 동포를 구하게 된다. 에스더의 행동의 결과로 그녀의 사촌 모르드개는 부섭정의 자리까지 승진한다. 그리고 하만은 죽임을 당하고 수많은 페르시아인들이 유대교로 개종한다.

2 Fox, *Character and Ideology*, 39-41. 또한 Carol M. Bechtel, *Esther* (Louisville, KY: John Knox, 2002), 3을 보라. Bechtel은 에스더서가 기원전 400년에서 200년 사이 어느 시점에 쓰였다는 학자들의 "동의"를 포함한 여러 가지 의견들에 대해 언급한다.

에스더서는 이스라엘이 자신의 유배 상황을 신학적으로 반성하는 과정에서 나온 이야기다. 그 이야기에서 강력한 페르시아 제국 내에서 주변화된 사람이었던 에스더가 수행한 역할은 하나님이 어떻게 이방인의 땅에 임재하시는지, 거룩함을 어떻게 살아낼 수 있는지, 선교가 어떻게 발생할 수 있는지에 대한 본보기를 제공한다.

에스더서의 메시지: 이방 땅에 "숨은 상태로" 임재하시는 하나님

우리가 이미 살폈듯이, 유배된 하나님의 백성은 이방인들의 땅에서 하나님의 임재에 대해 숙고했다. 그것은 이방인들의 땅에서 스스로를 재구성하고자 했던 이스라엘에게는 중요한 문제였다. 진노하신 하나님이 우리를 영원히 버리셨는가? 우리가 하나님의 도우심에 의지할 수 있는가? 유배기 예언자였던 이사야, 예레미야, 그리고 에스겔은 첫 번째 질문에 대해서는 "아니오"라고 답했으며, 두 번째 질문에 대해서는 "그렇다"라고 답했다. 하지만 유배 상황이 계속됨에 따라 동일한 질문들이 거듭해서 제기되었다. 만약 하나님이 그들을 버리지 않으셨다면, 어째서 그들이 자유를 되찾는 데 그토록 오랜 시간이 걸리는 것일까? 하나의 민족으로서의 그들의 날들은 최종적으로 계수된 것인가? 에스더서 같은 이야기가 다루는 것이 바로 이런 질문들이다. 그리고 그 질문들은 포스트 크리스텐덤의 서구 문화가 던지는 질문들이기도 하다.[3]

3 이런 것들과 이와 비슷한 문제들에 대한 설명을 위해서는, Linda M. Day, *Esther* (Nashville: Abingdon, 2005), 1-3, 그리고 Andre LaCocque, *Esther Regina: A Bakhtinian Reading* (Evanston, IL: Northwestern University Press, 1008), 35-38을 보라.

에스더서는 성서에서 하나님의 이름이 언급되지 않는 유일한 책으로 유명하다. 그동안 이런 생략은 그것에 합당한 정도 이상의 억측을 초래했다. 어떤 학자들은 에스더서를 하나님이 아무런 역할도 하지 않으시는 "세속적인" 책이라고 단언했다.[4] 하나님의 이름이 부재한 것이 에스더서가 갖고 있는 고유한 특징이기는 하지만, 우리는 그것이 결코 그 이야기에서 하나님의 임재를 지워버리지 못한다는 것을 알게 될 것이다.

하나님의 이름이 나타나지 않은 것은 그동안 여러 가지 이론들을 통해 설명되었다. 그중에는 그것이 축제적인 성격이 강한 부림절 기간에 하나님의 이름에 대한 모독이 행해지는 것을 피하기 위한 의도적인 누락이었다는 주장도 포함되어 있다. 많은 이들이 과음하는 것으로 알려진 그 축제 기간은 하나님의 거룩한 이름을 발설하기에 적합하지 않은 기간이라고 주장되어왔다.[5] 다른 주석가들은 그 책이 그 이야기가 갖고 있는 인간적인 요소를 강조하고 있다고 본다. 에스더서의 저자는 역사의 흐름을 형성하는 일에 있어서 인간이 감당해야 하는 역할과 개인적인 책임을 져야 할 그들의 필요에 대해 강조하고자 했다.[6] 하지만 그 이야기에서 하나님의 "드러나지 않음"을 설명하기 위한 이런 시도들은 그 책이 종교적 어조를 갖고 있음을 부인하려는 것이 결코 아니다.[7] 마이클 폭스(Michael V.

4 이에 대한 개요를 위해서는, Fox, *Character and Ideology,* 235를 보라.

5 Lewis B. Paton, *The Book of Esther* (Edinburgh: ICC, 1908), 95. Fox는 *Character and Ideology,* 239에서 이 이론에 대한 설명을 제공한다.

6 Beth Berg, "After the Exile: God and History in the Books of the Chronicles and Esther," in *The Divine Helmsman,* ed. J. L. Crenshaw and S. Sandmel (New York: KTAV, 1980), 107-27.

7 Fox, *Character and Ideology,* 237-47은 다양한 이론들을 간결하지만 이해하기 쉽게 설명한다.

Fox)가 주장하듯이, 적어도, 그 책의 저자는 "역사 안에서 하나님의 역할에 관한 불확실성"을 전하고자 했을 가능성이 있다.[8]

에스더서에서 하나님의 임재는 몇 가지 방식으로 감지될 수 있다. 에스더서 여러 곳에서는 그것에 대한 다양한 암시들이 있다. 가장 두드러지는 곳은 에스더 4:14이다. 거기서 모르드개는 유대인의 구원이 에스더에게서가 아니더라도 "다른 데"로부터 올 수 있다고 확언한다. 여기서 그가 하나님의 주도권에 대해 언급하고 있는 것인지는 논란의 여지가 있으나, 그런 입장은 이미 잘 알려진 예언자적 저술들, 즉 하나님은 이스라엘에서든, 바빌로니아에서든, 페르시아에서든 할 것 없이 의지할 만한 분이시라고 확언하는 저술들에 근거해 옹호될 수 있다.

더 나아가 우리는 에스더가 자신의 동포들에게 삼일 밤낮을 금식하면서 자신이 왕에게 나아가 유대인의 구원을 탄원하기 위해 준비하는 것을 도우라고 요청하는 것에서 하나님의 임재를 본다(에 4:16). 이 본문에서 나온 금식의 성격은 명백하게 종교적인 것이 아니지만, 훗날 유대교 전통은 금식이 종교적 행위였음을 보여주는 수많은 증거들을 제공해준다.[9] 실제로 그 요청의 어조에는 겸비가 스며 있다. 에스더는 왕을 설득해 하만

8 Ibid., 247. 이런 견해는 구약성서 신학에 관한 Walter Brueggemann의 전반적인 견해를 반영한다. Brueggemann은 이렇게 말한다. "구약성서의 수사학은 기묘하게 **모호하고 열려 있다.** … 너무 많은 것이 말해지지 않은 채로 남아 있어서 독자들은 불확실한 상태로 남아 있게 된다"(Walter Brueggemann, *Theology of the Old Testament: Testimony, Dispute, Advocacy* [Minneapolis: Fortress, 1997], 110 [볼드체는 출처의 것임]).

9 Sidnie Ann White, "Esther: A Feminine Model for Jewish Diaspora," in *Gender and Difference in Ancient Israel,* ed. Peggy L. Day (Minneapolis: Fortress, 1989), 162가 Wilhelm Vischer, *Esther* (Munich: C. Kaiser, 1937), 15를 언급하는 것을 보라.

의 음모를 뒤집어엎으려는 자신의 계획의 성공 여부가 오로지 자신의 손에만 달려 있는 것이 아니라는 것을, 즉 자기에게는 동포들과 하나님의 지원이 필요하다는 것을 인정한다.

어떤 이들은 이 이야기를 통해 나타나는 여러 가지 "우연의 일치들" 속에서 하나님의 임재를 발견할지도 모른다. 예컨대 에스더 6장에서 왕의 불면증은 그로 하여금 모르드개가 자신에게 충성을 하고서도 아무런 보상을 받지 못했던 것을 발견하도록 이끈다. 에스더가 왕비로 간택되는 과정과 관련된 일련의 사건들은 "우연의 일치들"로 가득 차 있다. 아하수에로가 모르드개에게 보상할 길을 찾고 있을 때 하만이 궁전 안으로 들어간 것(에 6:4)과, 하만이 에스더의 자비를 구하기 위해 문자 그대로 자신을 에스더의 무릎에 내던졌던 바로 그 순간에 왕이 왕궁의 후원으로부터 돌아온 것(에 7:8)은 모두 타이밍상의 "우연의 일치"를 보여준다. 이 책의 저자가 어째서 이런저런 "우연의 일치들"을 직접 하나님 탓으로 돌리는 것을 꺼려하는지는 신비로 남아 있으나, 데이빗 클라인스(David Clines)가 주장하듯이, 이런 우연의 일치들이 한데 모이면서 하나의 누적된 효과가 발생한다. 즉 그것들은 하나님의 인도하시는 손길을 보여준다.[10]

하만이 꾸민 음모에서 발생한 역전도 에스더서에서 발견되는 하나님의 인도하심에 대한 증거로 간주되어야 한다. 우리는 모르드개가 부섭정의 지위에 오르는 반면, 하만은 자기가 특별히 모르드개를 위해 마련했던 교수대에 달리는 것을 통해서 이를 볼 수 있다. 또한 무엇보다도 우리는 그것을 에스더 9:1에서 가장 분명하게 발견할 수 있다. 그 구절은 이렇게

10 David J. A. Clines, *The Esther Scroll: The Story of the Story* (Sheffield: JSOT, 1984), 153.

전한다. "유다인의 대적들이 그들을 제거하기를 바랐더니 유다인이 도리어 자기들을 미워하는 자들을 제거하게 되었다."

궁극적으로 그 이야기가 히브리의 유배 전통에 뿌리를 두고 있기 때문에, 에스더서를 읽는 독자들은 하나님이, 비록 가려져 계시기는 하나, 그 이야기의 모든 과정에 친히 개입하고 계신다는 인상을 받는다. 유배된 유대인들에게 조언하기 위해 고안된 작품인 에스더서는 하나님이 그 민족 안에서 역사하고 계신다는 예언자적 가정을 반영하고 있다. 비록 그 영향력이 언제나 즉시 분명하게 드러나지는 않을지라도 말이다. 그런 의미에서 에스더서는 오직 회고를 통해서만 식별될 수 있는 방식으로 자기 백성을 돕기 위해 오시는 하나님의 전복적인 활동에 관한 이야기를 제시함으로써 그 공동체가 갖고 있던 하나님의 임재에 대한 잠재적 의문을 반영하는 듯하다. 참으로 그분의 구원은 적어도 부분적으로는 그분 자신과 그분의 백성의 행동 사이의 합력의 결과다.

하나님이 유배 상태의 이스라엘 백성과 함께 계신다는 확언은, 우리가 살펴보았듯이, 유배 시절의 예언자들에까지 거슬러 올라간다. 이것은 그 공동체를 위한 아주 중요한 신학적 견해다. 그 공동체의 삶의 이 시점에서 중요한 것은 이스라엘이 어떤 장소가 아닌 하나의 백성으로서의 개념으로 돌아가는 것이다.[11] 이런 관점은 그들을 아브라함에게로, 그리고

11 Tim Laniak, "Esther's *Volkcentrism* and the Reframing of Post-Exilic Judaism," in *The Book of Esther in Modern Research*, ed. Sidnie White Crawford and Leonard J. Greenspoon (London: T&T Clark, 2003), 82. Laniak은 또한 이스라엘에 관해 다음과 같이 말한다. "처음엔 하나님은 어디에서든지 그들에게 접근 가능했지만, 후에는 특정한 장소에서 접근 가능한 분이 되셨다(참고. 왕상 8:27)"(82).

그들이 가나안 땅에 정착하기 오래 전에 하나님이 자신을 위해 한 백성을 지으시는 것에 관한 이야기로 이끌어간다. 성서의 역사에 따르면, 아브라함의 후손이 마침내 그들에게 약속되었던 땅을 얻게 된 것은 하나님이 아브라함에게 그 땅을 약속하신 때로부터 무려 5백여 년이 지나서였다. 그럼에도 족장들에 대한 하나님의 축복은 때때로 일어났던 하나님의 현현을 통해(창 15장; 28:10-17), 그리고 애굽에서 요셉이 그랬던 것처럼(창 39:2) 유배 속에서도 계속된 번성을 통해 분명하게 드러났다. 이방 왕국 안에서의 요셉의 존재는 에스더의 이야기와 중요한 평행을 이룬다. 왜냐하면 요셉은 자기 동포의 위상을 높이고 구원을 이룬 것은 물론이고 그 이방 왕국에도 번영을 가져다 주었기 때문이다. 같은 방식으로 에스더는 페르시아에 있는 유대인들을 위해 그런 일을 한다. 이런 연관성은 우리에게 하나님이 자기 백성과 동행하시는 것은 땅이나 성전보다는 언약과 관련되어 있다는 핵심 진리를 상기시켜 준다.[12]

가장 오래된 신학적 패러다임은 유배 생활에서 재적용될 필요가 있었다. 에스더서의 저자가 구원에 대한 언급을 자제했던 것은 하나님이 자기 백성과 맺으신 언약을 깨뜨리지 않으시리라고 간주하는 신학적 견해에 뿌리를 두고 있다. 언약은 땅의 경계를 초월한다. 오히려 그것은 관계에 뿌리를 내리고 있다. 그러므로 모르드개는 구원이 전능하신 하나님과 이스라엘과의 관계로 인해 오리라고 확신할 수 있었다.[13]

에스더서의 저자가 하나님의 임재를 숨기기 위해 많은 문학적 장치를

12 Ibid., 81.
13 Ibid., 79-82.

사용한 것과, 그렇게 함으로써 디아스포라 공동체의 현실적 경험을 인정하고 있다는 것은 부인할 수 없는 사실이다. 비록 본문에는 야웨에 대한 그 어떤 언급도 없으며 유대인의 종교적 관습에 대한 그 어떤 명확한 거론도 없지만, 그럼에도 불구하고 에스더서는 유배된 자들에게 하나님의 임재에 대한 확신을 제공하고 있으며 그것에 대한 충분한 증거도 보여준다. 왜냐하면 에스더서에서 일어나는 사건들은 하나님의 섭리가 실제로 작용하고 있다는 것을 보여주고 있기 때문이다.[14]

에스더서에 나타나는 하나님의 감춰진 임재는 계속해서 오늘의 유배된 자들을 위해 하나님이 어디에 계신지와 관련해 갖게 될 수도 있는 잠재적인 의문의 문제를 다룬다. 오늘 우리는 교회와 기독교 신앙의 주변화, 그리고 종종 기독교와 반대되는 세력의 강력한 발흥을 목격하고 있다. 우리는 사람들이 예수와 기독교 신앙의 교리들을 무시하고 외면하고 심지어 모욕하기까지 하는 것을 목도하고 있다. 우리는 어째서 하나님이 좀 더 강력하고 좀 더 분명하게 자신을 드러내지 않으시는지 의아해한다. 우리는 교회 자체의 내홍과 분열을 경험하면서 어째서 하나님이 그런 상황을 방치하고 계신지 궁금해 한다. 도대체 왜 그분은 교회를 강화하지 않으시고 그것의 증언이 밝게 빛날 수 있도록 분명하게 행동하시지 않는 것일까? 비록 자주 표현되지는 않지만, 유배는 우리로 하여금 하나님의 임재를 의심하게 만든다. 또한 어느 시점에서 우리로 하여금 하나님의 부재

14 Ibid., 89. Laniak은 더 나아가 우리에게 "시공간 안에 야웨가 임재해 계신 것을 약화된 형태로 언급하는 것은 지혜 전승의 특징"임을 상기시킨다. 즉 하나님의 이름을 언급하지 않는 것은 유배지에서 갖는 하나님의 부재에 대한 의식을 인정하면서도 여전히 독자들에게 그분의 임재를 찾으며 기대할 것을 요구하는 식으로 기능하는 문학적 장치인 것이다.

에 대한 의식을 경험하도록 만든다. 에스더서는 바로 이런 질문들과 경험들을 상대로 감동적인 확신의 말을 전한다. 비록 하나님이 어디에 계신지가 늘 명확한 것은 아닐지라도, 그럼에도 그분은 여기에, 즉 우리와 함께 유배지에 계신다고 말한다.

구체화된 거룩 하나님의 임재가 에스더서에서 모호한 만큼, 그 이야기의 여주인공이 페르시아 사회에 통합되었음은 아주 분명하게 드러난다. 그녀가 페르시아 문화 안에서 어렵지 않게 살아가는 것과 그녀가 보여주는 도덕적 모호성은 종종 에스더서의 독자들에게 논쟁거리가 되어왔다. 사실 에스더와 그녀의 도덕적 태도 전반에는 이런 비난을 위한 여지가 분명하게 존재한다. 에스더는 이방인과 결혼하는 자신의 역할을 잘 수행하는 것처럼 보인다. 그녀는 이방인의 환경 안에서 효과적으로 신분 이동에 성공한다. 자신의 유대인 신분을 숨겼던 그녀는 인상적인 성적 능력을 지녔던 것처럼 보인다. 훗날 에스더서에 덧붙여진 내용은 지어낸 것인데, 그 부분은 에스더의 기도를 덧붙였으며 에스더가 이방인과 결혼하고 그의 음식을 준비하도록 강요 받는 것을 싫어했음을 분명하게 진술하고 있다(『공동번역』 중 제2경전 부분 참고—역자 주). 확실히 이것들은 어떻게든 에스더의 이미지를 회복시키기 위한 목적으로 쓰인 것으로 보인다.[15]

에스더는 페르시아의 문화에 어쩌면 과도하게 휩쓸린 사람의 한 예다.

15 Ibid., 83. 또한 White, "Esther: A Feminine Model," 161-62. Terry Muck은 Karen Jobes의 에스더서 주석에 붙인 편집자 서문에서 에스더의 행위는 현대 윤리학의 그 어떤 시험도 통과하지 못할 것이라고 쓰고 있다. Jobes, *Esther* (Grand Rapids: Zondervan, 1999), 13을 보라.

그러나 이것은 이방인들의 지배 아래에서 이루어지는 삶에 정착하는 식으로 유배 생활의 연장에 대비하라는 예레미야의 권고와 무관하지 않다(렘 29:4-7). 에스더는 이방인 왕을 섬기는 일에서 번성하는 유대인의 능력을 집약해서 보여준다. 그녀의 이야기는 이례적인 상황 속에서 이방인의 땅에서 살아가는 현실을 받아들이는 것에 관한 이야기다. 에스더의 이야기는 이스라엘의 이야기를 반영한다. 이스라엘 백성이 그런 것처럼 그녀는 자기 부모와 고향으로부터 멀리 떨어져 있는 고아다. 그녀와 이스라엘은 자신의 운명을 통제할 수 있는 능력이 없었다. 하지만 그녀는 자기 동포의 유익을 위해 자신이 처한 상황에 개입해 그 상황을 극복할 길을 찾는다.

에스더서가 다루는 유배기의 특별한 쟁점은 제한된 권력을 갖고 살아가는 것에 대한 것이다.[16] 에스더와 모르드개는 어느 정도의 권력을 가진 자리에 올랐지만, 그 이야기가 전개되는 내내 상황을 통제하는 건 그들이 결코 아니었다. 그 이야기에서 그들이 거둔 "성공"은 언제나 그들이 당면한 상황하에서 현명하게 행동했던 것의 결과로 묘사된다. 에스더의 현명한 행위의 특징은 그녀가 자신의 주장을 진척시키기 위해 올바른 방식으로 타협한 것을 통해 드러난다. 이와 같은 "중대한 타협"의 시도는 해로운 결과를 초래했던 노골적인 접근법들과 대조된다.[17] 예컨대 에스더서 1장 시작 부분에서 잠시 등장했다 사라지는 황후 와스디는 잔치 자리에 나와 모습을 보이라는 자기의 남편인 왕의 호출을 극적으로 거부한다. 자기 아

16 Bechtel, *Esther,* 11.
17 Ibid., 12.

내를 남들에게 과시하고 싶어 했던 왕의 바람에 맞서 일어선 와스디의 용기는 존경 받을 만하며 그녀가 오랜 세월 동안 여성주의자들로부터 사랑을 받았던 이유일 수도 있다. 하지만 그 일로 인해 그녀는 왕궁에서 쫓겨났으며, 유사한 방식으로 자기 남편에게 맞서는 모든 여자를 억압하는 조서도 그로 인해 반포되었다(에 1:19-22). 반면에 에스더의 보다 유연한 접근법은 훨씬 더 많은 긍정적인 결과를 낳은 것으로 묘사된다.[18]

에스더는 제한된 힘을 가진 상황에서 문화에 개입하는 사람으로의 본이 되어준다. 최소한의 공적 권력을 가지고 있던 그녀는 자신이 처한 문화 안에서 활동하면서 자기 백성의 안녕을 추구할 수 있었다. 이것은 유배된 자들이 자기가 속해 있는 문화를 변혁시키고자 할 때 반드시 배워야 할 내용이다.

또한 에스더의 모델이 유익한 것은 그녀가 문화에 개입하는 방식이 주변 사람들의 그것과 구별되는 균형성을 보여주기 때문이다. 에스더서에 따르면, 그 이야기의 등장인물들은 지극히 불균형적인 방식으로 행동한다. 아하수에로 왕은 자신의 부와 왕국의 영광을 과시하기 위해 6개월에 걸쳐 술잔치를 벌인다(에 1:3-8). 그러나 하만은 아하수에로의 그런 불균형조차 아주 쉽게 넘어선다. 단 한 사람 모르드개가 자기에게 절하기를 거부했을 때, 그는 한 민족(유대인) 전체의 멸절을 꾀한다(3:5-6). 모르드개를 매달고자 했을 때 그는 오늘날의 기준으로 무려 6층 건물 높이에 해당하는 교수대를 세운다(5:14).[19] 반면 에스더는 페르시아 후궁에서 지

18 Ibid., 11-14는 종속된 상태에서 효과적으로 일하는 것과 엄격한 입장을 유지하는 것 사이의 대조라는 주제가 에스더서의 다양한 등장인물들을 통해 묘사되는 방식을 설명한다.

내는 동안 이런 과잉과 뚜렷이 대조되는 태도를 보인다. 그녀는 왕과 하룻밤을 보낼 차례가 되어 그녀가 원하는 것은 무엇이든 취할 수 있는 기회를 얻었을 때 내시 헤개가 정한 것 외에는 아무것도 요구하지 않았다(2:13, 15). 왕을 모살하려는 음모에 관해 들었을 때 그녀는 왕의 생명을 구하기 위해 조용히 행동하며 모르드개로 하여금 왕의 신임을 얻게 한다(2:22). 비상한 시기에 초대받지 않은 면담을 위해 왕에게로 나갈 준비를 할 때 그녀는 자기 동포에게 3일간의 금식을 요구한다. 이것은 이 책에 등장하는 다른 사치스러운 연회들과 대조되기는 하나 당시의 상황의 엄중함을 고려한다면 충분히 적절한 것이었다(4:16). 왕이 그녀에게 나라의 절반이라도 주겠노라며 원하는 것을 말하라고 했을 때 그녀는 그저 왕과 하만이 자기가 그들을 위해 준비하는 잔치에 참석해줄 것을 청한다(5:7-9). 그녀가 왕에 대한 하만의 속임수를 밝히기에 적절한 때가 왔을 때 에스더가 한 말은 하만의 과도한 요구와 대조되는 온건함을 드러낸다(7:1-6). 이런 온건함과 균형감은 에스더가 페르시아의 문화라는 제약 안에서 활동하면서 보여준 지혜의 특징들 중 하나였다.[20] 그녀는 문화적 개입에 관한 영속적인 모델이다—문화 안으로 편입됨, 그 문화의 기준들을 사용함, 자기 사회의 온전한 구성원의 역할을 함, 그러나 자기 주변의 사람들과 뚜렷이 구별되는 겸손과 균형감을 지니고 그렇게 함 등등.

더 나아가 우리는 에스더가 여자라는 것이야말로 그녀를 유배기의 모델로 만들어주는 요소의 일부라는 점을 간과하지 말아야 한다. 그녀가 유

19 Ibid., 9.
20 이에 대한 충분한 토론을 위해서는, Ibid., 7-11를 보라.

배기의 모델로서 특히 유효한 점은 여성인 그녀가 페르시아의 왕 같은 강력한 군주와 이스라엘 같은 피정복민 사이의 권력관계를 조명해주기 때문이다. 왕을 위한 과시용 왕비의 역할을 하도록 선택된 어린 소녀 에스더처럼 디아스포라의 유대인들 역시 피정복민이라는 연약한 위치에 놓여 있었다.

이런 이유들로 에스더는 디아스포라 백성에게 하나의 생생한 본보기 역할을 할 수 있다. 그녀는 페르시아에서의 삶에 적응하는 능력과 자신에게 닥친 모든 역경에도 불구하고 번성하는 모습을 보여준다. 이런 점에서 에스더는 유배 생활에서의 거룩함의 중요성을 보여주는 구체화된 순결의 모델이 된다. 비록 에스더가 그 어떤 모호함도 남아 있지 않을 만큼 행동이 분명하고 "단정한" 인물은 결코 아니지만, 우리는 그녀가 처해 있던 상황을 고려하지 않은 채 그녀를 판단해서는 안 된다.[21]

에스더의 도덕성(그리고 그로 인한 모든 형태의 순수성의 표출)을 올바로 이해할 수 있는 열쇠는 그녀와 그녀의 공동체와의 관계 안에, 그리고 그녀가 그 공동체를 위해 취한 행동 안에 있다. 만약 그녀의 행위를 그것들과 별도로 본다면, 틀림없이 그것은 이기적이고 헛되고 심지어 부도덕하게 보일 수도 있을 것이다. 하지만 우리가 그것을 유대인의 구원을 묘사하는 이야기의 일부로 이해할 경우, 이런 행위는 보다 복잡한 그리고 심

21 Charles Harvey, *Finding Morality in the Diaspora?: Moral Ambiguity and Transformed Morality in the Books of Esther* (Berlin: Walter de Gruyter, 2003), 208. 또한 Gordon J. Wenham, "The Gap Between Law and Ethics in the Bible," *Journal of Jewish Studies* 48, no. 1 (1997): 17을 보라. 또한 White, "Esther: A Feminine Model," 161-62을 보라.

지어 영웅적이기까지 한 색조를 얻는다.

우리는 올랜도 코스타스(Orlando Costas)의 연구의 도움을 받아 에스더가 유배기의 순결을 예시하는 여러 가지 방법들을 확인할 수 있다. 첫째, 우리는 그녀가 자기 동포에 대한 충성을 자기 개인의 안전보다 중하게 여겼음을 본다. 그녀는 자신의 목숨을 잃을지도 모르는 상황에서 위험을 무릅쓰고 왕에게 나아가는 방식으로 자신의 동포를 위해 행동한다(에 4:16). 그녀는 자신의 유산을 기억하면서 동포의 구원이 자신의 안녕보다 앞서야 한다고 결단한다.[22]

더 나아가 우리는 그녀가 어쩌면 사적인 자살행위까지는 아니더라도 일종의 정치적 행위로 간주될 수 있는 방식으로 왕 앞에 모습을 드러내기 전에 자기 동포와 시녀에게 금식(이것은 매우 종교적인 행위다)을 요구함으로써 하나님에 대한 충성심을 드러냈다고 공정하게 추측할 수 있다(에 4:16). 그녀의 경건은 말이 아닌 행동의 경건이었다.[23] 예상치 못하게 왕이 에스더에게 자비를 보이면서 금 규를 내밀었을 때(5:2), 그녀는 자기 동포 유대인들을 멸절로부터 구하겠다는 결의를 다지면서 용감하게 앞으로 나아갔다. 또한 하만과 그의 악한 음모를 폭로하려는 에스더의 계획은 다시 한번 말이 아닌 행동을 통해 그녀의 믿음을 드러내 보였다. 그녀는 자기 동포들을 위해 현명하게 그리고 효과적으로 행동한다. 코스타스는 "에스더는 '말이라는 행위'보다는 '행위로 보여주는 말'을 대표한다"고 지

22 Orlando Costas, "The Subversiveness of Faith: Esther as a Paradigm for a Liberating Theology," *Ecumenical Review* 40 (1988): 71.

23 Ibid., 72.

적한다.[24]

에스더서에서 우리는 반드시 공동체적 맥락에서 그의 행동을 이해해야 하는 한 인물을 본다. 그녀는 법적으로 "옳은 것"에 따라 행동하지 않는데, 그것은 그렇게 하는 것이 결국 많은 사람의 안녕을 해칠 수도 있기 때문이다. 오히려 그녀는 페르시아인 정복자들의 권력구조를 뒤집는 방식으로 행동하며, 또한 그렇게 하면서 하나님의 구원의 손길을 가리키는 유배기의 경건을 보여준다. 에스더는 적대적인 사회 속에서 규칙에 따라 경기를 하는 방식을 택함으로써 자기가 처한 상황에 잠재되어 있는 수많은 함정들을 피해나간다. 그녀의 미덕은 용기, 기민함, 충성심, 분별력, 그리고 명예 등에 있다.[25]

이런 종류의 지혜는 오늘날 문화의 주변부에서 살아가는 우리를 도전해 우리로 하여금 우리가 살아가는 세상에 급진적으로 개입하게 하는 길과 전통적으로 우리가 속해 있는 세상을 지배하는 거룩함의 범주들을 재정의하게 하는 길을 찾도록 한다. 다른 무엇보다도 자기 동포의 안녕을 위해 자신을 희생하려는 성향에 근거한 에스더의 적극적인 도덕성은 우리의 그런 노력에 도움이 되는 정보를 제공할 수 있다. 그녀의 거룩함은 페르시아의 문화에 대한 개입이라는 적극적인 윤리에 의해 정의된다. 그리고 거룩함에 대한 우리의 정의 역시 점점 더 우리가 문화의 주변부로부터 문화에 개입할 때 그것에 긍정적인 영향을 주는 방식을 기준으로 이루어질 필요가 있다. 현대 교회가 전통적으로 터부시해왔던 행동들을 얼마

24 Ibid., 78.
25 Laniak, "Esther's Volkcentrism," 83.

나 효과적으로 피할 수 있는가를 따라 거룩함을 정의하는 비전보다는 이것이 우리의 관심의 초점이 되어야 한다.

선교

하나님의 이름을 한 번도 사용하지 않는 책이 하나님의 선교적 의도를 반영할 수 있을까? 이스라엘의 유배가 다른 민족들로 하여금 이스라엘의 하나님을 알도록 만드는 결과를 낳을 수 있을까? 에스더의 행동의 선교적 결과는 8장에서 그 표현을 얻는 것처럼 보인다. 거기서 모르드개는 부섭정의 자리에 오르고 우리는 "다른 민족들"(개역성경에는 "본토 백성"으로 번역되어 있다—역자 주) 중 많은 이들이 유다인이 되었다는 말을 듣는다(8:17). 이것은 에스더의 선교가 끼친 종합적인 영향에 대한 극적인 표현이다. 하나님은 그녀의 허약한 지위를 통해 자기 백성의 구원을 이루신다. 그리고 그 구원은 많은 이들에게 빛의 역할을 수행한다. "개종한" 사람들이 유다인들에 대한 "두려움" 때문에 그렇게 했다는 것은 드러난 하나님의 권능에 대한 예상되는 반응으로 이해할 수 있을 것이다(신 2:25; 11:25).[26]

또한 이것은 예상 밖의 사람들을 자신의 세계선교에 참여시키고자 하는 하나님의 결정에 대해 말해 준다.[27] 에스더는 유배된 고아 여성이었다. 그녀는 결코 지도자감이 아니었다. 그녀의 유일한 자격은 미인 경연대회에서 우승했다는 것뿐이었다. 그럼에도 그녀는 이스라엘 역사에 등장하는 그럴 법하지 않은 영웅들의 긴 명단에 합류한다. 그녀가 하나님의 계획

26 Ibid., 89.
27 Ibid., 87.

의 일부가 된 것은 하나님이 어떻게 자신의 이름을 알리기 위해 겉보기에 별로 존경스럽지 않은 사람을 통해 일하시는지를 웅변적으로 말해준다.

이것은 서구 교회가 문화의 주변부로부터 일하는 법을 배울 때 큰 격려가 되는 메시지다. 하나님은 그런 장소에서도 최상의 일을 하실 수 있다. 그분은 자신의 선교적 목적을 위해 주변화와 약함을 사용하실 수 있다. 후기 크리스텐덤 시대의 교회는 낯선 문화 안에서 하나님의 백성이 되기 위해 애쓰는 과정에서 바로 이 에스더와 같은 입장을 수용할 필요가 있다.

요약

에스더서는 유배를 유대인들의 희망과 목표를 재구성하는 것으로 이해할 것을 요구한다. 유배는 이스라엘 백성이 시온으로 돌아가 자율권을 회복하기를 바라는 시간이었다. 그런 귀환은 열방에 야웨의 권능을 드러낼 것이다. 에스더서는 이스라엘 백성에게 회복이라는 개념을 이해하는 다른 방식을 요구한다. 다른 디아스포라 조언 이야기들이 그러하듯이, 에스더서 역시 장소에 근거한 민족성이 아니라 공동체에 근거한 민족성의 회복에 대해 이야기한다. 이런 형태의 민족적 정체성에는 외국인 통치자의 지배하에서도 계속되는 선교에 대한 비전이 포함되어 있다. 에스더서는 모두가 예루살렘에 있는 집으로 돌아가 행복하게 살아가는 것이 아니라 모두가 수산 성에서 계속해서 행복하게 사는 것으로 끝난다. 에스더가 무릅쓴 모험은 그녀의 동포들이 "고향으로 돌아가" 자주적인 삶을 살게 하기 위한 것이 아니었다. 오히려 그것은 그들이 페르시아에서 안전한 삶을 살게 하기 위한 것이었다. 이런 식으로 에스더서는 새로운 상황에서 유대교를 재형성하는 사명에 기여한다. 구속은 유대인들이 자신들의 공동체와 자신들의 하나님을 위해 충실하게 행동하는 데서부터 시작될 것이다. 유배지에서 번성하는 민족이 되기 위해서는 그들의 자기 이해를 이런 식으로 개조하는 것이 절대적으로 필요하다.

에스더서는 고대의 유대 백성에게 희망에 관한 신학적 이야기를 제공했는데, 그것은 이 책이 그들에게 하나님이 그들과 함께 계신다는 것, 그리고 비록 그들이 주변화된 백성이었을지라도 여전히 거룩하게 살 수 있으며 하나님의 목적을 이룰 수 있다는 확신을 주었기 때문이다. 그들은 모르드개가 페르시아 정부 내에서 끈질기게 자신의 역할을 수행했던 것처럼 사회의 권력구조 안으로 파고들어갈 수 있었고, 또한 에스더가 그렇게 했던 것처럼 유대인 공동체의 안녕을 위해 일할 수 있었다. 에스더서를 통해 제시된 창조적인 반성은 이스라엘이 하나의 백성으로서 자신들에 대한 이해를 재정립하도록 했으며 포로 상태에서의 삶을 위한 새로운 가능성을 창출했다. 에스더서를 통해 제시된 문화에 대한 접근법은 지금 "낯선" 문화 안에서 살아가는 경험을 하고 있는 공동체들에게도 유사한 방식으로 계속해서 도움을 줄 수 있다. 그렇다면 에스더서가 전하는 지혜는 오늘날 교회인 우리가 우리 자신의 유배적 정체성을 살필 때도 도움이 될 수 있을 것이다.

4장

다니엘서: 유배된 자들을 위한 조언

에스더서와 다니엘서의 유사성은 놀라울 정도이고 여러 문서들을 통해 매우 잘 입증되고 있다.[1] 두 이야기 모두 이방인 왕의 궁정에서 일어나고, 둘 다 이방 제국과 유대 민족 모두의 유익을 위해 충실하게 일하는 주인공의 모습을 그리고 있다. 두 경우 다 유대인들이 이방이라는 상황에서도 번성할 수 있음을 보여준다. 주인공의 성공은 부분적으로 그들의 매력적인 외모에 기인한다(에 2:7-17; 단 1:4). 다니엘서와 에스더서 모두 굉장한 잔치가 벌어지고, 이야기의 주인공/여주인공이 큰 위험에 빠지고, 왕이 불면에 시달리고, 주인공/여주인공의 운명의 변화가 그들 자신만이 아니라 다른 이들의 생명에까지 영향을 미치는 장면들을 포함하고 있다. 에스더서처럼 다니엘서도 유배된 유대인들에게 그들이 어떻게 이방인의 통치

1 창세기에 등장하는 요셉 이야기가 여기에 덧붙여질 수 있다. John J. Collins, *Daniel* (Minneapolis: Fortress, 1933), 39를 보라. 또한 Sandra Beth Berg, *The Book of Esther: Motifs, Themes and Structures* (Missoula, MT: Scholars Press, 1979), 143-45.

하에서 성공적으로 살아갈 수 있는지에 대해 조언한다.

우리가 에스더서를 살피는 과정에서 고찰했듯이, 조언 이야기의 형태를 가지고 있는 이야기들은 이스라엘의 상상력을 자극하고 또한 그들이 새로운 환경 속에서 야웨와 이방인 왕을 향한 이중적인 충성을 바치며 살아가는 법을 배워야 할 필요가 있는 백성으로서의 자기이해를 위한 새로운 비전을 얻도록 돕는 중요한 도구다.

다니엘서의 메시지 다니엘서의 배경은 바빌로니아 포로기이지만 그 책의 최종 형태는 아마도 기원전 2세기경에 완성되었을 것이다. 하지만 그 책의 처음 여섯 장을 위한 자료는 그보다 훨씬 이전인 페르시아 시대로부터 왔다.[2] 유배 상황에서 살아가기 위한 지혜를 제공하는 많은 이야기들이 이 시기의 것으로 돌려질 수 있는데, 이것은 그 이야기들이 "분명히 이 시기에 고대 근동에서 크게 유행했던 공통의 문학형식"이었음을 암시한다.[3] 하나의 장르로서의 조언 이야기들 사이의 유사성은 디아스포라 유대인들 사이에서 유행했던 틀에 박힌 등장인물들, 상황들, 장면들을 갖고 있다.[4] 이런 종류의 이야기들은 그들이 지향하는 것에 대해 우호적이

2 W. Lee Humphreys, "A Life-Style for Diaspora: A Study of the Tales of Esther and Daniel," *Journal of Biblical Literature* 92 (1973): 218; John J. Collins, "The Court-Tales in Daniel and the Development of Apocalyptic," *Journal of Biblical Literature* 94, no. 2 (1975): 229; John Goldingay, *Daniel,* Word Biblical Commentary, vol. 30 (Dallas: Word, 1989), 326.

3 Humphreys, "Life-Style for Diaspora," 217.

4 Berg, *Book of Esther*, 145. 그녀와 다른 이들은 「아히카르 이야기」(*Tale of Ahiqar,* 아히카르는 고대 근동에서 유명했던 현자다—역자 주)를 요셉, 에스더, 모르드개, 그리고 다니엘의 이야기와 유사한 것으로 여긴다.

지 않은 상황에서 자신들의 유대적 정체성에 충실하고자 했던 이들에게 실천적인 지혜를 제공해주었다. 이런 본문들은 유사한 특징들을 갖고 있다. 따라서 우리는 이미 에스더서를 통해 분명하게 드러난 것과 같은 범주의 신학적 성찰들이 다니엘서에서도 나타나는 것에 놀랄 필요가 없다. 다니엘서 1-6장에 실려 있는 다섯 가지 이야기들은 "신실한 자들이 이방인의 통치 아래에서 살아가는 백성으로서 마주칠 수 있는 다양한 상황들 중에서 선택된 몇 가지를"[5] 알려준다. 그 신실한 자들을 지배하는 이들이 다리우스 왕이나 다니엘서 1장에 등장하는 감독자들처럼 자비롭든, 아니면 벨사살 왕처럼 보다 독재적이든 상관없이, 이스라엘 백성은 현대의 그리스도인들이 그들 자신의 어려운 상황 속에서 그래야 하는 것처럼 자신들의 믿음을 따라 살아가는 법을 배워야만 했다.

이방 땅에 임재하시는 하나님 에스더서와 달리 다니엘서는 고도로 신 중심적인 책이다. 하나님은 단순히 언급되는 정도가 아니라 발생하는 모든 일들이 그분 때문인 것으로 간주된다. 그분은 유배 사건을 포함해(단 1:2) 모든 역사를 주관하는 분이다. 하나님은 다니엘과 그의 동료들을 다른 이들보다 뛰어나게 하시고(1:17) 그들을 죽음으로부터 구해내신다(3:17; 6:22). 심지어 이방인 통치자들은 자기들이 지배하는 상황 속에서조차 역사하시는 하나님의 손길을 인식하기까지 한다(3:28; 6:26). 다니엘서가 묘사하는 내용은 에스더서에서 하나님이 숨어 계시는 것과 정확하게 대비된다. 다니엘서의 독자들은 하나님이 그들의 땅과 성전으로부터

5 C. L. Seow, *Daniel,* Westminster Bible Companion (Louisville, KY: John Knox, 2003), 10.

멀리 떨어져 살아가고 있는 그분의 백성과 함께하시리라는 것을 의심하지 않는다.

에스더서가 인간 주인공의 행동을 강조하는 반면, 다니엘과 그의 친구들은 그들 자신의 행위로 성공을 이루거나 문제로부터 해방되지 않는다. 오히려 그들은 하나님의 직접적이며 주도적인 행위의 수혜자들이다.[6] "다니엘의 하나님은 우리가 그분이 계실 거라고 예상하기 어려운 돌 안, 풀무불 안, 석회벽 위, 혹은 사나운 짐승들이 있는 구덩이 속에 늘 계신다"고 말하는 것은 적절하다.[7]

하나님이 바빌로니아에 계신다는 사실은 다니엘서에서 그분이 언급되는 방식을 통해 분명하게 드러난다. 그 책에서 그분은 주권자이실 뿐 아니라 "하늘의 왕"(단 4:37), "하늘의 주재"(5:23), "하늘에 계신 하나님"(2:18, 19), 그리고 "지극히 높으신 하나님"(4:2)으로 묘사된다. 어느 주석가가 지적하듯이, "야웨라는 특별한 이름은 거의 나타나지 않는데, 그것은 그분이 단지 유대인의 특별한 신이 아니라 하늘에 계신 혹은 하늘의 하나님이심을 분명히 밝히기 위해서다."[8] 이것은 다니엘서 1-6장에 실려 있는 이야기들의 공통된 주제다. 즉 유대인들의 하나님이야말로 모든 사람들이 충성을 바쳐야 할 유일하게 참된 하나님이시라는 것이다. 그리고 이 주제는 바빌로니아에 거주하는 자신의 독자들에게 그들의 하나님이 그들의 이방인 압제자들이 섬기는 그 어떤 신보다도 뛰어나시다고 확언했던 이사야

6 Collins, "Court Tales in Daniel," 225.
7 Andre LaCocque, *The Book of Daniel* (Atlanta: John Knox, 1979), 108.
8 Goldingay, *Daniel,* 329-30.

의 말을 통해 분명하게 드러난다.[9]

그러나 하나님이 아무리 초월적이실지라도 그분은 결코 초연하시지 않다. 그분은 기꺼이 그리고 정기적으로 인간의 일에 개입하신다. 그분은 역사의 사건들을 주관하실 뿐 아니라 자신의 종들이 꿈을 해석하는 것을 도우시기도 하고 풀무불과 사자굴에 떨어진 이들을 도우러 오기도 하신다. 다니엘서에서 하나님의 임재는 초월적인 동시에 내재적이다. 이런 신학적 기초 위에서 다니엘서는 디아스포라 상태에서도 훌륭한 유대인이 될 수 있다는 가능성의 토대를 놓는다.[10]

다니엘서는 에스더서에서도 발견되는 핵심적인 주제, 즉 구출이라는 주제를 되풀이한다. 다니엘서의 메시지의 일부는 하나님은 그분의 백성이 문화를 지배하는 권력에 맞서야 할 필요가 있을 때 그들에게 구원을 가져다주실 수 있다는 것이다. 이 메시지는 서구의 그리스도인들에게도 적용될 수 있다. 왜냐하면 그 메시지는 우리가 때때로 제국과 맞서야만 하는 상황에서도 하나님의 임재가 우리로 하여금 그 상황을 이겨낼 수 있도록 도우신다는 확신을 주기 때문이다. 이것은 모든 유배 생활을 위한, 그리고 다니엘서가 오늘의 우리들에게까지 전해 주는 기본적인 신학적 관점이다.

9 예컨대, 이사야 40:18-20; 44:25을 보라. Tim Laniak, "Esther's *Volkcentrism* and the Reframing of Post-Exilic Judaism," in *The Book of Esther in Modern Research,* ed. Sidnie White Crawford and Leonard J. Greenspoon (London: T&T Clark, 2003), 88; Collins, "Court Tales in Daniel," 223을 보라.

10 Goldingay, *Daniel,* 333.

구체화된 거룩 다니엘은 바빌로니아의 왕을 섬기는 일에 동원되는데(단 1:3), 그로 인해 그가 유배된 유다 백성들 중 하나라는 사실이 확인된다. 다니엘은 비록 나중에 궁정에서 특권적 지위를 얻게 되기는 하나, 사정이 그렇게 된 것은 자신이 바라서가 아니라 바빌로니아의 권력에 의해 그 자리에 오르게 되었기 때문이다. 그럼에도 다니엘은 이스라엘 백성에 대한 예레미야의 명령, 즉 그들의 새로운 고향에 정착해 그곳의 유익을 위해 일하라는 명령을 이행한다. 다니엘은 바빌로니아 사회에 온전하게 통합된, 그리고 유배 생활의 가능성과 자신의 봉사를 통해 자신이 접촉했던 여러 왕들에게 끼친 영향을 성공적으로 보여주는 유대인이다. 그와 그의 친구들은 이중적인 충성의 가능성을 인상적으로 보여준다. 그들은 그들의 궁극적인 헌신의 대상인 하나님에 대한 언약적 순결과 충성을 타협하지 않으면서 이방나라와 그 왕을 섬긴다.

이것은 다니엘의 세 친구들이 왕의 형상을 향해 절을 하라는 느부갓네살 왕의 명령에 따라 행하기를 거부함으로써 죽을 위기에 직면했을 때 분명하게 드러났다. 왕의 명령에 응하지 않을 경우 바빌로니아의 풀무 가운데서 불에 타 죽을 수밖에 없는 상황과 마주했을 때 그 세 사람은 다음과 같은 분명한 말로써 야웨에 대한 자신들의 충성을 드러냈다.

> 왕이여, 우리가 섬기는 하나님이 계신다면 우리를 맹렬히 타는 풀무불 가운데에서 능히 건져내시겠고 왕의 손에서도 건져내시리이다. 그렇게 하지 아니하실지라도 왕이여, 우리가 왕의 신들을 섬기지도 아니하고 왕이 세우신 금 신상에게 절하지도 아니할 줄을 아옵소서(단 3:17-18).

야웨에 대한 그들의 헌신은 구원이나 보상에 대한 그 어떤 분명한 기대 때문이 아니었다. 그것은 단지 야웨 외의 그 어떤 다른 신에게도 절하지 않겠다는 의지의 표명이었다.[11] 그들이 그토록 확고한 입장을 취했던 주된 이유는 하나님이 자기들을 구해 주시리라는 확신 때문이 아니라, 십계명의 처음 두 계명을 지키겠노라는 그들 자신의 결의 때문이었다. 그들은 이스라엘의 하나님 외에 그 어떤 다른 신도 섬기지 않으려 했다. 또한 그들은 그 어떤 우상도 숭배하지 않으려 했다. 그것이 신중한 것이든 아니든 간에, 그들은 종교적 헌신이라는 입장을 가지고 있다.[12]

이 시나리오에서 우리는 국가와의 협력이 어째서 한계에 부닥칠 수밖에 없는지 알게 된다. 다니엘과 그의 세 친구들은 할 수 있는 한 바빌로니아를 위해 봉사하려 했다. 하지만 그들은, 비록 그것이 자신들의 목숨을 내거는 것을 의미할지라도, 하나님의 율법에 대한 충성이 그땅의 법을 지키는 것보다 훨씬 더 중요하다는 사실을 분명하게 밝힌다.

다니엘서의 이 부분에서 우리는 하나님이 왠지 소극적인 태도를 취하고 계시며 자신의 백성들을 구출하지 않으실 것 같은 느낌을 받는다. 물론 그분은 결국 그 세 사람을 구원하신다. 하지만 그분이 그렇게 하시지 않을 수도 있다는 그들의 시인은 바빌로니아 유배기 이후의 모든 유대인들이 알고 있는 사실, 즉 어떤 이유에서든 하나님이 항상 신실한 자들을 그들이 바라는 방식으로 구원하시지는 않는다는 사실에 대한 인정이나

11 LaCocque, *Daniel,* 63-64. 다니엘 3:17-18에 대한 적절한 번역과 해석을 둘러싼 논쟁이 있다. 그 논쟁에 대한 개관과 여기서 내가 그 문제에 접근하는 방식은 LaCocque와 Ernest Lucas, *Daniel* (Downers Grove, IL: InterVarsity Press, 2002), 90-91에서 가장 잘 설명된다.

12 Lucas, *Daniel,* 90-91.

다름없다.[13] 그럼에도 이것은 유대인들이 야웨의 율법에 충실해야 할 필요를 부정하지 않는다.

하나님과 왕 사이에서 이중적인 충성을 바치며 살아가는 상황의 복잡성은 다니엘서 2장에서 가장 잘 드러난다. 거기서 다니엘과 그의 세 친구들은 자기들이 왕의 꿈을 해석해 보겠노라고 제안한다.[14] 그 네 청년은 바빌로니아 사람들의 인간적인 지혜보다 자신들이 섬기는 하나님의 지혜가 더 뛰어남을 보이기 위해 바빌로니아가 자랑하는 지혜인 꿈 해석이라는 영역에 참여한다. 바빌로니아의 현자들이 느부갓네살 왕의 혼란스러운 꿈을 해석하는 데 실패했을 때, 다니엘은 자기가 그 꿈을 해석해 보겠노라고 자원한다(단 2:16). 이것은 정확하게 그를 바빌로니아의 관습의 영역 안으로 밀어 넣는다. 하지만 그는 그 관습을 뒤집어엎는다. 분명히 꿈은 히브리 전통 안에서 예언적 신탁으로 인기를 누렸다(가령 삼상 28:6, 15; 창 28:12; 31:10-13; 37:5-20). 그런 까닭에 다니엘은 왕의 꿈 해석자로 활동하기로 자원하고 또한 그로 인해 바빌로니아의 현자들과의 유리한 게임에서 그들을 이기고자 한다. 그는 자신과 자신의 친구들의 목숨을 구하기 위해 히브리 전통을 이방의 상황에 적용하는 방식으로 이방인 왕을 섬기고자 한다.

그 과정에서 그는 바빌로니아의 궁정에 온전히 개입하지만, 계속해서 바빌로니아 사람들의 기술은 유일하신 참된 하나님께 의지하는 것에 비해서는 열등한 것에 불과하다고 주장한다.[15] 왕의 꿈을 해석하는 문제와

13 Collins, *Daniel,* 188.

14 이곳은 다니엘이 꿈이나 특이한 현상을 해석하도록 부름을 받는 유일한 경우가 아니다. 다니엘 4-5장을 보라.

15 여기서 다니엘서는 제2이사야서가 그런 것처럼 바빌로니아의 "지혜"와 그 나라의 현자들을 조

관련해 바빌로니아의 현자들은 서투르고 왕의 요구를 만족시키지 못하는 것으로 묘사되는데, 그것은 그들이 단지 자신들과 자신들의 인간적 지혜에만 의지하기 때문이다. 이 이야기에서 바빌로니아의 신들이 드러나지 않는 것은 놀랍다. 대신 바빌로니아 점쟁이들의 세속적인 지혜가 야웨께서 다니엘에게 제공하신 초자연적인 지혜와 병렬된다.[16]

바빌로니아의 신들에 대한 그 어떤 언급도 나오지 않는 것과 대조되게, 다니엘은 세 차례에 걸쳐 비밀을 계시해주시는 분이 이스라엘의 하나님이시라고 진술한다(단 2:20-23, 27-28, 29-30). 또한 그때마다 그는 유일하고 참되신 하나님이 자신의 지혜의 근원이심을 시인한다.[17] 바로 여기가 이방인 왕에 대한 다니엘의 충성과 바빌로니아의 틀 안에서 성공적으로 일하는 그의 능력이 야웨의 길에 대한 그의 성실함과 조화를 이루며 작용하는 지점이다. 그는 왕과 외교적 협상을 벌여 왕의 꿈을 해석하는 데 필요한 얼마간의 시간을 얻어낼 수 있었는데, 이것은 궁정의 현자들의 상황과는 반대되는 것이었다. 그 현자들 역시 왕에게 시간을 달라고 요청했으나 왕은 그것을 현자들이 자신의 꿈의 내용이나 의미를 판단할 그 어떤 능력도 갖고 있지 않음을 드러내는 표지라고 여겼다. 그러나 다니엘은 하나님께 충실한 상태로 남아 있다. 이것은 하나님에 대한 그의 충성이 그로 하여금 자신의 해석을 하나님 덕분으로 돌리도록 요구하기 때문이다. 이런 식의 이야기는 전통적인 고대 근동의 궁정 이야기들 안에서는

롱하는 입장을 취한다.

16 Goldingay, *Daniel,* 54. LaCocque, *Daniel,* 33 역시 이 시나리오를 "신적 기원을 가진 지혜와 인간적 기원을 가진 지혜의 차이"로 이해한다.

17 Lucas, *Daniel,* 78.

그 어떤 자리도 얻지 못한다. 왜냐하면 현자들은 늘 그런 이야기들에서 그들만의 힘으로 성공을 거두기 때문이다.[18] 그러나 다니엘은, 비록 바빌로니아 왕궁에 온전히 통합되고 그 궁정 안에서 "현자"의 역할을 이행하고는 있으나, 그로 하여금 이방인 왕을 효과적으로 섬길 수 있게 하시는 그의 하나님께 의존한다.

그렇게 다니엘은 기꺼이 바빌로니아의 틀 안에서 활동하면서 그 나라의 "모든 지혜자들"(단 2:48)을 주관한다. 그 과정에서 그는 바빌로니아의 왕과 다른 궁정 관료들에 대해 적극적인 태도를 유지한다. 그는 국가에 협력하되 히브리적 맥락에서 그렇게 하는 것으로 묘사된다. 그가 유력한 자리에 오른 것은 그가 자신의 종교에 대한 헌신을 포기했음을 의미하지 않는다. 다니엘은 바빌로니아의 삶에 통합되었고, 그의 본보기는 유배 공동체에 도움이 되었을 것이다. 왜냐하면 그 이야기가 옹호하는 행동 양식과 우선사항들이 널리 적용되었을 것이기 때문이다.[19]

유대인들의 유배 공동체가 내렸던 해석은 현대의 유배적 상황으로까지 확대된다. 다니엘의 본보기는 교회에게 우리가 적절한 것으로 여기는 사회적 삶의 다양한 분야들에 참여하는 삶을 살면서 서구 문화에 개입할 수 있는 방법을 알려주는 모델 역할을 계속해 나간다. 하나님의 율법에 순종하고 야웨에 대한 충성을 분명히 고백했던 다니엘처럼, 우리의 소명은 기독교적인 특성을 분명하게 드러내면서 예수에 대한 우리의 애착을

18 Ibid. 또한 Goldingay, *Daniel,* 54-55는 하나님의 지혜와 인간의 지혜 사이의 대조를 이 이야기의 핵심적 주제로 여긴다.

19 Collins, *Daniel,* 51.

주저하지 않고 고백하는 것이다. 다니엘서는 하나님이 그런 삶을 영예롭게 하실 것이며 또한 세상의 주변부에서 이루어지는 그런 삶을 사용해 이 세상에서 그분의 계획을 계속해서 이뤄 가시리라는 것을 우리에게 가르쳐준다.

하지만 이것은 그렇게 사는 삶이 늘 쉬우리라는 것을 의미하지 않는다. 다니엘서에는 유대인의 거룩함과 관련해 우리가 파악하기 어려운 내용은 아무것도 없다. 그것은 중요한 등장인물들을 통해 분명하게 구체화될 뿐 아니라 또한 자주 그들이 겪는 고통의 원인이 된다. 그들이 자신들이 속해 있는 문화의 여러 관습들에 참여하지 말아야 할 이유는 분명하며, 그런 불관여는 세 차례에 걸친 구별된 경건의 행위들을 통해 묘사된다. 규정식의 준수, 기도, 그리고 그 어떤 값을 치르고서라도 자신들의 하나님께 충성을 바치는 것이 그것들이다.

다니엘서 1장은 다니엘과 그의 세 친구들이 그들의 바빌로니아 감독관들과 협상을 벌여 왕의 명령에 의해 그들에게 제공된 음식을 먹는 대신 채식(결과적으로 코셔르[kosher, 유대인의 율법을 따라 음식을 준비하는 일—역자 주])을 할 수 있도록 허락 받는다. 그 결과는 그들이 그들의 이방인 동료들보다 훨씬 더 좋은 영양 상태를 보여 결국 그들을 제치고 바빌로니아의 고위 관료 후보자들로 선발된 것이었다. 이 이야기의 요점은 분명하다. 궁정에서 높은 지위에 오른 유대인들은 그들의 지혜 곧 하나님이 그들에게 주신 지혜 때문에 그렇게 되었다는 것이다. 즉 하나님은 자신의 율법에 충실하게 순종하는 자신의 종들에게 지혜를 주신다는 것이다.[20]

20 Collins, "Court Tales in Daniel," 227.

다니엘이 정기적인 기도를 통해 보여준 예배를 준수하고자 하는 태도는 그가 디아스포라 상황에서 취했던 구별된 삶에 대한 추가적인 증거다. 다니엘의 기도는 예배에 대한 그의 충성과 하나님에 대한 신뢰를 반영한다(단 6:10). 실제로 그의 적대자들은 그의 이와 같은 경건에 대한 헌신을 빌미 삼아 그를 함정에 빠뜨리려 했다(6:5). 에스더서에서처럼 (거기서 유대인들을 진멸해야 한다는 하만의 주장의 전제는 유대인들이 스스로를 구별해 특이한 관습을 행하고 있다는 것이었다[에 3:8]) 다니엘서에서 우리는 유대교의 의식들에 대한 의식적인 실천이 어떻게 박해를 위한 기제로 사용되는지를 보게 된다. 그러나 다시 말하거니와, 그 책의 압도적인 메시지는 하나님이 자신들의 종교적 의무를 충실하게 이행하는 자들을 구출하신다는 것이었다.

이런 실천사항들의 준수는 다니엘서 전체에 퍼져 있는 일반적인 윤리, 즉 하나님께 대한 강렬한 충성이라는 윤리를 반영한다.[21] 이런 충성은 그 이야기의 등장인물들이 자신들의 하나님에 대한 자신들의 입장을 견지하기 위해 기꺼이 모든 것을 내던지는 때에 압도적으로 표현된다. 사드락과 메삭과 아벳느고는 (무서울 정도로) 뜨거운 풀무불 가운데로 던져졌고(거기서는 오직 하나님의 손길을 통해서만 살아남을 수 있었다), 다니엘은 사자굴에 던져졌다(거기서도 역시 오직 하나님의 구출을 통해서만 살아남을 수 있었다). 그리고 그들이 그런 상황에 처한 것은 야웨께 대한 헌신을 저버리

21 이 주제에 대한 완전한 설명을 위해서는, John Barton, "Theological Ethics in Daniel," in *The Book of Daniel: Composition and Reception,* vol. 2, ed. John Collins and Peter W. Flint (Leiden: Brill, 2001), 661-70을 보라.

려 하지 않았기 때문이다. 그들의 경건은 그들을 갈등 속으로 이끌어가고 죽음과 대면하게 했다. 하지만 그들의 본보기가 보여주는 메시지는 분명하다. 그것은 유배된 유대인들은 지극히 높으신 하나님의 백성이라는 구별된 정체성을 고수할 수 있으며, 또한 자기들이 마주한 도전의 한가운데 하나님이 충실하게 임재하시는 것을 기대할 수 있다는 것이다.

다니엘 스미스-크리스토퍼(Daniel Smith-Christopher)는 순결이 유배된 자들을 지배하고 있는 권력에 대한 디아스포라적 불순응 행위라고 주장한다.[22] 이것은 지배적인 문화의 기준들을 비판하고 권위 있는 자리에 앉은 이들에게 대안적인 존재 양식을 제시하는 조용하지만 담대한 방식이다. 다니엘서에서 그런 실천에 대한 가장 탁월한 본보기는 그 책의 주인공과 그의 친구들의 행동을 통해 발견된다. 그들은 순결에 대한 헌신을 통해 바빌로니아의 관습들에 비폭력적으로 저항함으로써 결과적으로 그 나라에 유익을 끼쳤다. 이런 전복적인 행위를 한 이들은 그 나라의 다른 관리들을 제쳤고 결국 왕이 야웨를 경배하는 자가 되도록 이끌었다. 그리고 이어서 바로 그 왕이 자기 백성을 동일한 길로 이끌었다. 이런 경건은 유배 상태에서 살아가는 이들에게 그들이 불순응적 경건을 실천할 경우 그들 역시 하나님이 다니엘과 그의 친구들이 경험했던 것과 유사한 방식으로 자신들의 삶의 상황에 개입하시리라고 기대할 수 있다는 희망을 제공한다. 더 나아가 세 명의 왕의 통치기와 여러 제국들을 통해 지속적으로 번성했던 다니엘의 경력은 그 책의 독자들에게 언약적 경건을 신실하게

22 Daniel Smith-Christopher, *A Biblical Theology of Exile* (Minneapolis: Fortress, 2002), 6장을 보라.

실천하는 것이 미천한 신분을 지닌 유배자들로 하여금 제국과 그것의 지도자들보다 오래 살아남게 해줄 수 있다는 점을 강력하게 상기시켜 준다.[23]

다니엘서의 메시지는 우리에게 구체화된 거룩, 즉 기독교 신앙의 가르침에 대한 신실한 실천이 사회에서 적극적인 힘이 될 수 있으며, 또한 우리가 의식적으로 우리의 믿음을 실천해 나갈 때 우리 주변의 세상에 복을 가져다줄 수 있다는 것을 상기시킨다. 우리의 믿음의 지속적인 실천은 우리가 사는 세상에 유익을 가져다줄 것이다. 종종 이것은 아주 미묘해서 아무런 특별한 주목을 받지 못할 수도 있을 것이다. 그러나 다른 경우에, 즉 우리의 행위가 우리가 처한 특별한 상황 속에서 널리 용납되는 행위를 명백하게 비판할 경우에 그것은 보다 극적인 것이 될 수도 있다. 문화에 통합되는 일은 필요하지만, 우리가 모든 면에서 문화에 순응해야 하는 것은 아니다. 다니엘이 신자들에게 제기하는 도전은 우리의 그런 태도가 궁극적으로 우리 주변 사람들에게 유익이 되리라는 믿음을 갖고서 이 세상을 향한 하나님의 의도를 따라 옳은 일을 지지하라는 것이다.

선교

다니엘서를 읽으면서 유대인들의 하나님이 다른 모든 신들보다 우월하시다는 사실을 시인하는 왕의 놀라운 조서들을 의식하지 않는 것은 불가능하다(단 2:47; 3:29; 6:26). 이런 조서들은 다니엘과 (혹은) 그의 친구들이 거의 죽음에 이를 정도의 고통스러운 경험을 한 후 궁극적으로 신원되었을 때마다 반포되었다. 무엇보다도 다니엘서에서는 다른 모든 신들보다 뛰어나신 야웨라는 중요한 주제가 나타난다. 다니엘과 그의 동

23 Seow, *Daniel*, 96.

료들의 행위는 비유대인들로 하여금 유대인들의 하나님이 참으로 주님이심을 시인하도록 이끌어간다. 이 모티브는 고난이 구속될 것이고 이스라엘의 신실함이 열방을 향한 증언 행위로 간주되리라는 유배기의 소망을 표현한다. 유배 상태의 공동체는 굉장한 압력과 실제적인 고난 앞에서 여전히 신실하게 남아 있어야 하며 언젠가는 자신들이 하나님의 손길을 통해 지금의 곤경으로부터 구속될 것이라고 믿어야 한다. 이런 구속은 야웨의 궁극성에 대한 시인을 초래할 것이다. 다니엘서는 히브리 민족의 하나님의 탁월함에 대해 이야기하고, 또한 하나님의 계획은 그것이 무엇이든 실패하지 않으리라는 것을 알려준다. 그 책 전체는 하나님의 계획이 온전하게 실현되는 종말론적 시대에 대해 이야기한다. 하지만 그 책의 처음 여섯 장은 우리에게 하나님은 이 시대에서도 여전히 그분의 능력을 드러내신다는 것을 상기시킨다.[24]

다니엘서에 나타나는 하나님의 주권에 대한 이런 계시는 구약성서의 다른 어느 곳에서도 분명하게 드러나지 않는 한 가지 주제, 즉 하나님 나라라는 주제를 묘사한다.[25] 다니엘이 갖고 있던 높은 지위에도 불구하고 다니엘서는 하나님의 통치가 정치력의 메커니즘이 아니라 야웨의 능력을 신뢰하는 디아스포라 공동체의 신실한 증언을 통해 실현되는 것을 보이는 데 관심을 갖는다. 다시 말하지만, 그런 증언은 이스라엘 본토로부터 멀리 떨어진 곳에서 이루어지는 하나님의 통치를 보여준다. "압제하에 있는 신자들은 현재의 권력이 결국에는 참된 권력이 어디에 있으며 누가 그

24 LaCocque, *Daniel,* 121; Goldingay, *Daniel,* 136을 보라.
25 Goldingay, *Daniel,* 330.

것에 대한 증인인지를 시인하게 되리라는 분명한 확신에 의지해 현재의 상황을 견딜 수 있다."[26]

더 나아가 우리는 다니엘과 그의 친구들에게 맞섰던 이들에게 미친 부정적 결과들을 인정하지 않을 수 없다. 페르시아 왕국에서 중요한 지도자의 자리에 올랐던 모르드개와 유사하게, 다니엘 역시 느부갓네살 왕의 꿈을 성공적으로 해석한 후 다른 현자들을 제치고 지도자의 자리에 오른다(단 2:48). 또한 페르시아 시대의 유대인들에 맞섰던 것 때문에 죽임을 당한 하만과 유사하게, 사드락과 메삭과 아벳느고가 풀무불에서 살아난 후 그들의 하나님에 대해 경솔한 말을 하는 이는 누구라도 그 몸을 쪼개고 그 집을 거름터로 삼을 것이라는 왕의 조서가 내려진다(3:29). 또한 비슷하게, 다니엘이 사자굴에서 빠져 나온 후 그와 그의 가족들을 거짓으로 고발했던 이들이 그 대신 사자굴에 던져져 죽음을 맞이한다(6:24). 이런 사건들은 야웨와 그분의 종들에게 맞서는 자들은 스스로 심판에 직면하는 위험을 무릅쓰고 있는 것임을 알리는 신호의 역할을 한다. 이것은 사람들을 무고하게 고발한 이들은 그들이 고발한 사람들 대신 벌을 받아야 한다고 가르치는 신명기 19:16-21, 잠언 19:5, 9, 21:28, 그리고 에스더 7:10 같은 히브리 본문들을 확증해준다. 이런 조서들의 시행은 히브리적 이상이 이방의 상황 속으로 스며들어가 승리를 거두고 그로 인해 야웨의 방법의 우월성에 대해 증언했음을 알려준다.[27]

또한 다니엘서는 제국의 무상함과 하나님의 백성 공동체의 구속 가능

26 Ibid.
27 Ibid., 134-35; 또한 LaCocque, *Daniel,* 119-20을 보라.

성에 대해 이야기한다. 제국들은 낡은 신상들처럼 부서진다(단 2:35). 그리고 지혜로운 이들은 절대로 부서지지 않는 하나님의 이상을 옹호하는 것이 상황을 분명하게 보지 못하는 이들에 대한 증언의 역할을 하리라는 것을 안다. 그렇게 믿음에 의해 이끌리고 통합적이고 경건하며 선교적인 지혜가 "뱀 같이 지혜롭고 비둘기 같이 순결하라"(마 10:16)는 예수의 말씀을 구현한다. 그것은 유배자들의 지혜다.

그런 지혜는 오늘날의 신앙 공동체들에게 현재의 상황 속에서 수행해야 할 역할과 바라보아야 할 미래가 있다는 희망을 제공한다. 오늘날 교회는 여전히, 비록 전보다는 훨씬 더 적은 힘과 영향력을 지니고서이기는 하겠지만, 선행의 삶과 구두 증언을 통해 그들이 속한 문화에 풍미를 더할 수 있다. 우리가 주변화되었음에도 불구하고, 우리의 증언은 여전히 어떤 이들에게 받아들여질 것이다. 또한 그것이 적절하게 이행될 경우, 교회는 앞으로도 오랫동안 우리 사회의 삶 속에서 의미 있는 역할을 계속해나갈 것이다.

요약 다니엘서는 그 이야기의 주인공을 본보기로 삼아 그 책의 독자들에게 유배 시기의 삶을 위해 필요한 실천신학을 제공한다. 이방 제국에서 살아가는 유대인으로서 다니엘이 거둔 "성공"은 이스라엘 백성에게 하나님이 여전히 그들과 함께 계시고 역사를 주관하고 계시므로 그들 역시 신실한 순종과 경건을 통해 하나의 민족으로서 성공을 거둘 수 있다는 것을 상기시켜준다. 하나님의 방법에 대한 충성은 이스라엘을 유배 상태에서 번성하게 해줄 수 있을 뿐 아니라 또한 이방 나라들에게 야웨가 다른 모든 신들, 세속의 권력자들, 혹은 정치적 시스템들보다 우월하시다는 사실을 알려주는 증언의 역할을 하게 될 것이다. 이와 같은 견해는 이스라엘 민족이 다면적이고 장기간에 걸친 그들의 유배 생활을 헤쳐 나가도록 지탱해주었을 뿐 아니라, 만약 오늘의 서구 교회가 그 자신의 현재적 유배 상황에서 성공하고자 할 경우 크게 요구될 지혜로 남아 있다.

이 지혜를 우리의 특별한 상황에 적용하는 것이 언제나 분명하거나 쉬운 것은 아니다. 종종 어떤 특별한 입장을 취할 것이냐 말 것이냐를 판단하는 것이 매우 어려운 이유는 단지 그로 인해 발생할 잠재적 결과들 때문만이 아니라 그런 판단을 할 때 고려해야 할 요소들이 많고 복잡하기 때문이다. 하지만 다니엘은 우리에게 유배 생활과 관련해 한 가지 분명한 입장을 지니고 살아갈 것을 권하는데, 그것은 바로 그 어떤 값을 치르고서라도 하나님께 순종한다는 입장이다. 때때로 각각의 상황에서 정확하게 무엇을 해야 할지를 아는 것은 어려운 일이 될 수도 있다. 하지만 우리가 궁극적으로 하나님께 순종하며 사는 쪽을 택하기로 결심하는 것은 우리가 유배 상황에서 살도록 부르심을 받을 때 지녀야 할 태도다. 바로 이런 태도에 근거해 하나님은 우리를 우리가 사는 세상에 대해 축복이 되게 하실 것이고 또한 그 세상에 필요한 구원을 가져다주실 것이다.

5장

요나서: 유배된 자들을 위한 조언?

요나서는 성서에서 가장 특이한 책 중 하나이며, 그것의 정확한 성격 및 적절한 해석에는 굉장한 학문적 논란이 있다. 디아스포라 기간 안에서—때때로 예루살렘의 파멸 이후로 간주되기도 한다—그 책의 저작 연대를 결정하는 문제는 학자들 사이에서 아직도 합의를 얻지 못하고 있는 몇 안 되는 쟁점들 중 하나다.[1] 또한 그 책을 연구하는 학자들 사이에서 벌어지

1 Daniel Smith-Christopher, *A Biblical Theology of Exile* (Minneapolis: Fortress, 2002), 130, 그리고 Andre LaCocque and Pierre-Emmanual LaCocque, *Jonah: A Psycho-Religious Approach to the PropheT* (Columbia: University of South Carolina Press, 1990), 20을 보라. 더 많은 토론을 위해서는, R. B. Salters, *Jonah and Lamentations* (Sheffield: Sheffield Academic Press, 1994), 23-26을 보라. 그는 그 책의 가장 이른 저작 연대를 기원전 350년으로 잡는다. Ehud Ben Zvi, *Signs of Jonah: Reading and Rereading in Ancient Yehud* (London: Sheffield Academic Press, 2003)은 페르시아 예후드(Persian Yehud)가 그 책의 저작 시기라는 견해를 취한다. Katherine J. Dell, "Reinventing the Wheel: The Shaping of the Book of Jonah," in *After the Exile: Essays in Honour of Rex Mason,* ed. John Barton and David J. Reimer (Macon: Mercer University Press, 1996), 86n7은 유배기 이후 저작설을 위한 간략하지만 통찰력 있는 이유를 제시한다. Miller Burrows, "The Literary Category of the Book of Jonah," in *Translating and Understanding the Old Testament: Essays in Honor of Herbert Cordon May,* ed. Harry

고 있는 논쟁의 중요한 쟁점들 중 하나는 그 책의 장르다.[2] 그 책의 장르로 간주될 수 있는 것들로는 역사, 전설, 알레고리, 미드라쉬, 비유, 풍자, 그리고 조언 이야기 등이 있다. 성서 안에서 가장 수수께끼 같은 이 책은 분명 이런 범주 중 어느 곳에도 속할 수 있으며 동시에 그 어느 곳에도 속하지 않을 수 있다.[3] 그러나 이 모든 가능성들을 가장 잘 포괄할 뿐 아니라 우리가 우리의 시대를 위해 그 책의 메시지를 취하는 문제와 관련해 가장 생산적인 접근법을 제공할 수 있는 장르가 하나 있다면, 그것은 바로 디아스포라 조언 이야기(diasporic advice tale)라는 장르다. 비록 요나서의 무대가 우리가 그동안 살폈던 다른 이야기들의 그것만큼 분명하지는 않지만, 요나서에서도 그런 이야기들처럼 한 명의 교훈적인 주인공, 즉 그의 이야기가 그의 민족을 대표하기도 하고 그 민족에게 도움을 줄 수도 있는 한 개인이 있다. 요나가 이방 땅에 있다는 사실과 그의 행동이 그 땅의 백성들을 위해 긍정적인 결과를 낳았다는 사실은 그 이야기를 일반적인 조언 이야기의 변형으로 만들어 주는 핵심적인 주제다.[4] 우리가 살펴

Thomas Frank and William L. Reed (Nashville: Abingdon, 1970), 104는 가장 가능성 있는 그 책의 저작 시기를 페르시아 시대로 여긴다. 이렇듯 여러 가지 의견들이 있음에도, 그 책의 저작 시기를 기원전 587년 이후로 여기는 합의된 견해만으로도 우리가 그 책의 내용과 의미에 관한 이 연구에서 취할 입장을 보증하기에는 충분할 것이다.

2 이 논의의 중요한 윤곽에 대한 개관을 위해서는, LaCocque and Lacocque, *Jonah: A Psycho-Religious Approach,* 7-66, 그리고 Burrows, "Literary Category of Jonah"를 보라. 그 문제를 보다 간략하게 다룬 자료를 위해서는, Salters, *Jonah and Lamentations,* 41-50을 보라.

3 Thomas Bolin, *Freedom Beyond Forgiveness: The Book of Jonah Re-Examined* (Sheffield: Sheffield Academic Press, 1997), 46-53은 요나서의 장르에 관한 그의 분석을 그 문제는 "풀 수 없다"라고 진술하는 것으로 마무리한다.

4 Sandra Beth Berg, *The Book of Esther: Motifs, Themes and Structures* (Missoula, MT: Scholars Press, 1979), 148. 이 입장은 요나서가 "조언 이야기"라는 넓은 범주에는 들어맞지만, 그것은 또한 독특한 이야기이며 그 이야기의 장르는 적시하기가 쉽지 않다는 것을 인정한다.

보았던 다른 두 이야기들과 마찬가지로, 요나서 역시 이스라엘 민족을 위해 유배 생활이 갖고 있는 가능성들에 대해 신선한 비전을 제공한다.

요나서의 메시지

요나의 이야기는 아밋대의 아들 예언자 요나에게 초점을 맞춘다. 그는 열왕기하 14:25에서 발견되는 간략한 진술을 통해서도 알려져 있는데, 거기서 그는 여로보암 2세의 통치기(기원전 786-746)에 북왕국 이스라엘이 다시 번창하고 영토를 확장하게 될 것을 예견하는 예언자로 묘사된다. 우리는 그의 예언이 갖고 있는 적극적이고 민족주의적인 어조를 놓쳐서는 안 되며, 니느웨가 기원전 722년에 북왕국을 정복한 아시리아의 수도였다는 사실 역시 간과하지 말아야 한다. 요나서는 하나님이 요나에게 하나님의 대적들 중에서도 최악을 대표하는 아시리아의 니느웨라는 도시로 가서 회개의 메시지를 선포하라고 명하시는 내용을 기록하고 있다. 요나는 그 사명을 거부하고 니느웨로부터 가장 멀리 떨어진 도시인 다시스로 도망친다. 바다에서 요나는 큰 물고기에게 삼켜지고 그 물고기 뱃속에서 3일을 지내는데, 그곳에서 그는 마침내 자신의 불순종에 대해 회개한다. 그리고 물고기가 그를 내뱉은 직후 니느웨를 찾아가 자기에게 주어진 사명을 수행한다. 니느웨는 요나가 전한 메시지에 적극 부응하고 그로 인해 그 도시는 하나님의 심판을 면한다. 그러자 예언자는 그 도시 밖으로 나가서 하나님이 사악한 니느웨 사람들에게 보이신 자비에 대해 불평하기 시작한다. 하나님과 예언자 사이의 마지막 대화가 그 책의 결론을 이루는데, 거기서 예언자는 하나님이 니느웨 사람들을 돌보시는 것에 대한 불만을 드러낸다.

우리가 에스더서와 다니엘서에서 살펴보았던 것과 동일한 주제가 요나서에서도 발견된다. 에스더서와 다니엘서와 마찬가지로, 요나서 역시 고대와 현대 모두의 유배적 상황에 필요한 핵심적인 신학적 관점을 구체화해서 보여준다.

이방 땅에 임재하시는 하나님

요나 이야기가 갖고 있는 가장 놀라운 특징들 중 하나는 하나님이 니느웨 백성에게 보이시는 관심이다. 아시리아 제국의 수도인 니느웨는 유대인 독자들에게는 불경한 적대국가라는 측면에서 최악 중에서도 최악으로 간주되었을 것이다. 하나님이 이스라엘 이외의 민족들에 대해 염려하시고 그들 가운데 임재하신다는 일반적인 개념은 여러 정경적 관점들과 평행을 이룬다. 하지만 이 작품은 유배기의 사건들에 대해, 그리고 그런 사건들에 비추어 어떤 삶을 살아야 하는지에 대한 견해를 제시한다는 점에서 한 걸음 더 나아간다.

저자는 아이러니를 이야기의 장치로 사용하면서 니느웨 백성의 순종과 자기 동포의 완고함을 병렬시킨다. 이스라엘의 예언자로서 어떤 식으로든 그 민족 전체를 대표하는 요나는 자기가 적들에게 증인의 역할을 하는 것과 하나님의 은혜가 그들에게까지 확대되는 것을 목도하는 것을 못마땅해 한다. 그래서 그는 하나님의 명령을 무시하고 도망친다. 더 나아가 그는 니느웨 사람들이 자기가 전한 메시지에 적극적으로 응답하는 것을 보고 크게 실망한다. 이것은 그가 섬기는 하나님의 성품과는 아주 다른 성품을 반영한다. 대조적으로 이스라엘의 정복자로서 "열방"을 대표하는 니느웨 사람들은 예언자를 통해 전해진 하나님의 말씀과 마주했을 때 즉각적이고 철저한 회개를 통해 그 말씀에 응답한다. 니느웨 사람들이 하나님의 말씀에 충실하게 응답하는 것에 대한 서술은 성서에서 때때로 이스라엘 백성이 묘사되는 방식과 비교해보면 매우 아이러니컬하다. 예컨대 니느웨 사람들의 반응은 예레미야 26장에 실려 있는 유다 왕 여호야김의 반응과 대조될 수 있다. 여호야김은 예레미야가 서기관 바룩의 도움을 받아 작성한 장문의 권면을 접한 후 대놓고 회개를 거부한다. 반면에 니느웨 사람들은 외국인 예언자가 외쳤던 고작 다섯 마디의 말만 듣고 회개한다. 또한 니느웨 사람들의 회개는 유배기의 예언자들이 이스라엘 백성에게 요구했던 참회, 금식, 기도, 그리고 죄를 멀리함을 포함한 포괄적인 반응을 보여준다.[5] 이런 대조는 요나서의 독자들에게 그들이 하나님의 관심을 독점하고 있는 것이 아니며 하나님은 이스라엘 외의 민족들의 삶 속에서도 활동하신다는 것을 분명하게 상기시켜준다.

보다 특별하게 요나 4:2은 이스라엘의 전례문의 핵심적 고백들 중 하나(출 34:6)를 보편주의적 틀 안에서 제시한다. 이스라엘 백성에게 야웨의 핵심적 속성들로 알려진 하나님의 은혜로우신 자비와 긍휼은 이제 이방 민족을 향해—요점을 보다 분명하게 하기 위해, 아시리아 사람들을 향해—명백하게 드러난다. 이것은 이스라엘의 하나님을 모든 이들에게 자신을 나눠주시는 분으로 묘사함으로써 야웨의 은혜와 연민이 특별히 이스라엘 백성을 향해 있다는 이스라엘의 믿음의 교리적 전제를 뒤집어엎는다.[6]

유배기의 창의적인 신학적 대화의 한 예인 요나서는 이방 민족에 대해

5 LaCocque and LaCocque, *Jonah: A Psycho-Religious Approach*, 22. LaCocque는 요나서와 히브리 성서 내의 몇 가지 다른 본문들 사이의 여러 가지 연관성에 주목한다.

6 Ibid., 22.

보다 고립주의적인 접근법을 강조하는 에스라와 느헤미야의 메시지에 대한, 혹은 열방이 예루살렘으로 나아와 그곳에서 제사를 드리고 그들의 백성들이 레위인과 제사장이 되는 것을 예견하는 이사야의 비전(사 66:21)을 제한했던 이들에 대한 비판으로 간주될 수도 있을 것이다. 에스더서와 다니엘서의 경우처럼, 요나서에서 야웨는, 그런 비전을 공유하지 않는 이들로서는 매우 원통하게도, 이방 땅에서도 예배를 받으실 수 있으며 실제로 받으신다. 요나서는 하나님이 이스라엘의 적들에게까지 관심을 갖고 계신다고 가르치면서 이스라엘이 다른 민족들보다 훨씬 더 가치가 있다는 도그마에 과격하게 도전한다. 그러므로 이스라엘의 회복에는 다른 민족들과의 분리가 아니라 그들의 삶에 대한 참여가 포함될 것이다.[7]

물론 그런 메시지는 또한 여러 세기에 걸쳐 크리스텐덤과 유사한 문화에서 양육된 교회 안으로 침투해 들어온 편협한 개념들에 도전한다. 우리들 역시, 간혹 노골적으로 드러나지만 대개는 발설되지 않는 의식, 즉 하나님의 임재가 교회나 그리스도인의 가정 혹은 적어도 우리가 "아주 불결하지는 않다"고 여기는 장소들에 국한된다고 믿는 의식을 지닐 수 있다. 유배 상태의 이스라엘은 그들이 잊고 있었던 하나님에 관한 핵심적 진리, 즉 하나님은 모든 사람들, 심지어 아시리아 백성 같은 사람들에게도 마음을 쓰고 계시며 그들 가운데도 임재하신다는 사실을 극적으로 상기해야 했다.

구체화된 거룩

이스라엘의 거룩에 관한 요나서의 가르침의 주된 특징은 그 예언자의 회개에서 발견된다. 요나는 큰 물고기의 뱃속에서 행한 회개를 통해 야웨의 뜻에 굴복하려는 의지를 드러냈다. 그리고 이것을 통해 그는 이스라엘 백성에게 그들 역시 회개하고 하나님의 거룩한 백성으로 회복되어야 할 필요가 있음을 알려주었다. 그러나 그 책의 전반적인 기조와 어울리게, 요나의 회개는 그를 우스꽝스럽게 보이게 하고자 하는 저자의 의도를 반영하는 풍자적 어조라는 특징을 드러낸다.[8] 그의 행위는 야웨의 길에 조율된 이에게 어울리지 않는다. 그렇게 요나는 이스라엘 백성에게 하나의 거울을 제공하는데, 그것은 그들이 그 거울을 통해 한 백성으로서 그들 자신의 불경건에 대해 반성하고 회개에 이르도록 하기 위함이다.

요나에게 니느웨로 가서 자신의 메시지를 선포하라는 야웨의 명령에서 드러나는 핵심적인 신학적 메시지는 이스라엘의 적들이 회개를 통해 변화될 수 있다는 것이다.[9] 분명 하나님이 염두에 두고 있던 것은 아시리아인들의 마음이 변화되어 하나님의 심판이 그들에게 임하지 않게 되는 것이다(요나도 이것에 대해 알고 있다). 그러나 요나는 니느웨가 변화되어 야웨를 따르는 자들이 됨으로써 하나님의 심판을 벗어나는 것을 목격하느니, 차라리 그들이 계속해서 야웨의 적으로 남아 있기를 바랐다.

이런 생각이 요나로 하여금 하나님의 명령을 피해 달아나도록, 그리고 니느웨로부터 최대한 멀리 떨어진 도시인 다시스를 목적지로 정하도록 이끌었다.[10] 요나가 하나님의 부르심을 피해 달아난 것은 그가 다른 민

7 Ibid., 41-43, 126-27.

8 Raymond R. Person, *In Conversation with Jonah: Conversation Analysis, Literary Criticism, and the Book of Jonah* (Sheffield: JSOT, 1996), 153.

9 Smith-Christopher, *Biblical Theology,* 132.

10 비록 고안된 장소가 아닌 것은 분명하지만, 다시스의 정확한 위치를 적시하는 것은 불가능하다. 그러나 이 문맥에서 우리가 그 도시를 지리적으로 니느웨의 정반대편에 있는 것으로 이해하는 것은 타당하다. 요나의 이야기에 들어 있는 짙은 아이러니와 부합하게, 이사야 66:19

족의 구원에 참여할 의지가 없음을 압축적으로 보여준다. 니느웨로 가느니 차라리 다른 승객들의 안전을 위해 기꺼이 바다에 빠져 죽으려 했던 것은, 그가 하나님이 그를 불러 맡기신 사명에 개입할 마음이 눈곱만큼도 없었음을 보여준다. 그럼에도 하나님은 계속해서 그에게 니느웨를 향한 자신의 계획에 참여할 것을 요구하신다. 그리고 그분이 보내신 폭풍은 그에 대한 응징으로 고안된 것이 아니라 그가 마음을 고쳐먹을 기회를 얻게 하시기 위함이었다. 폭풍과 물고기가 요나를 하나님의 뜻의 중심으로 이끌어가기 위해 고안된 그분의 뜻의 대리자의 역할을 하며 활동할 때, 그 둘 모두는 하나님의 은혜를 보여주는 징표가 된다.[11] 특히 큰 물고기는 요나가 이스라엘을 위한 교훈적 모델로 행동하도록 하는 변화의 장소의 역할을 감당한다.

이본 셔우드(Yvonne Sherwood)는 요나서에 대한 고대 랍비들의 해석에 의존하면서 요나가 어떻게 수중 유폐를 통해 자신의 동포를 위한 선생/랍비가 된 자로 이해될 수 있는지를 언급한다. 셔우드는 고대의 미드라쉬인 「피르케 데 라비 엘리에제르」(*Pirke de Rabbi Eliezer*)를 인용하면서 물고기의 뱃속을 요나가 교육을 받았던, 또한 자신의 동료 이스라엘

에서 다시스는 하나님의 이름을 들어보지 못한 곳으로 언급된다. 그러나 하나님은 유배지에서 살아남은 사람들을 보내셔서 그런 곳에 사는 자들에게 자신의 이름을 선포할 것이라고 약속하신다. 그러므로 요나가 자신이 그리로 도망침으로써 하나님의 선교 계획에서 벗어날 수 있다고 생각한 것은 어리석은 일이었다. Jack M. Sasson, *Jonah,* The Anchor Bible: A New Translation with Introduction, Commentary and Interpretation (New York: Doubleday, 1990), 79를 보라.

11 Peter Ackroyd, *Israel Under Babylon and Persia* (Oxford: Oxford University Press, 1970), 338.

사람들을 야웨의 방식으로 교육시켰던 회당으로 해석한다.[12]

우리는 물고기의 뱃속에서 일어난 요나의 반응이 어떻게 유배에 대한 이스라엘의 반응인 기도를 반영하는지 알 수 있다(욘 2:1-9).[13] 요나는 예레미야애가와 유배기의 시편들에서 발견되는 것과 같은 이스라엘 유배기의 기도 전통을 반영하는 방식으로 하나님께 기도를 드린다.

요나는 수중 유폐 상태에서 시들어가면서 기도를 드리는데, 자신의 기도에서 그는 그동안 하나님이 자기를 다뤄 오신 방식을 밝힌다. 요나 2:3-4에서 그는 이렇게 말한다. "**주께서** 나를 깊음 속 바다 가운데에 던지셨으므로 큰 물이 나를 둘렀고 **주의** 파도와 큰 물결이 다 내 위에 넘쳤나이다. 내가 말하기를 내가 **주의** 목전에서 쫓겨났을지라도 다시 **주의** 성전을 바라보겠다 하였나이다." 그리고 이 말은 요나가 자기에게 이런 고통을 주신 분이 하나님이시며 지금 자신이 하나님의 부재라는 무서운 현실을 경험 중이라는 분명한 의식을 갖고 있었음을 알려준다. 자신이 처한

12 Yvonne Sherwood, *A Biblical Text and Its Afterlife: The Survival of Jonah in Western Culture* (Cambridge: Cambridge University Press, 2000), 109-12. Sherwood는 이런 성찰을 *Pirke de Rabbi Eliezer: The Chapters of R. Eliezer the Great,* trans. Friedlander (New York: Sepher Herman, 1981)로 알려진 기원후 9세기에 유래한 미드라쉬에 기초해 수행한다. 또한 LaCocque and LaCocque, *Jonah: A Psycho-Religious Approach*, 72를 보라.

13 Sasson은 요나의 시가 어떻게 구약성서의 다른 기도 전통들과 연관되는지를 신중하게 예증한다. 그러나 그는 이런 전통들이 "유동적이며" 이런 범주들이 이스라엘의 역사의 여러 지점에서 발견될 수 있다고 지적한다. 또한 LaCocque and LaCocque, *Jonah: A Psycho-Religious Approach,* 98과 Douglas Stuart, *Hosea-Jonah,* Word Biblical Commentary (Waco, TX: Word, 1987), 467-78을 보라. 그렇게 발설된 요나의 기도는 계속해서 그 책이 지니고 있는 아이러니컬한 어조를 유지한다. 왜냐하면 그것은 요나(혹은 이스라엘)가 적절하게 기도를 드리는 모습을 묘사하지만, 그 후에 그의 태도는 참된 회개를 반영하는 데 실패하며 따라서 그가 드린 기도의 진정성에 대해 의문을 제기하도록 만들기 때문이다. 이런 식으로 그는 이스라엘을 위한 영웅답지 않은 영웅의 역할을 계속해 나간다.

상황과 그 상황에서 아무런 위로도 얻지 못하고 있는 것에 대한 요나의 의식과 관련해 이루어진 하나님과의 이 담화는 이스라엘의 기도 전통과의 연관성 및 다시금 하나님께로 돌아가 회복을 얻고자 하는 요나 자신의 바람을 반영한다. 요나의 기도에는 과거의 사건들에 대한 보고와 구원을 주시는 하나님에 대한 감사가 포함되어 있다. 또한 그것은 회개의 행위로 이해될 수도 있다. 왜냐하면 그것은 요나가 하나님의 선교에 대한 불순종과 거부에서 떠나 다시 하나님께로 돌아가는 것을 의미하기 때문이다. 그것은 하나님의 선하신 성품에 대한 수용이자 방황하는 예언자의 내면에서 일어난 변화였다. 비록 그것이 온전한 변화가 되지는 못했을지라도, 이제 하나님의 부르심으로부터 달아나는 그의 여행은 끝났고 대신 하나님께로 돌아가는 움직임이 시작되었다. 요나 2:4에서 예언자는 하나님의 목전에서 쫓겨난 것 같은 느낌에도 불구하고 자기가 "다시 **주의** 성전을 바라보겠나이다"라고 말한다.

이어서 7절에서 그는 이렇게 기도한다.

> 내 영혼이 내 속에서 피곤할 때에
> 내가 야웨를 생각하였더니
> 내 기도가 주께 이르렀사오며
> 주의 성전에 미쳤나이다.

더 나아가 9절에서 그는 "나는 감사하는 목소리로 주께 제사를 드리며 나의 서원을 주께 갚겠나이다"라고 말한다.

분명히 이것은 감사에 대한 선언이다. 이 기도는 고백과 자책의 요소를 함께 갖고 있는 감사의 한 형태인 토다(*tôdâ*)로 이해될 수 있다.[14] 요나서에서 이 기도가 이 지점에 놓인 것은 그것이 요나가 야웨께로 돌아가는 것을 알리는, 그리고 하나님과 그분의 예언자 사이에 화해의 과정이 시작되었음을 알리는 경건의 표현임을 지적해준다.

우리는 여기서 다시 한번 유배된 자들의 영적 삶이, 자기들이 그분에 의해 버림 받았다는 인식에도 불구하고 하나님에 대한 포기를 끈질기게 거부하는 것을 통해 표현된다는 것을 알 수 있다. 요나가 기도와 회개를 통해 하나님께 돌아가는 것은 유배기의 경건의 전통적 형태를 예시하고 회복에 대한 그 자신의 소망을 드러낸다. 요나의 이야기가 결국은 불완전한 회개를 반영하고, 하나의 이상이라기보다 풍자에 더 가깝지만, 그가 드린 기도는 유배 생활에 적절한 반응을 압축해 보여준다.

요나의 회개를 통해 표현된 거룩함은 오늘의 서구 교회에게 우리들 역시 하나님의 선교에 대해 무관심해진 것이 아닌지를 상기시킨다. 이런 무관심은 대부분이 복음의 기본적인 교리를 알고 기독교 신앙에 대해 초보적인 방식으로나마 대화를 나눌 수 있는 문화 속에서 오랫동안 살아온 결과라고 볼 수 있다. 더 나아가 우리가 고도로 복음화된 문화에 익숙해졌다는 사실은 우리의 선교적 동기를 무디게 만들었을 뿐 아니라, 교회로 하여금 많은 분야에서 이웃들에게 다가가는 일을 비효과적으로 만들었고, 또 그렇게 하는 일 자체에 대해 무관심해지도록 만들었다. 교회는 자

14 토다(*tôdâ*) 형식에 대한 설명을 위해서는, Mark J. Boda, "Words and Meanings: YDH in Hebrew Research," *Westminster Theological Journal* 57, no. 2 (1995): 296을 보라. 또한 Sasson, *Jonah*, 199를 보라.

신이 삶에 대해 "바른 답을 갖고 있다"는 태도와 순종하는 삶을 사는 것에 동의하지 않거나 거부하는 이들을 경시하는 교만으로 인해 비난 받을 수 있다. 교회의 안일함과 교만은 회개라는 해독제가 사용되어야 할 분야들이다. 이것은 교회가 이전에 가지고 있던 우월한 태도보다 훨씬 더 효과적으로 참된 거룩함을 반영하는 겸손을 불러일으키는 데 도움을 줄 수 있다.

선교

요나가 선교를 위해 부르심을 받은 것은 분명하며 그것은 열방에 대한 예언자로서의 유사한 소명에 대한 이스라엘의 헌신을 대표하는 것으로 이해될 수 있다.[15] 그리고 우리가 이미 보았듯이, 니느웨는 다른 나라들을 대표하는 것으로 이해될 수 있다. 그 도시가 전에 이스라엘을 정복했던 자들의 수도이며 가장 사악하고 두려운 나라들 중 하나였다는 사실은, 비록 그 체제가 이미 오래 전에 붕괴되기는 했으나, 간과되어서는 안 된다.[16]

요나서는 머뭇거리는 예언자에 관한 이야기 그 이상이기에, 또한 요나의 이야기는 하나의 백성으로서의 이스라엘에게 영향을 주기 위해 고안된 것이기에, 요나서의 메시지의 핵심은 이스라엘의 선교적 목적을 분명하게 밝히는 데 있다고 할 수 있다. 요나서 본문은 야웨의 보편적 임재를

15 이스라엘의 선교적 본성에 대한 통찰을 위해서는, Christopher Wright, *The Mission of God: Unlocking the Bible's Grand Narrative* (Downers Grove, IL: IVP Academic, 2006), 특히 6-8장을 보라. 그것은 유배기 이전의 이스라엘과 관련해 그 주제와 관련된 면밀한 연구 결과를 제시한다. 또한 Michael W. Goheen, *A Light to the Nations: The Missional Church and the Biblical Story* (Grand Rapids: Baker Academic, 2011), 2-3장을 보라.

16 니느웨의 악에 관한 또 다른 관점을 위해서는 나훔 3장을 보라.

분명하게 드러낼 뿐 아니라, 이스라엘 민족이 요나와의 동일시를 통해 모든 사람, 심지어 그들이 증오하는 적들까지도 구원하시고자 하는 하나님의 생각 안에서 핵심적인 역할을 맡고 있다는 것을 상기시킨다. 요나서를 마무리하는 질문, 즉 "하물며 이 큰 성읍 니느웨에는 좌우를 분변하지 못하는 자가 십이만여 명이요 가축도 많이 있나니 내가 어찌 아끼지 아니하겠느냐"(욘 4:11)라는 질문은 열방을 향한 하나님의 마음을 드러내는, 그리고 그런 맥락에서 이스라엘이 그분의 목적을 이루어드리기 위해 감당해야 할 역할을 암시하는 수사적 장치다.

그러므로 하나님이 니느웨를 멸망시키기를 주저하시는 것에 대한 요나의 분노는, 비록 풍자적이기는 하나, 이스라엘이 이미 알고 있는 내용, 즉 하나님은 "은혜로우시며 자비로우시며 노하기를 더디하시며 인애가 크시사 뜻을 돌이켜 재앙을 내리지 아니하시는"(4:2; 참고 출 34:6) 분이라는 것을 돋보이게 만드는 장치라고 할 수 있다. 또한 이것은 예레미야 36:3과 에스겔 18:23 같은 본문들에서 발견되는 유배기 신학의 한 가지 중요한 흐름을 대표하는데, 그런 구절들에서는 회개하는 자들을 용서하시는 하나님의 성품이 강조된다. 더 나아가 이것은 이사야서에서 분명하게 드러나는 바 이스라엘 공동체 안에서 이방인들이 차지하는 위치에 관한 개념들을 되풀이한다(사 56:6-8; 66:20-21). 요나서는 이스라엘 백성들로 하여금 인간의 구원과 관련해 자기들이 맡은 역할에 대해 보다 분명하게 생각해보도록 자극하는 방식으로 전개되었던 유배기 이스라엘의 신학적 발전을 반영한다.[17]

17 Smith-Christopher, *Biblical Theology,* 130.

요나서가 이스라엘 백성들 중 니느웨가 하나님의 은혜를 받는다는 개념을 묵인하지 못하는 이들에게 주는 메시지는 분명하다. 그 메시지는 그런 신학적 가능성에 반대하는 자들을 비난한다. 적극적으로 말하자면, 요나의 이야기는 하나님이 우리의 눈에 불경하게 그리고 심지어 포악하게 보이는 문화들에도 개입하신다는 사실을 인정할 것을 요구한다. 요나서는 이스라엘 사람들 중 "열방"과의 분리야말로 자기들이 나아가야 할 길이라고 여기는 자들의 신학에 대한 직접적인 공격이다. 요나서 이야기는 유배로부터의 회복이 열방의 배제가 아닌 오직 열방과 **더불어서만** 일어나리라는 것을 가르쳐준다.[18]

궁극적으로 요나는 비뚤어지고 불순종하는 예언자**와** 유배 상황에서 자신의 새로운 위치를 찾고자 애쓰며 분투하는 이스라엘 둘 다의 역할을 한다. 그러므로 하나님은 요나를 통해 이스라엘 백성에게 그들의 선교적 정체성을 되찾으라는 명령을 주신다. 요나의 본보기는 이스라엘이 처한 새로운 유배 상황 속에서 급격하게 재정립된 신학적 정체성인 셈이다. 이스라엘에게, 이 세상에서 요나서의 메시지를 구현한다는 것은 곧 이스라엘 공동체가 자신들이 하나님의 변혁적 정의와 선교의 수단임을 인정해야 한다는 것을 의미한다. 그러나 이스라엘 사람들이 그들 자신의 죄에 대해 참회해야 하듯이, 열방 역시 그들 자신의 죄에 대해 참회해야 한다. "그런 표현은 심판에 대한 예언자적 수사를 포함해 이스라엘이 유배기 이전에 열방에 보였던 허세를 이끌던 개념으로부터의 급격한 변화다. 그것

18 Andre LaCocque and Pierre-Emmanual LaCocque, *The Jonah Complex* (Atlanta: John Knox, 1981), 72 (볼드체는 출처의 것임).

은 변화이며, 특히 디아스포라의 상황에서 이해할 만한 변화다."[19]

하나의 교훈적 이야기로서 요나서는 고대 이스라엘 백성을 그들의 유배 생활을 이끌고 지탱해줄 핵심적인 신학적 주제들과 연결시켜주었다. 또한 그것은 회복이 반드시 과거의 상태로 돌아가는 것을 의미하지는 않음을 알려준다는 점에서 오늘의 서구 교회에 유용한 정보를 제공한다. 과거의 좋았던 날들은 끝났다. 그리고 앞으로 펼쳐질 상황은 과거의 그것과는 다를 것이다. 유배는 본질적으로 돌이킬 수 없는 변화를 초래한다. 따라서 유배된 자들 앞에 놓여 있는 길은 이전의 방식의 상실을 받아들이고 하나님이 이전과는 완전히 다른 상황 속에서 새로운 일을 이루기 위해 펼쳐 보이시는 의제들에 참여하는 것이다.

요약

에스더와 마찬가지로 요나는 전형적인 영웅이 아니다. 에스더처럼 요나도 흠이 있는 인물이다. 그럼에도 그는 하나님이 정하신 사명을 감당하기 위해 선택된다. 어떤 이들은 요나를 영웅 같지 않은 영웅으로,[20] 혹은 심지어 "예언자에 대한 가련하고 익살맞은 풍자만화"[21]로 언급해왔다. 어째서 이런 표현들이 나타나게 되었는지 이해하는 것은 어렵지 않다. 하지만 중요한 것은 요나서가 이스라엘 백성에게 유배 생활의 잠재력을 묘사하고 있다는 점이다.

요나 4:11이 분명하게 밝히듯이, 요나의 이야기는 독자들로 하여금 요

19 Smith-Christopher, *Biblical Theology,* 135.

20 Dell, "Reinventing the Wheel," 89.

21 Burrows, "The Literary Category of Jonah," 86.

나의 경험에 비추어 그들 자신의 신학에 대해, 그리고 심지어 유배기의 다른 작가들과 사상가들의 신학에 대해 의문을 제기하도록 한다. 그러므로 요나서는 디아스포라 조언 이야기에 해당하며, 그것의 메시지는 독자들에게 그들이 유배된 백성으로서 지금 경험하고 있는 것들을 어떻게 이해할 것인지, 또한 어떻게 그런 이해에 비추어 살아갈 것인지를 가르치는 것을 목표로 삼고 있다.[22] 여기에는 하나님의 구원의 보편적 성격과 열방에 대한 "선교사"로서의 이스라엘의 역할에 대한 이해를 발전시키는 것이 포함된다. 그리고 이런 일에는 이스라엘의 협력이 요구된다. 비록 이것이 회개 및 다른 이들의 유익을 위해 하나님이 사용하는 도구가 되는 부르심에 대한 회복된 순종이 필요하더라도 말이다. 또한 요나서는 우리에게 유배기에 선교를 향한 명령이 문화의 주변부로부터 제기될 수 있다는 것을 상기시켜준다. 요나는 세속적 권력 없이 하나님의 선교에 개입하는 이의 전형이다. 이것은 이스라엘이 처한 새로운 현실이며, 또한 전체적으로 후기 기독교 사회를 살아가는 교회의 현실이 되어가고 있다.

결론 이스라엘 백성에게 유배는 처음에는 믿기지 않음과 깊은 슬픔이라는 반응을 낳았지만, 결국 그런 반응은 서서히 그들이 자신의 운명에 대해 실제로 책임이 있다는 이해로 이어졌다. 그러나 그런 침울한 반응은 다시 에스더, 다니엘, 그리고 요나의 생생한 이야기들로 구체화되고 다양한 형태로 나름의 표현을 찾은 희망으로 이어졌다. 그런 이야기들은 이스라엘에게 하나님이 여전히 그 민족의 삶 속에 임재하시며 활동하신다는

22 Salters, *Jonah and Lamentation*, 48.

것을, 거룩함이 그 민족으로 하여금 이방 민족들 가운데서 설 수 있도록 도와주리라는 것을, 그리고 그들이 하나님의 백성으로서 그분의 선교와 관련해 수행해야 할 중요한 임무를 갖고 있다는 것을 가르쳐주었다.

유배에 대한 이런 신학적 반응은 오늘의 교회에 무엇을 알려줄 수 있을까? 어떤 이들에게 이것은 수사학적 질문이다. 다니엘 스미스-크리스토퍼의 말을 인용하자면, 교회의 정체성을 조직화하는 모티브로서 유배가 갖고 있는 가능성은 "오늘날의 기독교적 실존을 위한 [가장 흥미로운] 재전략화 방안이다.[23] 디아스포라 조언 이야기는 물론이고 예언자들에 의해 제시된 고대의 유배에 대한 반응은 오늘날 교회의 삶을 위한 도발적인 통찰과 생존 전략을 제공한다. 에스더서, 다니엘서, 그리고 요나서를 통해 구체화된 신학은 오늘의 교회에 그것이 복음의 이상들에 대해 분명하게 적대적인 문화에 개입할 때 도움을 얻을 수 있는 이야기들을 제공한다. 우리가 후기 기독교의 상황에서 마주하고 있는 물질주의적 소비주의, 불가지론, 그리고 점증하는 세속주의는 비록 유배기의 이스라엘이 마주했던 문제들과는 다르지만, 그것이 제기하는 도전은 여전히 교회로서 우리가 자신의 상황에 어떻게 대응할 수 있는지 알려주는 하나의 모형을 제시한다.

어쩌면 서구에서 교회가 한때 갖고 있었던 권력은 일시적인 것이었을 뿐 아니라 생생한 복음 증거에 궁극적으로 해로운 것이었을지도 모른다. 하나님의 임재가 가장 의미심장하게 발견되는 것은 바로 이런 상태 안에서다. 바로 그런 상태로부터 에스더서와 다니엘서를 통해 예시된 것과 같

23 Smith-Christopher, *Biblical Theology*, 191.

은 전복적인 통합 전략이 발전되어 나온다. 그리고 요나서가 보여주듯이, 한때 안락했던 환경이 붕괴되는 것은 하나님의 백성으로 하여금 그들이 잠시나마 누렸던 특권적 지위에 대해 재고하고 다시 한번 그들의 선교적 본질에 충실할 것을 촉구할 수 있다. 구약성서가 예시하듯이, 유배 상태에서는 믿음에 대한 극적일 정도로 새로운 개념들이 인식될 수 있다. 그러므로 우리는 현대 교회의 사역을 위해 유배 패러다임을 포용하고 고대의 지혜를 우리의 집단적인 삶을 이끌고 또한 그것에 활력을 부여하는 데 적용하기 위해 노력할 필요가 있다.

이스라엘의 유배 경험은 그 공동체를 페르시아의 지배를 지나서 그리스와 로마의 지배 안으로 들어가도록 이끌었다. 보통 제2성전기라고 불리는 이 기간은 신약성서 저자들의 작품을 형성했는데, 그들은 예수의 성육신, 삶, 십자가 처형, 그리고 부활 등을 성찰하는 과정에서 계속해서 유배 모티브를 사용했다. 그런 작품들은 우리가 어떻게 해서 유배 모티브가 초기 교회에 도움을 주었는지, 또한 어떻게 그것이 현대 교회의 유배적 정체성을 형성하는 데 도움을 줄 수 있는지를 이해하는 데 필요한 토대를 놓는다. 이 책의 다음 부분에서 우리는 그 문제에 대해 살필 것이다.

6장

예수와 초기 교회의 유배

제국들의 흥망이 이스라엘이 처했던 특별한 상황을 변화시켰을지는 모르나, 그런 변화가 그 민족의 강제 이주, 디아스포라, 그리고 유배라는 전체적인 경험 자체를 바꾸지는 않았다. 여러 세기가 흐르는 동안 이스라엘은 각 시대를 지배하는 초강대국들의 통치하에서 살아가는 피정복민 상태로 남아 있었다. 그러므로 우리로서는 기독교를 배태한 유대 문화가 유배 상태에서 살아가는 것을 자신의 정체성의 일부로 강력하게 의식하고 있었다고 말하는 편이 옳을 것이다. 유대인들의 그런 자기 이해는 신약성서에서 발견되는 유배적 관점을 이해할 수 있는 효과적인 토대를 제공해주었다. 특히 이것은 우리가 최초의 그리스도인들이 그들 자신을 유대인으로—아마도 새롭고 구별된 특징을 지닌 유대인들로, 그럼에도 여전히 유대인들로—이해했다는 사실을 받아들인다면 더욱 그러하다.[1]

1 이 문제와 관련된 학문적 논의는 방대하다. 이 책이 제공하는 관점을 지지하는 몇 가지 서론적 의견들을 위해서는, Gabriele Boccaccini, *Middle Judaism: Jewish Thought 300 BCE to*

N. T. 라이트(Wright)는 1세기의 많은 유대인들이 갖고 있었을 법한 세계관에 대해 몇 가지 가설을 세운다. 그는 세계관에 관한 네 가지 기본적인 질문들을 사용해 대다수의 유대인들이 그들 자신을 다음과 같은 방식으로 이해했을 것이라고 주장한다.

1. 우리는 누구인가? 우리는 창조주 하나님의 택함을 받은 백성이다.
2. 우리는 어디에 있는가? 우리는 성전이 중심이 되는 거룩한 땅에 있다. 하지만 역설적으로 우리는 여전히 유배 상태에 있다.
3. 무엇이 잘못되었는가? 우리는 잘못된 지도자들을 가졌다. 한편으로는 이방인들을, 그리고 다른 한편으로는 타협한 유대인들을, 혹은 그 둘의 중간쯤에 있는 헤롯과 그의 가족 같은 이들을. 우리 모두는 이상적이지 않은 상황에 연루되어 있다.
4. 해결책은 무엇인가? 우리에게 진정한 통치를 행사하시기 위해 하나님은 반드시 다시 행동하셔야 하는데, 이것은 그분 자신의 왕권이 적절하게 임명된 관리들(참된 제사장, 어쩌면 참된 왕)을 통해 이루어지는 것을 의미한다. 그리고 그 동안 이스라엘은 그분의 언약에 충실해야 한다.[2]

200 CE (Minneapolis: Fortress, 1991), 15-18, 그리고 Frederick Murphy, *Early Judaism: The Exile to the Time of Jesus* (Peabody, MA: Hendrickson, 2002), 특히 9장과 1장을 보라. 또한 Paula Frederickson이 "Mandatory Retirement: Ideas in Study of Christian Origins Whose Time Has Come to Go," *Studies in Religion* 35, no. 2. (2006): 236-39에서 "회심"(conversion)이라는 용어에 관해 논한 것을 보라.

2 N. T. Wright, *The New Testament and the People of God* (Minneapolis: Fortress, 1989), 243.

이런 관점은 대략 기원전(B. C. E.) 400년부터 공통세기(C. E.)가 시작되는 시점 사이의 기간에 유대인들의 사고방식 안에서 유배에 대한 의식이 맡았던 지속적인 역할을 반영한다. 페르시아 시대에 예루살렘 성전이 재건된 것 때문에 종종 유대교 역사에서 "제2성전기"(the Second Temple period)라고 불리는 이 기간은 유배라는 개념이 유대인들의 정체성과 관련해 계속해서 어떤 역할을 했던 시기였다.

이런 주장에 대한 충분한 검토는 이 책의 범위를 넘어선다. 하지만 우리로서는 유배에서의 삶이 이 중요한 역사 속 시기에 하나의 백성으로서의 이스라엘의 사고를 형성했음을 보여주는 몇 가지 징후들을 간략하게 살피는 것만으로도 충분할 것이다.

제2성전기의 유배 개신교계는 이 시기와 이 시기의 문헌들에 대한 지식을 자주 무시하는 경향이 있다. 하지만 사실 그런 지식은 아주 실제적인 측면에서 초기 기독교를 적절하게 이해하기 위한 기초라고 할 수 있다. 제2성전기에 속한 어떤 문헌들은 유배를 중립적인 관점에서 다루면서 그것을 단지 과거의 사건으로 언급하지만(가령 유딧 4:3; 5:18), 유배에 대해 언급하는 대다수의 구절들은 그것을 중립과는 거리가 먼 방식으로 다룬다. 실제로 피터 애크로이드(Peter Ackroyd)는 그의 영향력 있는 저서 『유배와 회복』(*Exile and Restoration*)에서 히브리 성서의 여러 작품들에서 유배라는 개념이 갖고 있는 중요성을, 그리고 유배가 어떻게 유배 이후(postexilic)[3]의 히브리 저자들에게 지배적인 관점이 되었는지를 분명

3 Peter Ackroyd, *Exile and Restoration* (London: SCM Press, 1968), 237-47. 여기서 내가

하게 입증한다. 마이클 닙(Michael Knibb)은 애크로이드에 이어 계속해서 이 주제를 탐구해나간다.[4] 닙은 예레미야서와 그 예언자가 유배 기간이 70년간 이어지리라고 예언했던 것으로부터 시작해(렘 25:11-14; 29:10-14) 이런 구절들이 이스라엘이 유배를 이해하는 전형적인 형태가 되어가는 방식을 탐구해 나간다. 우리가 특별히 주목해야 할 것은 예견된 유배 기간의 길이가 아니라 구약성서의 다른 문헌들(슥 1:12; 대하 26:21; 스 1:1)과 후속 작품들(에스드라1서 1:57-58; 요세푸스의 『유대고대사』 11:1, 1)에서 이런 구절들이 널리 사용되고 있다는 사실이다. 이것은 유배에 대한 예레미야의 신학적 관점이 다른 저자들에 의해서도 공유되었음을 알려준다. 어떤 이들은 유배를 그저 수십 년간 지속되었던 그리고 분명한 시작과 끝을 가졌던 특별한 역사적 시기로 이해한 반면, 다른 이들은 그것을 현재를 포함하여 최후의 심판 때까지 확대되는 지속적인 상황으로 이해했다.[5] 그 시기의 경험과 문헌을 심원하게 형성한 것은 후자였다.

중간기 문헌에서 유배라는 관점을 아주 잘 대표하는 것은 「에녹 1서」(기원전 2세기 말에서 기원전 1세기 초의 작품) 85-90장에 등장하는 짐승들에 관한 환상이다. 에녹은 산 채로 천상의 영역으로 들려올라간 사람으로

"유배 이후"(postexilic)라는 용어를 사용하는 것은 Ackroyd와 다른 여러 학자들이 그 시기를 묘사하는 데 그 표현을 사용하고 있기 때문이다.

4 Michael A. Knibb, "The Exile in the Literature of the Intertestamental Period," *Heythrop Journal* 17 (1976): 253-79.

5 James Vanderkam, "Exile in Jewish Apocalyptic Literature," in *Exile: Old Testament, Jewish and Christian Perspectives,* ed. James Scott (Leiden: Brill, 1997), 91. Vanderkam은 제2성전기의 유대교의 묵시문학에서 유배라는 주제가 사용되었던 여러 가지 방식들을 유용하게 목록화한다.

믿어졌기에(창 5:24), 그는 우주의 문제에 대한 완벽한 정보 제공자의 역할을 한다. 다양한 저자들이 그를 비밀스러운 지식을 중재하는 자로 이용했고, 또 그렇게 함으로써 이스라엘에 대한 하나님의 뜻을 포함해 천상의 일들에 대한 유대적 관점을 정당화했다.[6] 짐승들에 관한 환상은 짐승들의 이미지를 통해 이스라엘과 이스라엘의 다양한 적들을 묘사하는 데 사용되었는데, 이는 아담과 하와에서 기원전 160년에 일어난 마카비 혁명에 이르기까지 이스라엘 역사에 있었던 중요한 역사적 시기들을 추적해 나간다.[7] 그 이야기는 성서 이야기에 대한 단순한 되풀이가 아니라 다가오는 심판과 구속의 시대를 묘사하기 위해 궁극적으로 저자 자신의 시대를 넘어서는 매우 정교하게 구성된 문학 작품이다.

이 유비를 특정하게 사용한 「에녹 1서」에서 저자는 이스라엘 백성을 상징하기 위해 한 가지 익숙한 성서적 이미지, 즉 양떼의 이미지를 택한다. 양떼는 양들의 주인(하나님)의 소유다. 하지만 그 환상의 후반부에서 양떼는 70명의 목자들에 의해 형편없이 다스려진다. 이스라엘의 적들은 다양한 짐승들과 새들로 표현되는데, 그것들은 모두 약탈자로 묘사된다. 양떼의 소유자와 그의 양떼 사이에는 조화의 시기와 부조화의 시기가 존재한다. 여러 예언자들이 양떼를 향해 보다 높은 수준의 순종을 호소했음에도 불구하고 그들의 목소리는 늘 무시된다. 그로 인해 「에녹 1서」 89:56에 묘사된 것처럼, 양떼의 주인은 결정적인 순간에 그 양떼의 집을

6 Larry R. Helyer, *Exploring Jewish Literature of the Second Temple Period* (Downers Grove, IL: InterVarsity Press, 2002), 77.

7 Knibb은 구약성서에 등장하는 그런 유비들의 공통성을 간략하게 탐색한다. "Exile in the Literature of the Interestamental Period," 256을 보라.

떠나고 그들을 사자와 다른 포악한 짐승들에게 내던진다. 그 본문은 특별히 이렇게 말한다. "나는 그가 그들의 집과 그들의 성채를 떠나고 그들 모두를 사자들의 손에—가장 사나운 짐승들의 손에—내던져 그들이 그 양떼를 찢고 삼키게 하는 것을 보았다."[8]

이 지점에서 70명의 목자들이 들어와 연속해서 양떼를 다스리는데, 자주 그들은 그다지 충실하지 않은 방식으로 다스린다. 상황은 악화되어 굶주린 새들과 개들이 양떼를 덮쳐 잡아먹게 되고 말라비틀어진 양 몇 마리만 겨우 남아 있게 된다(「에녹 1서」 90:2-4). 그런 일이 일어난 직후에 어떤 분명한 상황 변화가 일어난다. 에녹은 그 양떼 중 흰 양들로부터 몇 마리의 어린양들이 태어난다고 보도한다. 그 어린양들이 눈을 떴을 때, 그들은 다른 양들을 소리쳐 부른다(90:6). 개혁운동을 상징하는 것처럼 보이는 이 무리는 거의 성공을 거두지 못하는데, 이는 대부분의 양들이 그들의 부르짖음에 아무런 관심을 보이지 않았으며 그들의 눈도 "극도로 멀어 있기 때문이다"(90:8). 그 후 얼마 지나지 않아, 하나님이 심판을 행하신다.

> 그 후 그 70명의 목자들은 심판을 통해 유죄 판결을 받는다. 그리고 그들은 불길이 타오르는 심연 속으로 던져졌다. 그러는 동안 나는 그와 유사한 또 다른 심연을 보았다. 땅 한 가운데서 불이 가득한 심연이 활짝 열렸다. 그리고 심판

8 James Charleswoth, trans. *The Old Testament Pseudepigrapha,* vol. 2 (New York: Doubleday, 1985). 「에녹 1서」로부터의 모든 인용은 특별하게 달리 언급하지 않는 한 Charlesworth의 번역이다.

을 통해 유죄 판결을 받은 눈 먼 양떼 모두가 그 불붙는 심연 속으로 던져졌다(90:25-26).

그 일이 있은 후, 영광스러운 새 시대가 시작된다.

나는 계속해서 양떼의 주인이 첫 번째 것보다 크고 훌륭한 새 집을 가져와 그것을 그동안 감추어져 있었던 애초의 위치에 세우는 것을 지켜보았다. 그 집의 모든 기둥들은 새것이고, 지주들도 새것이고, 장식들 역시 새것일 뿐 아니라 사라진 옛집에 속했던 첫 번째 것들보다 크기도 했다. 모든 양떼가 그 안에 있었다(90:29).

짐승들에 관한 환상을 통해 분명해지는 것은 유배 상황이 "귀환" 이후에도 지속되고 있다는 것이다. 사람들은 오직 하나님의 결정적인 심판이 있은 후에야 안전하게 집에 머무는 것으로 묘사된다. 이 고도로 상징적인 이야기에서 **유배**라는 단어가 명시적으로 사용되지는 않는다. 하지만 이 이야기에서는 강제 이주에 관한 말이 사용되고 있고, 그것은 역사적 유배가 끝난 후에도 계속해서 사용된다(가령 89:75를 보라). 그 작품의 저자에게 유배는 진행중인 조건이며, 그 끝은 오로지 최후의 심판과 더불어 올 것이다.[9]

더 나아가 「에녹 1서」는 "주간들에 대한 묵시"(the Apocalypse of

9 Vanderkam, "Exile in Jewish Apocalyptic Literature," 100. 또한 Knibb, "Exile in the Literature of the Intertestamental Period," 256을 보라.

Weeks)라고 알려진 부분에서 이런 관점을 예시한다. 그것은 짐승들에 대한 환상과 마찬가지로 성서의 역사를 시간 단위로 (여기서는 주간으로) 나눈다. 여섯째 주간에는 역사적 유배가 포함되어 있고, 일곱째 주간은 저자가 살고 있는 시대를 묘사한다. 여덟째 주간은 일련의 심판으로 시작되며(91:12-19) 역사의 완성으로 그리고 이스라엘이 유배로부터 풀려나는 것으로 이어진다. 이것 이전에는 어느 곳에서도 유배로부터의 귀환이 언급되지 않는다. 그러므로 분명한 것은 저자가 자신이 처해 있던 유배 상황(예루살렘의 멸망 때부터 기원전 2세기 중반까지 이어지는)이 끝난 것으로 여기지 않고 있다는 것이다. 실제로 유배는 최후의 심판이 오기 전에는 끝나지 않을 것이다.[10]

「에녹 1서」가 이런 관점을 반영하는 유일한 종교적 문헌이 아닌 것은 분명하다. 유배의 지속적인 특성에 관한 유사한 개념들이 토빗(Tobit), 「희년서」(*Jubilees*), 바룩(Baruch), 그리고 「열두 족장의 유언집」(*Testaments of the Twelve Patriarchs*)과 같은 작품들에서도 나타난다. 그리고 이것은 독자들에게 유배에 관한 이런 관점을 제공하는 중간기의 책들의 목록 전체가 아니다. 우리는 제2성전기 유대인들에게 삶에 대한 이런 비전을 되풀이해서 말했던 여러 다른 사람들을 인용할 수 있다.[11]

이런 주장은 오늘 우리의 유배 경험이 신학적인 혹은 사회학적인 측면에서 제2성전기의 그것과 같다고 가정하려는 것이 아니다. 이런 주장은

10 Vanderkam, "Exile in Jewish Apocalyptic Literature," 96.

11 이에 대한 개관을 위해서는, Knibb, "The Exile in the Literature of the Intertestamental Period"를 보라. 또한 Craig Evans, "Aspects of Exile and Restoration in the Proclamation of Jesus," in *Exile: Old Testament, Jewish and Christian Perspectives,* 299-328을 보라.

단지 유배적 정체성이 역사의 여러 시기를 통해 하나님의 백성의 실존에 필요한 연료를 제공해왔음을 우리가 이해할 수 있도록 돕고자 할 뿐이다. 모든 경우에 그들을 형성하고 지탱해주는 신학적 주제들이 모습을 드러냈다. 제2성전기의 유대인들 모두가 그런 주제들이 무언인지에 대해 동의했다고 가정하는 것은 아마도 부정확한 것이 될 것이다. 하지만 분명히 어떤 공통적인 실천과 전망이 나타나 유대 공동체 신학의 핵심적인 특성들을 반영했다.[12] 이 환상은 새로운 상황을 위해 신앙을 재규정하는 구약성서의 관습을 계속했고 유대인 공동체가 하나의 백성으로서의 그들 자신을 이해하는 데 도움을 주었다.

이스라엘은 계속해서 자신들의 신앙과 실천을 "유배 상황에서" 살아가는 현실에 적용했다. 그 과정에서 나타난 신학적 발전들은 그 민족이 자신들의 구별된 정체성을 세우고 하나님의 성품과 역사를 자기들의 유배 경험의 맥락에서 이해하고자 하는 계속적인 시도를 반영한다. 여기서 우리는 다섯 가지 핵심적인 발전에 주목할 필요가 있다.

첫째, 제2성전기의 유대인들은 거룩한 문서들로 이루어진 정경, 즉 하나의 구별된 백성으로서 이스라엘의 삶에 대한 권위 있는 지침서로 이해되는 일련의 문서들을 공인함으로써 "유배"에 대응했다. 둘째, 회당이 공동체의 삶과 예배를 위한 장소로 발전되었다. 이것은 그 백성이 세계 전역으로 흩어지고 그로 인해 많은 이들이 예루살렘에 접근할 수 없게 된

12 이런 신학이 얼마나 균일한 것인지에 대해서는 학자들 사이에서 쟁점이 되고 있다. E. P. Sanders, *Judaism: Practice and Belief* (London: SCM Press, 1992), 특히 47-76은 그가 이 시기의 "규범적인" 혹은 "공통적인" 유대교라고 부르는 것에 대해 상술한다.

현실에 대한 대응이었다. 또한 그것은 하나님이 이스라엘 백성의 땅에서 만큼이나 이방인의 땅에서도 예배를 받으실 수 있다는 신학적 발전에 대한 반응이기도 했다. 유배는 성전을 더 이상 국가적 예배를 위한 유일하고 중심되는 장소로 여기지 않는 신학의 발전을 도왔다. 셋째, 특별한 형태의 종교적인 문학 즉 묵시문학이라는 장르가 나타났다. 궁극적으로 묵시문학은 역사적으로 그리고 우주적으로 드러난 악의 세력에 대한 하나님의 승리를 강조한다. 유배 경험은 이런 장르의 문학에 자극을 주었는데, 그것은 유배가 유대 공동체로 하여금 그들이 처한 상황으로부터 빠져나올 수 있는 유일한 방법은 역사의 끝에서 이루어지는 하나님의 극적이고 결정적인 개입뿐이라고 생각하도록 만들었기 때문이다. 넷째, 사람들이 하나님으로부터 오는 이스라엘의 구원자이신 "기름 부음 받은" 지도자라는 개념에 그들의 소망을 두기 시작하면서 메시아 혹은 메시아들에 대한 소망이 사람들 사이에 뿌리를 내렸다. 다섯째, 묵시적 주제들의 발전과 부합하게, 부활과 내세에 관한 관념들이 그 시절의 사유 속에 뿌리를 내리기 시작했다. 그리스(그리고 그 이전의 페르시아)의 문화와 종교적 개념들이 제2성전기 유대교의 신학적 발전에 얼마간 영향을 주었던 반면, 부활이라는 개념은 유대인들에게서 독특한 양상을 드러냈다. 묵시문학의 증가와 더불어 이것은 이스라엘 백성이 그토록 오랜 기간 동안 유배의 삶을 사는 것에 대한 직접적인 대응이었다. 회복에 대한 소망은 점차 이 세상에 대한 것으로부터 다가올 삶에 대한 것으로 바뀌었다. 이런 주제들 모두가 제2성전기 유대인들의 사고 속에서 나타났고 그 시대의 많은 이들의 생각과 종교적 관습을 형성하는 데 영향을 주었다.

이런 신학적 발전들은 유대교가 제2성전기 내내 자신의 정체성을 세우기 위해 싸우는 과정에서 중요한 역할을 감당했다. 여러 면에서 다르기는 했으나, 그런 발전들은 이스라엘 백성을 그들의 과거와 결부시켜주었던, 그리고 그들이 페르시아(그리고 그 후에는 로마)의 지배하에서 하나님의 백성으로서의 역할을 감당하도록 도왔던 정체성을 위한 투쟁을 반영한다. 이런 개념들은 이스라엘이 신학적이고 종교적인 정체성에 의해 묶여 있다는 견고한 확신을 반영한다. 그러므로 성서는 독특한 유대적 정체성을 형성하는 일에서 핵심적 역할을 감당했다. 새로운 그리고 진화하는 경향들이 이스라엘 공동체가 자신들의 정체성 형성을 위해 분투하는 과정에서 그들을 도왔고 다가오는 시대에 취해야 할 방향을 정해주었다. 묵시문학의 출현, 죽음 이후의 삶에 대한 믿음, 그리고 부활이라는 개념 등이 유배로부터의 귀환 시점을 현 시대 너머로 옮겨놓았다. 유배가 끝날 기미를 보이지 않았던 것과 정치적 자유를 얻는 것이 먼 희망처럼 보였던 당시의 상황을 감안한다면, 사실 이것은 유배에 대한 이해할 만한 반응이었다.

우리가 제2성전기에 대한 이런 개관을 통해 주목해야 할 가장 중요한 것은 이스라엘이 어떻게 계속해서 유배의 삶에 대한 신학적이고 사회적인 접근법을 발전시켰는가 하는 것이다. 그 민족의 믿음은 계속해서 그 백성을 지탱해주는 구심점이 되었다. 그리고 그것은 변화하는 문화 속에서 재해석을 요구했다. 비록 범주들은 변했으나, 제2성전기의 이스라엘 백성은 그들이 처한 상황 속에서 자신들의 조상들이 유배 초기에 했던 것과 동일한 방식으로 자신들의 하나님과 그분의 역사를 이해하고자 했다. 그런 식으로 그들은 유배 상태에서 하나님의 백성으로 살아가는 일과 본보기의 역할을 계속해 나갔다.

로마의 지배하에서 유배가 계속되었을 때, 유대교 안에서는 제2성전기의 신학적 사유 안에서 나타나고 있던 모든 흐름들을 포괄하는 한 가지 새로운 움직임이 나타났다. 그 새로운 움직임은 훗날 기독교라고 불리게 된다.

실제로 예수 자신이 의식했던 유대적 정체성은 그의 사역의 핵심에 있었으며 그 정체성은 유배가 그의 사역을 이끄는 모티브들 중 하나라는 이해로 이어졌던 것처럼 보인다. 더 나아가 교회 역시 발전의 시작 단계에서, 그것의 초기 문서들이 지적해주듯이, 계속해서 자신을 유배된 백성으로 이해했다. 초기 교회의 정체성과 사역이 어떻게 유배라는 개념에 의해 형성되었는지를 이해하는 것은 오늘의 교회가 자신이 처한 상황에 대응하는 데 도움이 될 것이다.

유배와 예수의 사역

유배라는 개념은 예수의 사역에서 특별한 역할을 했다. 무엇보다도 예수는 유배의 모델이라고 할 수 있는데, 그것은 그가 그의 참된 고향으로부터 멀리 떠난 이로 묘사되고 있기 때문이다(요 1:1-14; 빌 2:3-8). 더 나아가 우리는 예수의 사역에 유배적 의미가 포함됐다는 것을 확인할 수 있다. 이 문제에 대해 많은 숙고를 한 두 명의 학자가 있다. N. T. 라이트(Wright)와 크레이그 에반스(Craig Evans)가 그들이다.[13] 그들의 저작들은 복음서에서 묘사된 예수가 자신을 유배 상태 속으로 들

13 Wright는 그의 책 *The New Testament and the People of God*과 *Jesus and the Victory of God* (Minneapolis: Fortress, 1996)에서 이 주제를 광범위하게 다룬다. 이것은 또한 Evans의 "Aspects of Exile"의 초점이기도 하다.

어가는 것으로, 또한 자기 민족의 유배의 종결의 시작을 알리는 역할을 하는 것으로—비록 그의 추종자들 대부분이 기대했던 방식으로는 아닐지라도—여겼음을 명백하게 논증한다.

에반스는 예수의 가르침과 행동으로부터 유배 신학이 그의 사역에서 중요한 역할을 했음을 알려주는 여섯 가지 항목들을 제시한다.[14] 이런 항목들 중 가장 중요한 것은 열두 제자의 임명이다. 에반스는 이렇게 지적한다. "예수가 열두 제자를 임명한 것은 이스라엘의 열두 부족의 재구성을 상징하는 것일 수 있다."[15] 이런 관점은 E. P. 샌더스(Sanders)에게서 반향을 얻는다. 그 역시 열둘을 "회복"에 대한 상징으로 여긴다.[16] 그러므로 열두 제자를 임명하는 것의 의미는 그들이 "지금은-흩어져-있으나-곧-다시-모일-열두-부족"의 우두머리로 행동하게 되리라는 것이었다. 이런 관점은 열두 제자가 심판대에 앉아 이스라엘의 열두 부족을 심판하리라는 예수 자신의 말을 통해 지지를 받는다(마 19:28; 눅 22:30). 여기서 제자들은 그 민족에게 공정한 지도력을 제공하기 위해 택함을 받은 자들로 묘사된다. 이것은 예수가 열두 제자를 선택한 것에 내포되어 있는 유배로부터의 회복이라는 모티브와 조화를 이룬다.[17]

에반스는 예수가 다니엘, 스가랴, 그리고 제2이사야(그 셋 모두 이스라엘 역사 중 유배기를 반영한다)를 강조하는 것은 "그가 자신과 자신의 사역

14 이 항목들에 대한 완전한 개관을 위해서는, Evans, "Aspects of Exile," 316-28을 보라.

15 Ibid., 318.

16 E. P. Sanders, *Jesus and Judaism* (London: SCM Press, 1985), 98.

17 Evans, "Aspects of Exile," 318. Wright는 이런 관점에 동의하며 그것을 그 자신의 프로젝트를 통해 제시한다. *Jesus and the Victory of God,* 430-31을 보라.

을 압제 받는 상태에서 구속이 필요한 이스라엘과 동일시했으며 그 자신이 구속의 주체임을 강력하게 암시한다"고 지적하면서 그의 연구를 결론짓는다.[18] 예수는 자신의 메시지와 사역이 이스라엘의 유배와 연결되어 있음을 이해했고, 또한 자신이 이스라엘의 유배의 종결의 시작을 알리기 위해 왔다는 비전에 의해 영향을 받았다.

N. T. 라이트는 특히 그의 책 『예수와 하나님의 승리』(*Jesus and the Victory of God*, 크리스천다이제스트 역간)에서 1세기 초에 이스라엘은 자신을 유배 상태에 있는 것으로 이해했다고 단언한다. 특히 라이트는 예수의 가르침을 통한 하나님 나라의 선포와 자신의 일을 유배에 대한 대응과 회복의 전조로 정의하는 그의 사역의 다양한 측면들에 주목한다. 라이트는 이런 문제들을 상세하게 논하면서 예수의 사역이 그것들을 어떻게 규정했는지를 다음과 같이 요약한다.

> 치유, 용서, 갱신, 열둘, 새로운 가족과 그것의 새로운 결정적 특성들, 열린 공동식사, 이방인들에 대한 축복의 약속, 금식을 대체하는 잔치, 성전의 파괴와 재건—이 모든 것은 강력한 상징 언어를 통해 이스라엘의 유배가 끝났으며, 예수가 어떤 식으로든 이 새로운 상황에 대한 책임을 맡고 있으며, 성전이 대표했던 모든 것을 이제 예수와 그의 운동을 통해 얻을 수 있게 되었음을 선포했다.[19]

18 Evans, "Aspects of Exile," 328.
19 Wright, *Jesus and the Victory of God*, 436.

이런 것들이 하나님 나라에 대한 예수의 선포의 토대였다. 예수에게 유배는 하나님 나라의 침입을 통해 극복될 것이다. 그리고 예수는 자신의 사역을 이런 변화의 시작으로 이해했다.

그 어떤 복음서 저자도 예수가 **유배**라는 용어를 사용한다고 묘사하지 않는다. 하지만 그것은 우리가 그 모티브를 예수에게 적용하는 것이 부적합하다는 것을 의미하지 않는다. 스캇 맥나이트(Scot McKnight)는 "하나님 나라라는 말은 '유배의 종결'이라는 말이다. '유배의 종결'은 긍정적인 '하나님 나라'에 대한 부정적 표현이다"라고 주장한다.[20]

우리는 메시아로서의 예수의 역할이 궁극적으로 이스라엘의 유배로부터의 귀환에 대한 약속—비록 그 귀환이 이생에서 완성되지는 않을지라도—을 담보한다고 말할 수 있을 것이다.[21] 초기 교회는 주변화된 사람들의 모임이었고 그들은 아직 약속된 유업을 완전히 소유하지 못한 상태

20 Scot McKnight, *A New Vision for Israel: The Teaching of Jesus in National Context* (Grand Rapids: Eerdmans, 1999), 83n51.

21 Wright, *Jesus and the Victory of God,* 218-19. 어떤 학자들은 유배에 대한 Wright의 강조가 지나치다고 여긴다. 이에 대한 건설적이기는 하나 비판적인 논쟁과 관련해서는, Klyne R. Snodgrass, "Reading and Over-Reading the Parables in *Jesus and the Victory of God,*" in *Jesus and the Restoration of Israel: A Critical Assessment of N. T. Wright's Jesus and the Victory of God* (Downers Grove, IL: InterVarsity Press, 1999), 61-76을 보라. Wright에게 동의하지만 접근법에서 독창적인 다른 관점을 위해서는, Douglas S. McComiskey, "Exile and the Purpose of Jesus' Parables," *Journal of the Evangelical Theological Society* 51, no. 1 (2008): 59-85를 보라. 또한 Brant Pitre, *Jesus, the Tribulation, and the End of Exile: Restoration Eschatology and the Origin of the Atonement* (Tübingen: Mohr Siebeck, 2005)는 Wright의 관점을 비판하는데, 종종 아주 혹독하게 그렇게 한다. 궁극적으로 이런 개념은 이 연구 작업에서는 부가적인 것에 불과하다. 왜냐하면 유배 모티브가 현대 교회에도 적절하다는 주장은, 비록 그것이 Wright의 작품에 의해 도움을 받을 수 있을지는 모르나, 그가 갖고 있는 특별한 신학적 위치에 의존하는 것은 아니기 때문이다.

였다. 따라서 예수의 삶과 사역을 통해 나타난 유배라는 주제는 그들이 자신들의 정체성을 예수의 죽음과 부활에 비추어 살아가는 것으로 정의하도록 돕는 모티브 역할을 하면서 그들에게 반향을 불러일으켰다. 현대 교회 역시 주변화라는 현실과 마주하고 있으나 또한 종말론적 회복에 대한 소망을 갖고 있기에 유배라는 주제는 다시 한번 현대 교회가 자신들의 정체성을 이해하는 길을 제공할 수 있다. 이것은 현대 교회가 자신이 처한 상황의 주변부로부터 세계에 개입하고 아직 온전히 그들의 집이 되지 못한 곳에서 하나님의 백성이라는 신분으로 여행을 계속해 나가고 있기 때문이다.

서신들에 나타난 유배 유배라는 모티브는 예수의 사역을 넘어서 신약성서에서 명시적으로 그리고 암묵적으로 계속해서 나타난다. 최초의 교회는 유배의 영적 효과가 종결되었으며 이제 사람들은 세상의 특정한 장소에 속해 있지 않은 새로운 나라의 시민으로 살아간다고 이해했다. 이것은 그들이 더 이상 "본토"로부터의 유배를 경험하지 않을 수는 있으나 여전히 분명한 강제 이주에 대한 의식을 경험하고 있음을 의미했다. 초기의 수많은 신자들은 그들이 기독교를 수용한 결과로 사회에서 그들의 위치가 변화되는 것을 경험해야 했다. 어떤 이들은 주변화되었다. 이미 주변화되어 있던 이들은 이 세상에서 자기들의 처지가 더 나빠졌음을 알게 되었다. 다른 이들에게는 박해가 가해졌다. 그로 인해 유배는 계속해서 교회의 자기 동일시를 위한 효과적인 모티브가 되었다.

야고보서 야고보서와 베드로전서 둘 다 명백하게 유배 모티브를 사용해 그들의 독자들에게 다가가고 있다. 야고보서 1:1에 의하면, 그 서신의 저자는 "흩어져 있는 열두 지파"를 향해 편지를 쓰고 있다. 이 구절을 정확하게 어떻게 이해해야 하는지와 관련해 논란이 있는 것은 사실이다. 하지만 그것은 초기 교회의 신자들이 고향으로부터 멀리 떠나 살아가고 있다는 의식을 지니고 있었다는 사실에 대해서는 의문의 여지를 남기지 않는다.[22]

얼핏 보면 "흩어져 있는 열두 지파"라는 구절은 여전히 이스라엘 땅으로부터 멀리 떨어져 살고 있는 유대인들에 대한 언급처럼 보인다. 하지만 이 구절은 제2성전기의 일부 신학적 흐름들 안에서 새로운 의미를 취하기 시작했다. 그리고 그것은 유대인이든 이방인이든 상관없이 마지막 시대를 살아가는 하나님의 참된 백성을 지칭하게 되었다. 왜냐하면 초기 그리스도인들은 하나님의 종말론적 백성 안에는 모든 민족이 포함된다고 이해하기에 이르렀기 때문이다.[23] 요점은 분명하다. 그 용어가 누구에게 적용되느냐와 상관없이, 이런 서신들의 저자들은 그들의 독자들을 계속해서 유배 상태에서 살아가고 있는 것으로 보았다는 것이다.

야고보에게 그 용어는 이스라엘의 지경 밖에서 살아가는 유대인들을 묘사하는 것처럼 보인다. 이런 추론이 가능한 것은 그 서신이 갖고 있는 고도로 유대적인 성격과 아마도 그것이 매우 이른 시기에 작성되었으리

22 이에 대한 간략하지만 대표적인 논의를 위해서는, Pheme Perkins, *First and Second Peter, James and Jude* (Louisville, KY: John Knox, 1995), 85-86을 보라. 또한 Douglas J. Moo, *The Letter of James* (Grand Rapids: Eerdmans, 2000), 23-24를 보라.

23 Moo, 23-24.

라는 점 때문이다.[24] 그가 자기 서신의 독자들이 이스라엘의 열두 지파에 속해 있다고 말하는 것은(약 1:10) 그 민족이, 비록 궁극적으로는 종말론적인 것이기는 하나, 우리가 예수의 사역 및 그가 새로운 이스라엘의 재구성에 대한 징표로 열두 제자를 택한 것과 관련해 이미 살펴보았던 내용과 부합하는 어떤 회복을 경험하게 되리라는 것을 암시한다.[25] 야고보가 맥락상 매우 인종적(유대적)인 함의를 지닌 이와 같은 지시어를 사용한 것은 한때 그들의 고향으로부터 유배되었던 이들 모두가 여전히 그들의 고향에 있지 못함을 인정하는 것이다. 왜냐하면 이제 그들은 그리스도의 추종자이자 교회의 구성원으로서 자신들의 여행을 계속하고 있기 때문이다.[26] 그러나 우리는 저자가 계속해서 유배를 그의 독자들을 위한 적절한 그림으로 여기고 있다는 것을 잊어서는 안 된다. 그 독자들이 그리스도의 해방 사역의 수혜자라는 사실에도 불구하고 말이다.

베드로전서

우리가 다음 장에서 상세하게 살피게 될 베드로전서는 분명하게 "흩어진 나그네들"에게 전해진 편지다(벧전 1:1). 표면적으로 이것은 1세기라는 상황에서 야고보가 교회에 대해 가졌던 비전과 일치하는 것처럼 보인다. 그러나 아마도 베드로의 독자들은 이방인과 유대인 모두를 포괄하고 있었을 것이다(벧전 1:4, 18; 2:9-10, 25; 3:6; 4:3-4).[27] 베드

24 Ibid., 50. 또한 Andrew Chester and Ralph P. Martin, *New Testament Theology: The Theology of the Letter of James, Peter and Jude* (Cambridge: Cambridge University Press, 1994), 11-15를 보라.

25 Wright, *Jesus and the Victory of God,* 330.

26 Richard Bauckham, *James* (London: Routledge, 1999), 25-28.

27 Peter Davids, *The First Epistle of Peter* (Grand Rapids: Eerdmans, 1990), 8.

로가 유대인들에 대한 선교를 맡은 사도로 알려져 있음에도 불구하고(갈 2:6-10), 당시에 그는 유대인과 이방인이 혼재하는 교회를 이끌고 있었던 것으로 보인다. 더 나아가 그는 예수와 예수의 사역을 지지하는 자들을 하나님의 참된 백성으로 보았으며 따라서 그들을 열방 중에 있는 유배자들로 여겼던 것처럼 보인다. 이것은 예수의 사역의 결과로 발생한 "현재의-그러나-아직은-아닌"(now-but-not-yet) 그들의 구원의 특성을 상기시킨다. 한편으로 그들은 예수가 그의 죽음과 부활을 통해 제공한 유배로부터의 구원에 참여한 자들이며 따라서 하나님의 백성 중에 포함되어 있다. 그러나 다른 한편으로 그들은 궁극적으로는 아직 그들의 집에 이르지 못한 채 종말에 있을 최종적 구원을 기다리며 이 세상에서 체류하고 있는 한 백성의 일부다. 이 서신에서 저자는 이스라엘의 칭호들 중 일부를 교회에 적용한다. "택하신 족속", "왕 같은 제사장들", "거룩한 나라"(벧전 2:9). 이것은 교회를 성서 이야기의 줄거리 안에 견고하게 위치시킨다. 사실 베드로전서 2:4-9은 출애굽기 19:6에 대한 분명한 언급을 담고 있는데, 거기서 이스라엘은 "제사장 나라"와 "거룩한 백성"으로 선언된다. 그러므로 교회는 교회를 구해내시고 과거에 이스라엘과 그렇게 하셨던 것처럼 교회와 더불어 언약을 맺으신 하나님과 특별히 연결되어 있다는 점에서 이스라엘과 동일한 본성을 지닌다.[28] 따라서 베드로전서의 저자가 아주 오랫동안 이스라엘을 규정해 왔던 관점(유배라는 관점)을 교회에 적용하려 한 것은 놀랄 일이 아니다.

베드로전서 1:1에서 이루어진 언급 외에도, 베드로는 그의 독자들을

28 Joel Green, *1 Peter* (Grand Rapids: Eerdmans, 2007), 55, 62.

"나그네"(1:17) 또한 "거류민과 나그네"(2:11)로 부른다. 조엘 그린(Joel Green)은 이렇게 말한다. "이런 표현들 각각은 다양한 방식으로 베드로의 독자들의 한 가지 본질적인 특성을 가리킨다. 지금 그들은 고향에 있지 않다."[29] 이것은 그들이 물리적으로 그들의 고향을 떠나 있음을 의미하지 않는다. 오히려 이것은 그들이 하나님의 백성의 구성원으로서 지금 사회적-신학적 유배라는 현실에 참여하고 있음을 의미한다. 예수의 추종자들인 그들은 이 세상에 온전하게 소속되어 있지 않으며 그들의 궁극적인 종말론적 고향으로부터도 멀리 떨어져 살아가고 있다(참고. 벧전 1:4-5; 4:13; 5:4). 유배와 관련된 용어를 이렇게 사용하는 것은 초기 교회가 계속해서 자기 자신을 유배 상태에서 살아가고 있는 것으로 여겼음을 보여준다.

히브리서

히브리서 저자는 초기 교회가 종말론적 공동체로서 경험한 현실을 보여 준다. 그는 하나님이 모든 것을 그분의 천사들에게 맡기셨으나 "지금 우리가 만물이 아직 그에게 복종하고 있는 것을 보지 못한다"고 인정한다(히 2:8). 더 나아가 그는 자신의 독자들에게 비록 여호수아가 이스라엘을 약속의 땅으로 이끌어갔을지라도 그곳은 하나님의 백성을 위한 궁극적인 휴식처가 아니었음을 상기시킨다. 하나님의 백성인 그들은 여전히 안식일의 쉼을 기다리고 있는데, 거기에는 하나님의 새로운 언약 아래서의 쉼이 포함되어 있다(4:8-9). F. F. 브루스(Bruce)는 그 편지의 수신자들이 당시에 그런 쉼을 경험하지 못하고 있었음이 분명하다고 말한다. 하지만 그것은 그들에게 유업으로 속해 있다. 그리고 "믿음으로 그들

29 Ibid., 195.

은 지금 이곳에서 그것의 유익을 누리며 살 수 있다."[30] 이것은 초기 교회의 경험이었고 또한 현대 교회의 경험이다. 예수의 구원 사역의 일부였던 약속들 중 많은 것이 미래에 있을 궁극적 성취에 대한 소망을 전해주었는데, 그것은 미래가 어떻게 보이고 느껴질지를 지금 엿보는 것과 뒤섞여 있었다. 당시에 교회는 구주이신 그리스도의 사역으로 인해 비록 미발달 상태로이기는 하나 믿는 자들의 공동체로서 함께 살아가는 삶을 통해 유배로부터의 해방을 예기할 수 있는 곳이었다. 그러나 교회는 실제적으로 계속해서 고향으로부터 멀리 떨어진 백성으로서의 삶을 계속해나갔다.

다른 서신들 교회가 유배 상태에 있는 백성이라는 견해는 신약성서의 다른 서신들에서도 분명하게 (명시적으로는 아니지만 적어도 암시적으로는) 나타난다. 그 서신들은 모두 교회가 자신이 속해 있는 문화와 맞서며 살아가는 것을 강조한다. 그런 서신들은 그 서신을 받는 교회나 교회들이 로마 제국 내에서 그들이 처한 상황과 맞서 분명하게 구별되는 기독교적 정체성을 형성해나가도록 돕는다(골 3:1-17; 엡 4:17-5:20). 로마 제국과 어울린다는 것은 제국의 제의에, 그리고 (기독교적인 혹은 유대교적인 관점으로 볼 때) 우상숭배와 다름없는 시민들의 종교 행사에 참여하는 것을 의미한다.[31] 그린은 로마 제국 안에서의 기독교적 삶이 쉽사리 유배처럼 느껴질 수 있었음을, 또한 교회의 지도자들에게는 구별된 기독교적 정체성을 유지하는 것이 무엇보다도 중요한 관심사였음을 지적한다. 그린이 명

30 F. F. Bruce, *The Epistle to the Hebrews*, rev. ed. (Grand Rapids: Eerdmans, 1990), 110.
31 Green, *1 Peters*, 194.

료하게 밝히듯이, 이스라엘 백성에게 그들을 유배 상태에 있는 구별된 백성으로 규정하는 것을 도와줄 종교적 문헌들이 필요했던 것처럼, 교회에도 그것이 사회학적으로 이교적인 상황에서 자신의 정체성을 형성해나가는 것을 도와줄 문헌들이 필요했다.[32]

분명히 신약성서의 서신들은 로마 제국의 에토스와 다른 독특한 기독교적 정체성을 개발하고 유지하는 문제에 관심을 가졌다. 그 점에서 그것들은 유배 신학의 속편이라고 할 수 있다. 그것들은 교회가 보다 크고 강력한 제국에 맞서고 있다고 보았고 그런 까닭에 그런 상황에서 교회를 표현할 방법을 찾아야 했다. 예컨대 브라이언 월쉬(Brian Walsh)와 실비아 키즈매트(Sylvia Keesmaat)에 따르면, 골로새서는 그리스도인들을 유배자의 신분으로 침략적인 로마 제국이라는 배경에 맞서 신실하게 살아가도록 이끌기 위해 쓰였다. 골로새서는 신약성서가 어떻게 예수의 추종자들에게 그들 자신을 제국에 속한 자들이 아니라 유배된 자들로 여기라는 요구를 반영하고 있는지에 대한 한 예다.[33]

우리는 그런 관점을 신약성서 전체를 통해서 인식할 수 있다. 신약성서 저자들은 그런 문헌들을 통해 교회가 자신의 구별된 정체성과 그 정체성의 의미를 이해하도록 돕는다. 일반적으로 신약성서 저자들은, 구약성서나 제2성전기 문헌의 저자들과 마찬가지로, 유배 상태에 있는 백성이 그들 자신을 기껏해야 관용적인, 그리고 최악의 경우에는 적대적인 상황

32 Ibid., 197.
33 Brian J. Walsh and Sylvia Keesmaat, *Colossians Remixed: Subverting the Empire* (Downers Grove, IL: InterVarsity Press, 2004), 95.

에서 살아가는 하나님의 백성으로 이해하도록 돕는다. 요약하자면, 교회는 예수의 삶과 사역을 재연하고 하나님 나라의 침입에 참여하도록 부름받고 있다. 실제로 유배에 대한 치유책인 하나님 나라는 새롭게 떠오르는 그리고 지속되는 경험이다. 그것은 지금과 아직(now and not yet)이라는 두 가지 종말론적 현실을 다 반영한다. 왜냐하면 유배의 종결은 시작되었고 확실히 다가오고는 있으나, 유배 상태는 예수가 세상을 떠난 후에조차 계속해서 교회가 경험하고 있는 현실이기 때문이다.

요약

오래 전의 이런 가르침이 오늘날 우리에게도 여전히 의미가 있을까? 제2성전기의 유대인들과 초기 그리스도인들이 유배 모티브를 공유했던 방식이 21세기를 살아가는 그리스도인인 우리의 경험과 관련해서도 어떤 의미를 지닐 수 있을까? 더 나아가 이렇게 공유된 정체성은 오늘 서구 교회에 속한 우리와 어떻게 연결될 수 있을까? 적어도 세 가지 연결고리가 있다. 첫째, 세 주체(제2성전기 유대인, 초기 그리스도인, 현대 그리스도인—역자 주) 모두가 사회적 혹은 정치적 주변화에 대한 의식, 즉 유일하고 참되신 하나님의 공의로운 통치와 경쟁하는 권력자들에 의해 지배당하고 있다는 의식을 공유하고 있다. 세 상황 모두에서, 비록 그것들 각각의 구체적인 내용은 독특하다고 할지라도, 하나님의 백성은 대개 자기들이 자신들의 세계관이나 핵심적인 신학적 믿음을 공유하지 않는 사회의 주변부에 속해 있다는 의식을 지니고 살아간다. 둘째, 그들 모두는 종말론적 소망을 지니고 있다. 즉 그들은 유배로부터의 귀환이 이생에서 급속하게 완성되지 않으리라는 것을 인정한다. 그리고 마지막으로, 그들 모두는 자기들이 하나님의 참된 백성—하나님은 그들을 통해 지금도 이 세상에서 그분의 뜻을 이뤄가고 계신다—이라는 생생한 (때로는, 아마도 제2성전기와 초기 그리스도인들의 경우에는, 경쟁적이기까지 한) 의식을 지니고 있다.

바로 이것이 신약성서가 교회의 실천과 정체성의 문제를 다루는 이유다. 하나의 몸으로서 교회는 지금 고향에 있지 않으며, 그런 까닭에 보다 강력한 제국(헤게모니)의 그늘 아래서 어떻게 소수자의 신분으로 살아가야 하는지를 결정해야 한다. 이것은 교회가 지속적으로 경험하고 있는 것이며 21세기 서구의 그리스도인들이 마주하고 있는 현실이다.

우리가 이미 간략하게 살폈듯이, 이런 경험에 도움이 되는 정보를 제공하고 이 책의 나머지 부분에서 핵심적 역할을 하게 될 중요한 목소리는 베드로전서다. 이 책에서 베드로전서는 현대의 유배적 사고를 위한 모형으로 제시될 것이다. 그것은 무엇보다도 그것이 스스로를 유배지로 발송된 편지로 의식하고 있기 때문이다. 그 편지를 쓴 이는 분명히 자신의 독자들이 그들이 속한 문화의 주변부에서 살아가는 이들로서 그들의 문화에 개입하도록 돕는 것에 관심을 갖고 있다. 우리가 곧 살피게 되겠지만, 베드로전서는 구약성서와 제2성전기 문헌으로부터 나오는 주제들과 잘 어울리는 유배 신학을 반영한다. 또한 그것은 거룩, 선교, 그리고 종말론 같은 주제들을 1세기 독자들의 경험에 적용시킨다. 또한 이 책에서 우리는 베드로전서가 어떻게 오늘과 같은 후기 기독교 사회에서도 현대적으로 적용할 수 있는 함축적인 지침이 되는지에 대해 살필 것인데, 그것은 그 서신의 저자가 유배 신학이 새로운 상황에서도 계속해서 활용될 수 있음을 예시해주기 때문이다.

7장

베드로전서에 나타난 유배기의 지혜

베드로전서의 저자는 역사로부터 배우지 못하는 자는 역사를 되풀이한다는 오래된 격언을 잘 이해하고 있었다. 그는 자신이 살았던 시대의 상황이 제기하는 도전에 응하기 위해 고대의 지혜에 의지하는 것을 주저하지 않았다. 분명히 저자는 자신의 편지를 받는 교회들이 "거류민과 나그네"로서 가능한 한 신실하게 살아가도록 돕고자 했다. 또 그는 그렇게 하기 위해 자신의 조상들의 유배 신학과 직접 관련된 지혜로부터 도움을 얻었다. 제2성전기 후기의 유대교로부터 발전된 관점들과 더불어 이스라엘이 바빌로니아와 페르시아 제국에서 포로살이를 견디도록 도왔던 신학적 통찰과 실천적 적용들은 베드로가 1세기 독자들에게 전해주었던 유배기의 생존 전략을 위한 기초가 되었다. 베드로전서는 그 서신의 독자들이 그들이 처한 특별한 상황 속에서 하나님의 백성으로서 마주했던 도전들을 헤쳐 나가도록 도와줄 몇 가지 관점들을 제공한다. 이런 주제들에 대한 면밀한 조사는 21세기 서구 문화의 주변부로부터 하나님 나라를 세우려 애쓰고 있는 자들에게 몇 가지 매우 시사적인 통찰들과 지침이 될 만한 지혜를 제공해줄 것이다.

창조적인 신학적 반성

베드로전서는 자신들이 처했던 특별한 시기를 위해 신앙을 해석하는 과업에 철저하게 헌신했던 구약 시대와 제2성전기 저자들의 전통을 잇는다. 이런 해석은 모든 경우에 필요한 과업이었다. 왜냐하면 급변하는 상황은 어떻게 신앙을 실천해야 하는지에 대한, 그리고 경우에 따라서는 지금 그 신앙이 무엇을 의미하는지에 대한 새로운 이해를 요구했기 때문이다. 자신들의 신앙을 해석하는 문제는 베드로전서의 유대인 독자들에게는 아주 중요했다. 왜냐하면 당시에 그들은 구약성서와 그들의 새로운 종교적 경험을 기독론적 렌즈를 통해 해석하고 있던 중이었기 때문이다. 의식적으로 자기의 독자들이 유배 상태에 있다고 이해했던 베드로에게 과거의 이해 방식들을 재해석하는 것은 유배 생활 중에 있는 그 공동체를 유지하는 일의 일부였다.

베드로전서에는 구약성서가 열한차례나 직접 언급되고 구약성서의 본문들에 대한 몇 차례의 또 다른 잠재적 언급들이 나타난다. 이것은 신약성서에서 유사한 길이를 가진 다른 서신들의 경우와 비교해본다면 굉장히 의미 있는 숫자다.[1] 이것은 교회의 모태가 된 전통과 더불어 일하는 것에 대한 저자의 관심을 보여준다. 그렇게 베드로전서는 우리에게 창조적인 신학적 반성이라는 지속적인 작업을 위한 모형을 제공해준다. 그런 반성은 유배 상태에 있는 오늘의 교회가 자신에게 위임된 믿음을 적

1 예컨대, 에베소서에서는 네 번, 빌립보서에서는 한 번, 골로새서와 요한1서에서도 한 번 언급된다. 보다 짧은 서신들 중 오직 갈라디아서만 베드로전서를 넘어서 열네 번 등장한다.

절하게 실천하고 이해하기 위해서 반드시 해야 하는 일이다. 교회는 자신이 태어난 전통에 단단히 묶여 있어야 하지만, 또한 그런 전통을 자신이 처한 새로운 상황에 비추어 재해석하는 것을 두려워해서도 안 된다. 이런 행위는 늘 어느 정도의 우려와 함께 수행되어야 한다. 하지만 그것은 하나님의 백성의 유배적 실존을 규정하는, 또한 바로 그런 이유 때문에 꼭 필요한 행위다. 베드로전서에서 우리는 저자가 분명하게 교회의 믿음에 대한 새로운 생각에 개입하고 있음을 보여주는 몇몇 구절들을 발견할 수 있다. 다음의 예들은 오늘의 상황을 위해 처방된 것이 아니다. 왜냐하면 우리는 다뤄야 할 필요가 있는 우리 자신의 문제들을 갖고 있기 때문이다. 오히려 그것들은 베드로전서의 저자가 그가 속했던 문화에 신학적으로 개입했던 방식을 예시해준다.

교회와 이스라엘. 베드로전서 1:10-12에서 베드로는 오래 전에 예언자들이 그리스도의 고난에 관해 썼을 때 그들이 궁극적으로 가리켰던 것은 그리스도와 그리스도의 때였다고 주장하면서 성서가 기독론적으로 읽혀야 한다는 점을 분명히 했다. 그런 관점을 제시한 후에 베드로는 그런 식의 성서 읽기가 어떻게 교회의 정체성을 형성하는 데 도움이 되는지를 설명한다. 그런 읽기에 따르면, 교회는 직접적으로 성서 이야기의 줄거리 안에 속해 있으며, 예언자들과 교회의 형성은 성령에 의해 인도되었다. 이것은 베드로전서 2:4-10에서 확언되는데, 거기서 베드로는 예수("산 돌")를 특별히 하나님에 의해 "산돌 같은"(벧전 2:5) 교회의 토대가 되도록 택함 받은 존재로 여긴다. 그런 의미에서 베드로전서는 교회를 하나님이 이 특별한 시대에 그들을 통해 특별한 일을 하시기 위해 택하신 백성들로 여긴다. 교회는 오래된 이스라엘 가계에 속한 "신령한 집"이다. 그렇게 해서 성서 이야기에 대한 베드로의 비전은 세 가지 움직임, 곧 이스라엘, 예수, 그리고 교회로 이루어진다. 이제 교회는 하나님의 일이 가장 특별하게 이루어지는 장소/사람인데, 왜냐하면 그것이 이스라엘과 그리스도의 유산을 지속시키고 있기 때문이다.

베드로전서 2:9에서 베드로는 의도적으로 하나님이 이스라엘을 자신의 특별한 백성으로 다시 세우시는 출애굽기 19장을 연상시키는 말을 사용한다. 거기서 하나님은 이스라엘 백성에게 이렇게 선언하신다. "너희는 모든 민족 중에서 내 소유가 되겠고 너희가 내게 대하여 제사장 나라가 되며 거룩한 백성이 되리라"(출 19:5-6). 베드로전서 2:9에서 저자는 교회가 "택하신 족속이요…거룩한 나라요 그의 소유가 된 백성"이라고 선언한다. 교회는 이스라엘과 동일한 본성을 갖고 있다. 교회는 하나님의 사랑을 받아들이고 이스라엘이 했던 (그리고 하고 있는) 것과 동일한 방식으로 그분의 목적을 드러낸다. 더 나아가 베드로는 자신의 독자들을 하나님께 택함을 받았으나 유배된 백성이라고 역설적으로 묘사함으로써(벧전 1:1) 교회와 이스라엘과 예수 사이에 강력한 연결고리를 제공한다. 왜냐하면 택함을 받았으나 유배된다는 얼핏 대립적으로 보이는 상황은 그 세 존재 모두의 이야기에서 발생하기 때문이다. 조엘 그린(Joel Green)이 주장하듯이, "이것은 이스라엘의 이야기다. 이것은 예수의 이야기다. 그리고 이제 우리는 이것이 하나님의 백성의 지속적인 이야기임을 발견한다."[2] 교회를

2 Joel Green, "Living as Exiles: The Church in the Diaspora in 1 Peter," in *Holiness and Eclesiology in the New Testament,* ed. Kent E. Brower and Andy Johnson (Grand Rapids: Eerdmans, 2007), 317.

이스라엘의 연장으로 여기는 방식의 신학적 설명은 베드로에게서만 나타나는 것이 아니었다. 오히려 그것은 초기 교회 전반에서 나타났던 신학적 성찰의 일부였다(엡 2:21-22; 고전 3:16; 요 20:21-23). 그러나 그것이 단지 베드로전서에만 해당되는 독창적인 사유가 아니라는 이유 때문에 베드로가 초기 교회에서 상당한 논쟁을 불러일으켰던 담대한 신학적 이동을 시도하고 있다는 인식에 대한 중요성이 줄어들지는 않는다(행 10-11; 15을 보라). 오히려 이런 급진적인 신학적 혁신 행위는 초기 교회에게 세상에서 이루어지는 하나님의 지속적인 행위에 관한 이야기에 정당하게 근거한 정체성을 부여했다. 더 나아가 그것은 그 서신의 독자들에게 교회가 그들의 조상들에게 돌아감으로써 이 세상에서 계속되는 하나님의 사역에 참여하면서 전진할 수 있다는 것을 의미했다. 그 이야기의 중요한 일부가 유배였다. 그리고 교회의 유배 경험은 그들에게 자신들의 영적 조상들과의 공동의 유대를 제공해주었다. 이 연관성은 교회가 유배 상황을 통과하는 그들 자신의 여정에서 의지할 수 있는 그 무엇이었다.

구별된 교회의 정체성 세우기

우리가 앞 장들에서 보았듯이, 구약성서의 저자들은 이스라엘의 과거에 존재했던 인물과 사건들을 가지고 작업했다. 그들은 그런 인물과 사건들을 이방 제국의 배경에 맞세우고 이야기의 주인공들의 영웅적인 행동과 경건을 그들이 처했던 이교의 문화적 관습들과 병치시킴으로써 그것들에 의미를 부여했다. 그들이 이방 땅에서 유대인으로서 거둔 성공은 그들의 이야기를 전해 듣는 이들에게 정체성을 형성하도록 돕는 효과를 내도록 의도되었다. 베드로는 자신의 교회의 정체성을 분명하게 비로마적인 맥락에서 수립하려 애씀으로써, 또한 자신의 독자들에게 문화적 다수의 행위를 따르기보다 그리스도께 충성하는 것이 언제나 보다 더 중요하다는 비전을 보임으로써 구약성서 저자들의 선례를 따른다.

로마 제국의 세계관은 1세기 문화를 지배했다. 그것은 로마의 군대에 의해 전파되었고 로마의 종교를 통해 주입되었다. 로마의 이데올로기의 기본적인 윤곽은 로마 제국이 문명의 정점이며 세상의 실질적 구원자인 황제를 통해 세상에 구원을 제공했다는 것이었다. 황제는 신들에 의해 통치자로 임명되었으며, 따라서 비록 그 자신이 신은 아닐지라도 적어도 신의 아들로서 숭배되어야 했다. 이런 비전이야말로 그 제국을 하나로 묶어 주었던 접착제였다. 황제 숭배는 신들에 대한 숭배에서 시작해 그다음에는 황제에게, 그다음에는 엘리트에게, 그리고 마지막으로는 사회의 가장 낮은 단계의 사람들에게까지 이어지는 인물 숭배 고리의 일부였다.[3]

이런 견해에 맞서 베드로의 독자들은 로마가 아니라 그리스도와, 그리고 더 나아가 이스라엘과 연계하라는 권고를 받는다. 그들은 로마의 시민이 아니라, 세상을 향해 자신들을 대안 사회로 제시하라는 명령을 받고 있는 하나님 나라의 시민이다. 사실 그들은 이 세상의 거류민과 나그네였고(벧전 2:11), 따라서 제국 안에서의 삶에 대해 아주 다른 접근법을 갖고 있다. 그들의 정체성은 한때 그들이 스스로 적응했던(4:3-4) 제국의 길을 거부하고 그리스도 안에 거하는 것을 받아들임으로써(4:1-2) 형성된다. 어느 의미로도 이것은 그리스도인들을 세상으로부터 분리시키려는 것이 아니다. 다니엘이나 에스더가 그들 당시의 제국으로부터 분리되지 않았

3 Ibid., 285.

던 것만큼이나, 혹은 요나가 우리에게 상기시켜주는 것이 분리가 하나님의 이상이 결코 아닌 것만큼이나 그러하다. 오히려 그것은 그리스도에게 중심을 두고 사는 것과 로마와 연합해 사는 것 사이에 확고한 경계선을 긋기 위함이다.

더 나아가 베드로는 그의 독자들에게 하나님의 원칙을 따라 신실하게 사는 것이 결국에는 "성공"으로 이어지리라는 생각을 불러일으키고자 애쓴다. 그는, 만약 그들이 이방인들 앞에서 선한 삶을 산다면, 이방인들이 결국 그들의 선행을 인정하고 하나님께 영광을 돌리게 될 것이고(벧전 2:12), 불신 남편이 믿음을 갖게 될 것이고(3:1-2), 그들의 선한 행실에 대해 악하게 말하는 자들이 자신들이 했던 중상에 대해 부끄러워하게 될 것이라고 주장한다(3:16). 이것은 교회가 자신의 정체성을 세우고 하나님의 뜻을 신실하게 삶으로 살아낼 때 결국 이방의 관습들을 제압하게 되리라고 확언하는 유배기의 조언이다. 이 담대한 선언은 고대의 신학적 관점을 베드로의 독자들을 위해 창조적으로 개정한 것이며 신실하게 행동함으로써 자신들의 행위에 대한 보상을 받았던 다니엘과 에스더의 지혜를 되울린다.

결혼

베드로가 다루는 또 다른 실제적인 삶의 분야는 결혼 관계다. 여기서 베드로는 로마 사회의 기본적인 제도를 전복적인 방식으로 다룸으로써 어떻게 기독교의 복음이 교회가 처한 상황 안에서 전통적인 이해에 영향을 주고 새로운 해석을 요구하는지를 보여준다.

결혼에 관한 베드로의 가르침은 가정생활 규범(household code)과 그 서신이 전반적으로 강조하는 인간관계에서의 복종이라는 맥락에서 제시된다. 베드로에게 있어 자발적인 복종은 하나님, 거룩함, 그리고 증언에 대한 복종 행위다. 또한 그것은 의지를 갖고서 그리스도께 응답하는 과정에서 "자유롭게" 드러나는 표현이다(벧전 2:16-17). 그러므로 아내가 남편에게 복종하는 것은 분명히 문화적으로 조건 지어진 것이기는 하나 결혼이라는 인간관계 안에서 드러나는 기독교 신앙의 적절한 행위다("이와 같이"[3:1]라는 구절은 이행[移行]을 나타내는 문구다). 그러나 여기서부터 베드로는 부드럽게 다양한 방식으로 결혼에 대한 전통적인 관점을 뒤집는다.

첫째, 로마 세계에서 남편의 종교는 그가 이끄는 가정의 종교였고, 아내는 비록 그것이 자기가 태어난 가정의 종교와 다를지라도 그 종교에 순응해야 했다.[4] 이와 반대로 베드로는 분명히 아내들에게 남편의 종교를 따르라고 권하지 않는다. 오히려 아내들은 그들의 불신 남편 앞에서 그리스도인으로 남아 있어야 하고 계속해서 그리스도인으로 살아가야 한다. 분명히 이것은 독립에 대한 권면이며, 그들이 자발적인 복종 행위를 통해 남편들을 기독교로 이끌 수도 있다는 추가적인 권면을 수반하고 있다. 이것은 그들의 순종을, 그들 주변의 상황과 달리, 오히려 아내가 남편의 종교적 선택을 이끌 잠재성을 지닌 고도로 전복적인 행위로 만든다.[5] 그 문

4 여자와 아내들에 대한 1세기의 관점에 대한 개관을 위해서는, David L. Balch, *Let Wives Be Submissive: The Domestic Code in 1 Peter* (Chico, CA: Scholars Press, 1981), 95-109, 또한 Jeannine K. Brown, "Silent Wives, Verbal Believers: Ethical and Hermeneutical Considerations in 1 Peter 3:1-6 and Its Context," *Word and World* 24, no. 4 (2004): 399-401을 보라.

5 Brown, "Silent Wives," 400, 그리고 Balch, *Let Wives Be Submissive,* 130은 믿는 아내들이 믿지 않는 남편들로부터 강압이나 심지어 박해를 받았을 가능성이 있다고 추측한다. Brown은 이렇게 쓴다. "그런 위협에 놀라지 말라는 격려는 아내들의 복종이라는 선교적 주제와 짝을 이루면서 나타나는데, 그것은 이 부분에 대한 가정생활 규범의 전통적인 윤곽에 전복적인 요소를

제와 관련해 좀 더 분명한 입장을 밝히기 위해 베드로는 다시 한번 이행을 나타내는 "이와 같이"라는 문구를 사용하면서 남편들에게 아내들을 이해하고 존중하라고, 또한 그들을 "생명의 은혜를 함께 이어받을" 공동상속자로 여기며 살아가라고 명령한다(벧전 3:7). 1세기의 상황에서 사람 사이의 존중은 대개 한쪽 방향으로만, 즉 지위가 낮은 사람으로부터 지위가 높은 사람을 향해서만 이루어졌다. 이런 현실을 감안한다면, 남편들에게 아내를 존중하라고 권면하는 것은 일종의 반문화적 도발인 셈이었다. 남편들이 아내들을 그렇게 대하는 것은 1세기 그리스-로마 문화가 당연한 것으로 가정하고 옹호했던 신분 체계에 대해 의문을 제기하는 것이었다.[6] 좀 더 나아가 그 서신의 저자는 남편들이 이런 일을 무시하는 것은 그들의 기도가 막히게 하는 위험을 감수하는 것이라고 말한다(3:7). 이것은 베드로전서 전반에서 나타나는바 하나님이 약한 자들을 택하신다는 신학을 반영한다. 그러므로 그리스도인 남편들은 그런 가능성에 유념하면서 자신들의 아내를 하나님이 교회를 다루시는 것과 같은 방식으로 다뤄야 한다.

이것은 베드로가 복음의 신학이 교회가 유배된 자들로 살아가고 있는 로마 사회 안에서 어떤 역할을 할 수 있는지를 창조적으로 반영하고자 애썼던 방식을 보여주는 또 다른 예라고 할 수 있다. 베드로의 성찰은 우리에게 교회가 어째서 계속해서 그런 일을 해나가야 하는지, 또한 어째서 복음의 조항들이 새로운 표현 방법들을 발견하도록 허락하는 진보적인 해석학을 사용해야 하는지에 대한 통찰을 제공한다. 이것은 우리가 성서

제공했을 것이다"; "Silent Wives," 400.

6 Brown, "Silent Wives," 400-401.

를 그 본문의 "참된" 의미를 해치지 않기 위해 가급적 최소한의 유연성을 갖고서 정확하게 적용되어야 하는 일련의 사실들로 여겨서는 안 된다는 것을 의미한다. 오히려 우리는 성서의 본문이 각각의 상황에 따라서 달리 읽힐 수 있다는 것을, 그리고 그 본문의 내용이 하나의 궁극적 목표로서의 정보가 아니라 인간에 의한 변화를 담고 있다는 것을 알아야 한다.

우리가 처한 현재의 상황에서 이것이 의미하는 것은, 비록 성서에 대한 전통적 이해가 교회의 지속적인 삶을 위해 불가결하다고 할지라도, 그런 이해가 정적인 것이 되어서는 안 된다는 점이다. 해석하고자 하는 의지를 갖고서 오늘의 상황을 대화 파트너로 삼아 성서를 읽고 또 읽는 것은 유배된 백성으로서 우리가 갖고 있는 유산의 일부다. 창조적인 신학적 성찰은 해석의 역사적 궤적에 충실하게 뿌리를 내린 채 남아 있고자 할 것이지만, 그런 개념들을 특별하게 적용하거나 오용하는 것에 묶이지도 않을 것이다. 베드로전서의 저자는 그보다 앞선 고대 이스라엘과 마찬가지로 이전의 이해가 변화하는 상황에 비추어 재구성될 필요가 있다는 생각을 받아들였다. 이것은 어느 시대 하나님의 백성에게나 필요한 유배기의 지혜의 표시다.

거룩함

거룩함이 유배기의 이스라엘을 위한 핵심적 대응이 되었던 것처럼, 같은 방식으로 그것은 베드로의 서신에서도 핵심적인 역할을 감당한다. 고대 이스라엘의 경우에서처럼, 거룩함은 베드로가 쓴 편지의 수신자인 1세기 교회에게도 정체성과 관련된 문제였다. 그들의 삶은 그들이 속해 있는 문화와 구별되어야 했고 또한 그들을 그리스도께 붙어 있는 자들로 규정해야 했다.

베드로전서에서 거룩함은 교회가 자신이 받은 구원으로 인해 형성된 정체성을 삶으로 살아내라는 명령이다. 즉 이제 그리스도 안에 있고 하나님의 택하심을 받은 백성으로 지명된 자들로서(벧전 2:9) 그들의 인간적 소명의 요체는 하나님이 거룩하신 것처럼 그들 역시 거룩해지는 것이었다(1:15-16). 이런 일은 베드로의 독자들이 더 이상 "전에 알지 못할 때에 따르던 너희 사욕을 본받지"(1:14) 않을 때 일어난다. 이것은 이스라엘에게 주어진 것과 동일한 명령이었고 또한 모든 세대의 하나님의 백성에 대한 근본적인 명령, 즉 그들 주변의 사람들에게 하나님의 타자성을 표현함으로써 이 세상에서 그분을 드러내라는 명령이었다. 거룩함에 대한 이와 같은 명령에는 물론 개인적 차원의 표현들이 포함되어 있으나, 그것의 실제 효력은 그것의 공동체적 표현을 통해 드러난다.[7]

조엘 그린이 주장하듯이, 베드로가 염두에 두고 있던 중요한 본문은 레위기 19장이었던 것으로 보인다. 그 장은 다양한 인간관계와 삶의 상황들을 포괄하는 공동체적 거룩함에 대한 상세한 설명이다. 우리는 레위기 19장에 등장하는 거룩함에 대한 명령에서 "모든 행실에서" 거룩해지라는 베드로의 명령에 상응하는 것을 볼 수 있다(벧전 1:15). 레위기 19장은 가족의 삶(3, 32절), 종교적 충성(3, 4, 8, 12, 26-31절), 가난한 자들에 대한 돌봄(9-10절), 노동자의 권리(13절), 사회적 연민(14절), 공의에 대한 헌신(15절), 이웃되기(16-18절), 성적 정결(20-22, 29절), 인종간의 평등(33-34절), 그리고 사업상의 윤리(35-36절) 등을 포괄하고 있다.[8] 이 세상에서

7 Green, "Living as Exiles," 322-24.
8 Joel Green, *1 Peter* (Grand Rapids: Eerdmans, 2007), 44.

하나님의 목적은 거룩한 개인을 창조하는 것이라기보다 거룩한 공동체, 즉 그들의 존재가 그분의 통치에 대한 증거가 되는 한 백성을 창조하는 것이다. 베드로전서는 바로 그것이 교회가 자기 주변의 문화에 대해 자신이 섬기는 하나님의 특별하심을 드러내기 위한 방법의 토대라는 것을 암시한다.

성령의 창조물로서의 교회와 성령의 사역에 의존하는 상태로 남아 있는 교회의 지속적인 삶에 대한 베드로의 이해는 이런 전제와 직접 연결되어 있다. 이것은 특히 거룩한 공동체로서의 교회의 발전이라는 측면에서 참되다. 베드로전서 1:2에서 그는 교회가 "성령이 거룩하게 하심으로" 형성된다는 것을 분명하게 밝힌다. 더 나아가 교회는 성령의 능력 주심을 통한 복음의 선포에 의해 형성된다. 베드로는 그리스도인들이 그리스도의 이름 때문에 치욕을 당할 때 "영광의 영 곧 하나님의 영"(벧전 4:14)이 그들에게 임하신다고 쓴다. 그러므로 성령은 교회 형성의 동인이다. 그리고 그분의 역사는 교회의 구성원들이 성령께 굴복할 때 그들 안에서 지속된다.[9]

참여로서의 거룩함

하나님이 거룩하신 것처럼 거룩해지라는 기본적인 명령은 모든 것을 포괄하는 명령이다. 베드로는 "모든 행실에"(벧전 1:15)라는 말을 덧붙임으로써 그가 염두에 두고 있는 거룩함이 삶의 모든 측면에 대한 참여로서의 거룩함임을 지적한다. 베드로는 마치 거룩함이 세속적인 삶의 압력을 견딜 수 없기라도 하듯 우리에게 세상으로부터 철

9 Green, "Living as Exiles," 320-21.

수하라고 조언하지 않는다. 베드로전서 1:15은 모든 인간적인 권위에 대한 순종(2:13), 주인에 대한 종들의 순종(3:1), 남편의 아내 존중(3:7), 악을 악으로 모욕을 모욕으로 되갚지 않고 오히려 악에 대해 축복을 비는 것으로 되갚는 것(3:9), 서로를 대접하는 것(4:9), 그리고 장로들이 양무리를 치는 것(5:2) 같은 지속적인 삶을 위한 선택들이 갖고 있는 실제적 유익에 근거해 거룩함에 대한 총체적 명령을 내린다. 이런 개념들 각각은 교회가 그것이 처한 주류 문화에 참여하는 것을 전제한다. 베드로전서의 비전은 거룩함이 이 세상의 현실에서 실천되어야 한다는 것이다.

선교적인 것으로서의 거룩함

거룩함에 대한 베드로의 비전은 분명하게 선교적인 특성을 갖고 있다. 베드로전서 2:12에서 독자들은 "너희가 이방인 중에서 행실을 선하게 가져 너희를 악행한다고 비방하는 자들로 하여금 너희 선한 일을 보고 오시는 날에 하나님께 영광을 돌리게 하라"는 가르침을 받는다. 나중에 베드로는 아내들에게 그들의 남편들에게 복종함으로써 불신 남편들이 그녀들의 삶을 통해 구원을 얻게 하라고 가르친다(벧전 3:2). 그러므로 베드로에게 거룩함에 대한 명령은 교회의 복음 증거의 핵심적 일부이고, 또 그것이 처한 문화적 상황 속에서 복음 증거로 인해 발생하는 효력이었다.

관계적인 것으로서의 거룩함

기독교의 거룩함이 갖고 있는 관계적 측면은 신약성서 전체를 관통하는 지속적인 주제이며 다른 곳에서처럼 베드로전서에서도 강조된다. 무엇보다도 베드로전서는 사랑을 관계적 삶의 핵심으로 강조한다(벧전 1:22; 3:8; 4:8). 더 나아가 베드로전서 4:7-11은 다른 이들을 대접하고 섬기는 것 같은 특별한 행위들을 거룩함의 반영으로 여기며 강조한다. 이것들 각각은 본질적으로 그리스도의 몸 안에서의 관계와 연결된다. 또한 다른 이들에게 순종하는 것은 베드로가 지지하는 관계적 거룩함의 핵심적 측면이다. 우리가 보았듯이, 베드로는 특별히 이 원리를 특별한 관계들에 적용하지만, 궁극적으로 그의 독자들은 "뭇 사람"에게 순종하라는 가르침을 받는다(2:17). 베드로에게 거룩함은 인간관계 안에서 세워지고 예시된다.

이것에 더하여 베드로가 지지하는 핵심적 개념은 거룩함이 그리스도 안에서 하나님의 특별한 백성으로 살아가는 공동체적 삶의 전형이라는 것이다. 이런 의미에서 거룩함은 하나님의 뜻과 일치하지 않는 것을 비난하는 소극적인 것이 아니다. 오히려 베드로가 갖고 있는 거룩함에 대한 비전은 그것이 예수와의 동일시 및 그분의 길을 충실하게 따르는 행위로 제공된다는 점에서 적극적이다(2:21). 베드로에게 교회는 그것이 자신을 향한 세상의 적대를 되갚음으로써 거룩함을 표현하지 않는다는 점에서 세상과 맞서지 않는다. 또한 교회는 자기 의로 가득 찬 삶과 수사(修辭)를 통해 세상의 방식을 비난함으로써 거룩을 드러내지도 않는다. 오히려 교회는 세상과 다른 하나님과의 관계 안에 있기에 세상과 다른 존재가 된다. 또한 그것은 그저 이 세상에서 그분의 길을 따르는 일에 머물러 있고자 할 뿐이다.

베드로전서의 독자들에게 이것은 하나의 전복적인 입장, 즉 사람들의 힘이 부족하다는 사실을 인정하지만 그럼에도 또한 그들에게 자신들의 조용하고 경건한 삶조차 세상에서 차이를 만들어낼 수 있음을 알게 하는 비전을 제시하는 입장이었다. 크리스텐덤 이후의 교회에서 이런 종류의 비전은 사람들에게 독특한 도전을 제공할 수 있다. 우리 중 많은 이들에게 권력 없는 자로서 살아가는 일은 아직까지는 충분히 익숙해지지 않은 새로운 경험이다. 우리는 다수를 대표하는 의견과 권력층에게 영향을 미치는 목소리를 갖는 것에 익숙하다. 이런 상황은 급격하게 변화되었다. 그리고 권력과 영향력에 관한 오래된 가정들을 포기하는 식으로 활동하는 법을 배우기는 매우 어렵다. 하지만 그것은 점차적으로 서구 기독교의 현실이 되고 있다. 또한 베드로전서를 통해 제공된 전복적 거룩함에 대한 명령은 점차적으로 우리와 관련된 것이 되어가고 있다.

선교

이스라엘 백성이 유배 상태에 있음에도 불구하고 하나님이 여전히 그들을 자신의 증인으로 부르고 계셨던 것을 알아야 할 필요가 있었던 것처럼, 베드로전서의 수신자들 역시 그들의 사회적 주변화가 어떻든 간에 그들이 예수가 교회에 맡기신 그분의 증인이 되라는 명령을 이행해야 한다는 사실을 부정하지 않는다는 것을 깨달아야 했다. 베드로전서는 그 서신의 독자들에게 그들이 특별한 문화적 상황 속에서 교회로서 어떤 역할을 해야 하는지의 측면에서 철저하게 선교적인 관점을 보여줌으로써 유배 생활을 위한 모형을 제공한다.

선교와 교회의 정체성

베드로전서 2:4-10에서 베드로는 이스라엘의 정체성을 교회에 적용한다. 그렇게 함으로써 하나님의 임재와 목적을 매개하는 이스라엘의 소명이 등장한다. 베드로전서 2:9에서 베드로는 교회의 제사장적 기능에 관심을 갖고, 또한 교회의 택함 받음을 하나의 백성으로 선택 받은 그들의 소명과 동일시하는데, 이 소명은 그들이 부르심을 받고 나온 어두운 세상을 향해 하나님의 영광을 선포하는 것이다. 교회가 제사장적인 방식으로 활동해야 한다는 이런 비전은, 제사장들이 중재자 역할을 맡아 사람들을 하나님께 나아가도록 활동했던 것처럼 이제는 교회가 교회 밖에 있는 사람들을 위해 비슷한 방식으로 역할을 해야 한다는 것을 의미한다. 우리가 앞서 보았듯이, 이런 비전은 하나님의 백성에 대한 성서적인 그리고 유배적인 정체성과 일치한다. 그들은 모든 민족에게 복이 되도록 하나님에 의해 세우심을 받았다(창 12:3). 또한 그들의 핵심적 정체성은 세상의 눈에 보이는 평화의 공동체라는 것이다.

베드로전서는 거대한 사회적 변화를 위한 비전을 제시하지 않는다. 오히려 그것은 구약성서 저자들과 보조를 맞추면서 자신의 집단적인 삶을 통해 세상을 향해 증언하는 대안 공동체의 모습을 그린다.[10] 베드로전서의 강력한 접근법은 베드로전서 2:12에서 압축적으로 나타나는데, 거기서 베드로는 이렇게 쓴다. "너희가 이방인 중에서 행실을 선하게 가져 너희를 악행한다고 비방하는 자들로 하여금 너희 선한 일을 보고 오시는 날에 하나님께 영광을 돌리게 하라." 베드로가 보기에, 교회는 문화와 그것의 기준들을 끌어내리라는 명령이 아니라 그것들을 전복시키라는 명령을 받고 있다. 교회는 고결함과 의를 반영하는 삶을 삶으로써 증인으로서의 역할을 감당한다. 그럴 경우 그들의 삶은 비록 어떤 이들로부터는 조롱을

10 Torrey Seland, "Resident Aliens in Mission: Missional Practices in the Emerging Church of 1 Peter," *Bulletin for Biblical Research* 19, no. 4 (2009): 588-89. "선교적"이라고 규정될 수 있는 서신인 베드로전서에 대한 그의 연구에서, Seland는 베드로의 비전이 "매일의 삶속에서 하나님과 그분의 복음을 대표하는, 그리고 그로 인해 이 세상에서 하나님의 사역에 참여하는 교회"를 위한 것이라고 결론을 내린다(589).

받을지라도 결국에는 그들을 비판하는 자들조차 그들의 행위를 통해 하나님을 볼 수 있도록 만드는 효과를 가져올 것이다. 이것은 문화를 정복하려 하지는 않으나 그 안에서 달리 살아가기를 추구하는 전복적 사역이다.[11]

관계를 통한 선교

베드로전서에서 묘사된 교회의 선교적 정체성은 일차적으로 상호 복종이라는 특징을 지닌 사회적 관계의 맥락에서 나타난다. 다시 말하지만, 우리가 이미 살펴보았듯이, 여기에는 특별히 "인간의 모든 제도"(벧전 2:13)에 대한 순종, 주인에 대한 종들의 순종(2:18), 그리고 남편들에 대한 아내들의 순종(3:1)이 포함되어 있다. 또한 그것은 베드로가 그의 독자들에게 주는 다른 가르침들의 어조를 통해서도 드러난다. 그들은 "뭇 사람을 공경"해야 하는데(2:17), 이것은 그리스도인들은 황제와 다른 권위들을 존경해야 하지만 또한 그 질서를 뒤집는 방식의 존경도 보여야 한다는 것을, 즉 권위를 가진 자들이 권위를 갖지 못한 이들을 존경해야 한다는 것을 의미한다. 예컨대 남편들은 아내들을 하나님의 은혜의 공동 상속자들로 대해야 한다(3:7). 관계는 사랑, 겸손, 연민(3:8), 그리고 상호간의 섬김(4:10)이라는 특징을 지녀야 한다. 교회의 장로들에 대한 가르침에서 베드로는 그들에게 자신이 갖고 있는 사도로서의 지위가

11 Scot McKnight는 제2성전기의 유대인의 선교에 관한 그의 연구에서 문화적 전복에 대한 베드로전서의 접근법이 문화적 개입이라는 기존의 패턴을 계속해 나간다고 주장한다. 그는 "이방인들은 다양한 수단을 통해, 특히 유대인들의 선행을 통해 유대교로 개종했다"고 지적한다. McKnight, *A Light Among the Gentiles: Jewish Missionary Activity in the Second Temple Period* (Minneapolis: Fortress, 1991), 117. McKnight가 한 말은 이스라엘의 선교적 정체성이 하나님의 구별된 백성으로서 충실하게 살아가고자 하는 헌신에 뿌리를 두고 있음을 보여준다.

아닌 "함께 장로된 자"로서의 지위에 기초해 호소하는데(5:1), 이것은 회중의 삶에 대한 그의 평등주의적 관점을 보여준다. 이런 행위들은 교회의 구별된 특성을 반영하는 관계적 삶의 질을 구체적으로 드러내기 위한 것이다. 이것은 계속해서 그 서신의 전반적인 철학, 즉 거룩한 삶을 영위함으로써 사람들이 영향을 받아 그리스도께로 나아오도록 하는 것을 반영한다(2:12).

순종과 그것이 갖고 있는 선교적 효력에 대한 이와 같은 강조는 예수 자신의 순종에 근거한다. 예수는 순종하며 행동했고 그로 인해 고통을 당했으나 그의 행동은 세상을 구원하는 결과를 낳았다(벧전 2:20-25). 그러므로 교회의 순종은 그리스도의 순종을 닮아 있으며, 그분의 순종이 그랬던 것처럼 동일한 구속의 가능성을 갖고 있다.

선포를 통한 선교

베드로가 제시하는 주요한 복음전도 전략이 비언어적인 행위를 포함하고 있으나, 베드로전서 3:15에서 그는 말을 사용하는 것에 대해 조언한다. 그의 독자들은 다음과 같은 권면을 받는다.

> 너희 마음에 그리스도를 주로 삼아 거룩하게 하고 너희 속에 있는 소망에 관한 이유를 묻는 자에게는 대답할 것을 항상 준비하되 온유와 두려움으로 하고 선한 양심을 가지라. 이는 그리스도 안에 있는 너희의 선행을 욕하는 자들로 그 비방하는 일에 부끄러움을 당하게 하려 함이라(벧전 3:15-16).

여기서 베드로는 계속해서 개인적 경건에 뿌리를 두고 질문자들의 질문에 부드럽고 공경어린 태도로 답하는 매우 순종적인 형태의 증언을 사용하는 전복적이고 선교적인 참여를 권고한다. 그럼에도 그런 권고는 베드로가 유배 상태에 있는 그의 교회를 위해 선교의 문제를 다룰 때 취하는 진지함을 보여준다. 주변화된 소수자라는 그들의 위치에도 불구하고, 여전히 그들은 기회가 주어진다면 그들의 믿음을 선포하라는 명령을 받고 있다.

다시 말하지만, 우리 중 어떤 이들에게 이런 식의 복음전도 "전략"은 관점의 전환을 요구하는 것일 수도 있다. 그것은 유사-크리스텐덤(pseudo-Christendom) 시기, 즉 방문전도와 대규모 전도집회가 아주 일반적이었던 시기에 성장한 이들에게는 충분히 공격적이지 않은 것으로 보일 수도 있다. 중심이 아니라 주변으로부터 사역하는 것은 우리에게 도대체 어떻게 선교를 가장 효과적으로 수행할 수 있는지에 관한 우리의 이해에 대한 변화를 요구한다. 베드로전서는 이런 관점에서 발언하며 후기 기독교라는 새로운 상황을 위한 지침을 제공한다.

종말론

베드로전서의 종말론적 경향은 서두에서부터 분명하게 드러난다. 서두에서 베드로는 그의 독자들이 "쇠하지 아니하는 유업…[그리고] 너희를 위하여 하늘에 간직하신 것"(벧전 1:4) 안으로 태어났음을 상기시킴으로써 그들을 격려한다. 1장에서 베드로는 독자들에게 그들의 마음을 지키고 "예수 그리스도께서 나타나실 때에"(13절) 그들에게 임할 은혜에 소망을 두라고 가르친다. 베드로전서 4:3-5에서 베드로는 독자들에게 복음과 맞서 살아가는 자들은 "산 자와 죽은 자를 심판하기로 예비하신 이"에게 그들의 행동에 대해 설명해야 할 것이라고 상기시킨다. 베드로전서 4:7에서 그는 독자들에게 종말이 가까이 왔음을 상기시킨다. 또한 베드로는 그들에게 그리스도와 연계하는 한 가지 방식으로 그의 고난에 참여하라고 권면하는데, 이것은 "그의 영광을 나타내실 때에 너희로 즐거워하고 기뻐하게 하려 함이다"(4:13). 베드로전서 5:4에서 그는 교회들을 향해 "목자장이 나타나실 때에" 그들이 "영광의 관"을 얻게 될 것이라고 격려한다. 마지막으로 베드로는 그 서신을 닫으면서 그의 독자들이 그리스도께 참여하는 일이 갖고 있는 영원한 특성을 분명하게 밝히고 다가오는 종말론적 회복에 대한 소망을 지적한다. "모든 은혜의 하나님 곧 그리스도 안에서 너희를 부르사 자기의 영원한 영광에 들어가게 하신 이가 잠깐 고난을 당한 너희를 친히 온전하게 하시며 굳건하게 하시며 강하게 하시며 터를 견고하게 하시리라"(5:10).

신약성서 저자들은 종말론적 소망의 신비를 표현하기 위해 다양한 은유를 사용한다. 베드로는 이 서신에서 공간적 은유(하늘)와 시간적 은유(종말)를 모두 사용한다. 구별된 거처로서의 "하늘"이라는 개념과 함께 "새 땅"이라는 개념이 기존의 창조의 구속(혹은 변혁)에 대한 소망을 암시한다. 이것들 모두는 정당한 신약적 개념들이며 신약성서에 등장하는 고전적인 지금과 아직 사이의 긴장을 포현한다. "지금" 베드로의 독자들은 하나님의 백성이 되는 것의 현실을 경험하고 있는 중이다. 그들은 그들의 삶 속에서 그것을 미리 맛보면서 하늘나라의 시민으로 살아가라는 명령을 받고 있다. 그러나 지금 그렇게 산다는 것은 또한 그들이 시련의 고통, 주변화라는 현실, 그리고 선교에 개입함으로써 제기되는 도전과 마주한다는 것을 의미한다. 하지만 다가오고 있는 "아직"이 있다. 그때에는 그리스도가 돌아오셔서 그분의 교회에 영원한 유업, 온전한 구원, 그리고 세상의 조롱으로부터의 궁극적인 신원을 제공하실 것이다. 지금은 인내의 때다. 하지만 교회가 영원한 보상을 받을 때 처음에는 거칠고 힘들게 보였던 모든 것이 가볍게 보일 것이다. 베드로는 그의 교회들 안에서 이런 전망을 불러일으키려 한다. 베드로에게 이런 개념은 그리스도가 우리를 이 세상의 음울한 현실로부터 해방시켜주실 때까지 겨우겨우 진행되는 것으로 이해되어서는 안 된다. 오히려 그것은 우리가 이 세상에서 살아갈 때 우리의 삶의 배경으로 제공된다. 그러므로 종말론적 소망은 거룩함에 대한 추구, 선교, 그리고 신앙의 지속적인 상황화를 장려한다. 왜냐하면 그것들이 우리를 영원하신 하나님과 화합하도록 도우며 "아직"이라는 우리의 현재적 실존에 의미를 부여하기 때문이다.

이런 전망은, 우리가 보았듯이, 역시 미래에 있을 유배로부터의 해방에 대한 소망을 강조했던 제2성전기 이데올로기의 신학적 연장이다. 또한 그것은 우리에게 유배의 최종적 종식이 언제나 종말론적이며 그때까지 우리는 절대로 편안함을 느끼지 못하는 곳에서 살아가야 한다는 것을 상기시킨다는 점에서 오늘을 위한 모티브로서의 정당성을 갖는다. 그러나 베드로 시대의 고난당하는 교회로서는 베드로가 종말론적 비전을 지니고 살아가는 것을 강조하는 것이 어째서 그들에게 적합한 것이 되어 그들이 유배 경험 가운데서 인내하도록 돕는 격려의 역할을 하는지를 이해하는 것이 어렵지 않았다.

결론

1세기의 기독교 교회가 계속해서 자신을 유배 상태에 있는 것으로 보았던 것이 사실이라면, 곳곳에서 점차 자신이 주변화되고 있음을 발견하고 있는 오늘의 교회가 그런 관점을 공유하는 것은 적절한 일이 될 것이다. 확실히 오랜 세월 동안 이스라엘 백성이 이방인 정복자들의 영향력 아래 살면서 그들의 신앙을 신학화하고 상황에 적용시켰던 방식은 비록 사회학적으로는 구별되지만 신학적으로는 다르지 않은 입장에 처해 있는 이들에게 유익한 도움이 된다. 소비주의, 물질주의, 풍요, 그리고 점증하는 불가지론이 지배하고 있는 북미의 문화라는 상황 속에서 교회는 주변화된 백성으로서 자신의 실존에 도움이 될 만한 모델과 자원들을 가질 필요가 있다. 고대 이스라엘과 초기 교회의 본보기와 자원들이 바로 그것들을 제공해준다. 이스라엘 백성이 그들의 믿음에 대해 우호적이지 않았던 체제하에서 살아남았던 것처럼, 오늘의 우리들 역시 하나님 나라의 복음에 충성하는 이들에게 우호적이지 않은 생각과 관습을 지닌 문화 안에서 생존하는 길을 찾을 필요가 있다. 이스라엘의 접근법들을 통해 배우고 그것들을 채택하는 것이 결국 오늘의 교회가 그 자신의 유배적 실존을 영위하는 데 도움이 되는 자원들을 제공해줄지도 모른다.

우리는 우리 자신의 유배가 제기하는 도전에 굴복하지 않고 아주 다른 접근법을 취할 수 있다. 즉 우리는 갱신을 이루기 위해 애쓰면서 교회의 르네상스를 위한 길을 추구하는 쪽을 택할 수 있다. 우리의 그런 노력은, 제2성전기의 유대인들과 1세기의 그리스도인들이 그랬던 것처럼, 실제로 사회의 주변에서 살아가는 지금 우리의 문화적 현실을 통해 도움을 받을 수도 있다. 보다 강력한 세력에 의해 주변부로 이동하는 것은 우리가 하고 있는 일과 그런 일을 하는 이유에 대한 우리의 견해를 뒤흔든다. 그것은 잠재적으로 적절한 변화를 초래할 수 있는 믿음과 실천들에 대한 재평가를 야기한다. 그러므로 우리는 신학적 희망의 본질을 이해하기 위해, 또한 저항을 위한 전략들을 만들어내기 위해 구약성서와 신약성서의 통찰들에 의존할 수 있다. 비록 메시아가 창조세계를 하나님의 심판으로부터 구원하시고 하나님의 통치를 출범시키신 것으로 인해 나타난 신학적 관점들에 대해 우리 안에 이런저런 차이들이 존재하는 것을 우리가 인정할지라도 말이다. 아마도 우리의 믿음의 조상들의 시대에 나타났던 수많은 분투들과 견해들은 여전히 우리가 따라야 할 근본적인 원리의 역할을 할 수도 있을 것이다. 더 나아가 그들이 해석의 문제들과 씨름했던 것, 새로운 이해와 실천 방식을 통해 자신들의 상황에 대응하려 했던 것, 그리고 새로운 환경 안에서 오래된 유대교를 상황화시켰던 것 등은 우리가 북미와 서구 유럽 일부에서 직면하고 있는 우리 자신의 유배 상황에서 동일한 일을 하기 위해 필요한 자유와 용기를 제공해줄 수도 있다.

고대 이스라엘, 제2성전기의 유대인, 그리고 초기 교회가 처했던 상황을 이해하기 위한 렌즈로서의 유배는 그저 역사적 상황을 이해하기에 적합한 한 가지 방법에 불과한 것이 아니다. 또한 그것은 우리가 우리 자신의 상황을 이해하도록 도울 수 있는 강력한 자원이다. 이런 관점에 내포된 의미들이 이 연구의 나머지 부분의 관심사다.

2부

유배지에서의 실천

The Practices of Exile

8장

유배된 교회 이끌기

희망 만들기

암살되기 전날 밤, 마틴 루터 킹(Martin Luther King Jr.) 목사는 테네시 주 멤피스에서 한 무리의 사람들에게 연설하면서 미래에 대해 으스스한 느낌을 주는 예견을 했다. 그는 민권운동의 앞길에 놓여 있는 도전들에 대해, 그러나 또한 그 운동이 승리하리라는 자신의 확신에 대해 말했다. 그 날 밤에 킹 목사는 이렇게 말했다.

> 누구나 그렇듯이, 나 역시 오래 살기를 바랍니다. 사람이 장수하는 경우가 있습니다. 그러나 지금 나는 그것에 연연하지 않습니다. 다만 나는 하나님의 뜻을 행하고자 할 뿐입니다. 그분은 내가 산에 오르는 것을 허락하셨습니다. 그리고 나는 저 너머를 바라다보았습니다. 나는 약속의 땅을 보았습니다. 어쩌면 나는 여러분과 함께 그곳에 가지 못할지도 모릅니다. 하지만 나는 오늘밤에 여러분이 알았으면 합니다. 우리가 한 백성으로서 그 약속의 땅에 이르게 되리라는 것을 말입니다![1]

바로 다음날 일어날 사건을 예감하는 듯한 이 놀라운 연설은 킹 목사의 리더십의 특성을 보여준다. 그는 자신의 청중들이 1960년대 미국에서 주변화된 소수자로서 마주하고 있는 도전들의 한가운데서 그들에게 희망을 고무하고자 했다.

나폴레옹 보나파르트(Napoleon Bonaparte, 1769-1821)는 다음과 같은 말을 했다고 전해진다. "지도자는 희망을 파는 상인이다." 유배기에 지도적인 사역자들에게 맡겨진 중요한 역할들 중 하나는 희망을 불러일으키는 것이다. 유배기의 교회에 필요한 희망은 낙관적인 느낌이나 상황이 좋아질 것이라는 확신이 아니라, 신앙을 유지하고, 새로운 운동을 고무하고, 신앙이 유배 상황 가운데서 하나님의 지속적인 선교를 촉진하는 방식으로 표현되도록 허락하는 생성적인 희망이다. 앞에서 살펴보았듯이, 우리의 믿음의 조상들이 유배기에 가졌던 희망은 우리가 그 기초를 자신의 유배 상황을 갱신을 위한 기회로 여길 때 자라난다는 개념에 두고 있다. 유배가 이스라엘을 통한 그리고 초기 교회를 통한 하나님의 선교 의지를 가로막지 못했듯이, 오늘 우리가 겪고 있는 유배적 상황도 이 시대를 향한 하나님의 선교 의지를 좌절시키지 못할 것이다. 오늘 교회가 처해 있는 변화된 문화적 상황은 우리의 신앙을 새롭고 혁신적인 방식으로 번역해낼 수 있는 기회다. 오늘 회중의 삶 속에서 이런 비전을 고무하는 것은 우리가 직면하고 있는 커다란 도전들 중 하나다. 하지만 비전과 희망을

1 Martin Luther King Jr., "I've Been to the Mountaintop" (연설, Memphis, TN, April 3, 1968). King 목사의 연설문 전문은 www.americanrhetoric.com/speeches/mlkivebeenthemountaintop.htm에서 찾을 수 있다.

계발하는 것은 유배기의 지도자들에게 꼭 필요한 과업이다. 이런 도전과 마주하기 위해서는 많은 것들이 요구된다. 아래에서 우리는 희망찬 비전을 통해 현대 교회를 이끌고자 하는 것이 무엇을 의미하는지에 대해 살필 것이다.

예언자적 상상력 계발하기 여기서 사용되는 "예언자적 상상력"(prophetic imagination)이라는 용어는 영적 지도자가, 모든 것이 달리 말하는 듯 보이는 때에, 자신이 이끄는 신앙 공동체에 하나님이 현재의 상황을 통제하고 계심을 볼 수 있게 해주는 자원을 제공해야 할 필요를 묘사한다.[2] 이처럼 믿음을 유지시켜주는 상상력은 유배 상황에서 신앙을 이해하는 방법들을 설명하는 데 필요한 기초를 형성한다. 월터 브루그만은 바빌로니아에서 활동한 예언자 이사야와 특히 그가 이사야 43:8-12에서 이스라엘 백성을 향해 하나님의 말씀을 선포했던 것을 가리킨다. 거기서 예언자는 주님을 대신해 말하면서 이스라엘 백성에게 그들이 여전히 그분의 "증인"(사 43:10)이라는 사실을 상기시킨다. 이사야는 법률적인 은유를 사용하면서 이제 이스라엘이 모든 나라들과 그들의 신들이 소환된 법정에서 야웨를 대신해 증언하라는 명령을 받고 있다고 말한다(43:9). 이 법정에서 각 나라들은 어느 신이 가장 믿을 만한지를 결정하기 위한 경쟁에서 각각 자기들의 신을 대신해 증언하라는 요청을 받는다. 이스라엘 백

2 Brueggemann이 "예언자적 상상력"이라는 용어를 사용한 것에 대한 다음의 설명은 그가 2009년 1월 25일에 조지아 주 애틀랜타에서 개최된 Association of Theological Field Educators의 학술대회에서 했던 말에 기초하고 있다. 여기서 제시되는 사상은 Brueggemann의 생각과 내 생각의 혼합이다.

성은 그들의 하나님에 대해 증언하고 그분을 열방의 모든 신들 가운데서 참된 하나님으로 선포하라는 명령을 받는다. 이스라엘을 향한 이와 같은 예언자적 도전은 그 백성이 바빌로니아에서 포로 상태에 있을 때, 그리고 이스라엘의 하나님이 자기 백성에게 승리를 제공할 수 없었기에 바빌로니아의(혹은 아시리아의) 신처럼 위대하지 않다는 생각에 맞서서 제기된다. 이사야 43장에는 하나님이 이스라엘의 유배를 예언하셨다는 하나님 자신의 선언이 나타난다. 그분이 믿을 만한 분이시라는 사실은 그분이 이스라엘 백성에게 유배의 가능성에 대해 경고하셨고 유배가 실제로 일어나게 하신 것을 통해 입증된다. 하지만 그분은 바로 그 유배 상황 한가운데 임재하실 것이고 또한 이스라엘을 그 유배로부터 회복시키실 것이다. 이사야는 이스라엘 백성에게 이런 일들을 상기시키고 그들로 하여금 신학적으로 격론을 불러일으킬 만한 유배 상황에 맞서 야웨의 증인이 되라고 명령한다. 종합해보건대, 이사야의 선포는 위험하고 어리석은 행위다. 그런 대범함에는 상황이 겉보기와 다르다는, 즉 현재의 상황은 그것의 외적 상황의 측면에서는 온전히 설명되지 않는다는 확신에 의해 추동된 상상력을 통해 고무된 신앙이 필요하다.

우리의 입장에서 보자면, 오늘날 교회가 처해 있는 주변화된 지위로 인해 절망이 뿌리를 내릴 수 있음은 의문의 여지가 없는 사실이다. 서구에서는 물질주의, 다원주의, 차별적 표현에 대한 과도한 반응, 그리고 불가지론 등이 승기를 잡은 것처럼 보인다. 이에 대한 참된 대안은 존재하는가? 기독교 신앙은 그것이 삶의 경계를 정하는 이야기로서의 문화적 기반을 상실한 상태에서도 여전히 진지하게 취급될 수 있는가? 이사야는 상황의 다른 모습을 통해 희망을 제공하는 대안적 비전이 존재한다고 주장하면서 자신의 청중에게 도전한다. 고대에서처럼 크리스텐덤 이후 시대에서도 유배 상황의 지도자들이 해야 할 일은 사람들에게 희망에 대한 비전을 제시하는 것이다.

동일한 종류의 예언자적 상상력이 유배기의 후대에서도 계속해서 나타났다. 이사야 43장에서 발견되는 말들이 발설된 후 거의 1세기가 지난 시점의 이야기를 전하는 느헤미야 1장에서 느헤미야는 예루살렘의 절망적인 상황에 관한 보고를 접한다.[3] 페르시아의 본국 송환 정책을 따라 예루살렘으로 귀환했던 이들은 그 도시가 완전히 절망적인 상태에 처해 있음을 알게 되었다(느 1:4). 느헤미야가 술 관원으로 섬겼던 페르시아 왕 아닥사스다가 느헤미야의 슬픔을 감지했다. 왕에게서 무슨 문제가 있느냐는 질문을 받았을 때 느헤미야는 두려움을 억누르며 왕에게 예루살렘의 상황에 관해 말한다(2:1-3). 왕은 자신이 그를 위해 무엇을 해주면 좋겠느냐고 묻는다. 느헤미야는 먼저 야웨께 기도를 드린 후 왕에게 자기가 예루살렘으로 돌아가 그 도시의 성벽을 재건하도록 허락해주기를 청한다. 왕은 그의 요청을 들어주고 그 건축 계획을 위해 필요한 군사적 보호와 물자를 제공한다(2:4-8). 그렇게 해서 예루살렘 성벽이 페르시아 정부의 지원을 받아 재건된다. 그리고 느헤미야의 그와 같은 사역을 통해 이스라엘 백성은 그들의 계속되는 유배기의 삶을 위한 새로운 격려를 얻는다.

느헤미야는 예언자적 상상력의 아이인 동시에, 보다 나은 미래를 상상

3 이것은 느헤미야가 직접 이사야에게 빚을 지고 있다는 추론이라기보다는 오히려 느헤미야가 예언자적 상상력의 전통을 이어가고 있다는 주장이다. 굳이 그 둘을 대조하자면, 이사야는 그의 메시지로 희망을 고무한 반면, 느헤미야는 그의 행동으로 희망을 고무했다.

함으로써 자기 동포들의 믿음을 고취하고 그들의 믿음을 지속시키기 위해 행동하는 방식으로 그들을 이끄는 유배기의 전통을 이어간다는 점에서 또한 예언자적 상상력의 제공자이기도 하다. 이사야와 느헤미야 모두 그들의 대담한 말과 행동을 통해 이스라엘이 여전히 열방 가운데 수행해야 할 역할을 갖고 있다는 믿음을 드러냈다. 두 사람 모두 유배가 종식될 것이고 회복이 일어나리라고 믿었다. 또한 그들은 그런 일이 실제로 일어날 때까지 각각 말과 행동을 통해 자신의 동포들에게 하나님이 어떤 분이시고 어떤 일을 하실 수 있는지에 대해 상상하도록 권면하는 방식으로 그들 가운데서 희망을 불러일으키는 비전을 제공했다.

현대적 상황 속에서 교회의 지도자들은 교회에 그와 비슷한 상상력으로 가득 찬 비전, 즉 종종 쇠퇴와 붕괴와 죽음에 대해 말하는 주변 상황에 의해 제압되기를 거부하는 비전을 제공하는 방식으로 이런 전통을 계속해 나가야 한다. 그런 예언자적 상상력은 사람들에게 무언가 다른 것, 곧 대안적 미래에 대한 비전을 제공해줄 것이다.

상상력은 유배기의 지도자들에게 꼭 필요한 도구다. 왜냐하면 우리가 우리 자신의 경험을 형성하고 우리의 사고 안에 깊이 뿌리 내린 방식들 너머를 볼 수 있게 해주는 것이 바로 상상력이기 때문이다. 상상력은 우리로 하여금 동일한 상황에 대한 다른 시각을 갖게 하고 현재 상황과 다른 무언가가 이루어질 가능성을 만들어낸다. 이것은 성취할 수 없는 꿈에 대한 어린아이의 상상이나 희망 사항이 아니다. 오히려 그것은 교회로서 우리가 누구이며 현재의 상황 속에서 무엇이 될 수 있는지를 이해할 수 있는 새로운 가능성을 제공하는 비전이다. 이것은 사람들을 하나님에 대한 새롭고 보다 깊은 신뢰 속으로 이끌어가는 방법이다. 앨런 록스버러

(Alan J. Roxburgh)와 프레드 로마누크(Fred Romanuk)는 그들의 책 『선교적 지도자』(*The Missional Leader*)에서 교회의 선교 사역에서 상상력이 얼마나 중요한지에 관해 다음과 같이 쓰고 있다. "선교적인 교회는 자기들이 본질상 하나님이 예수 그리스도 안에서, 그리고 모든 피조물을 위해 하고자 하시는 일에 대한 증거로서 살아가는 하나님의 선교적인 백성이라고 상상하며 사는 하나님의 백성의 공동체다."[4] 이런 종류의 상상력 있는 비전은 아래와 같은 방식으로 계발될 수 있다.

현실을 정의하라 바빌로니아의 이사야처럼 교회의 지도자들은 현재의 상황에 대한 대안적 견해를 제시해야 한다. 실천적 차원에서 이것은 유배를 그것이 어떻게 기독교적 정체성과 실천에 대해 재고할 시간이 되는지를 강조하는 측면에서 설명하는 것을 의미한다. 이런 일을 수행하는 과정에서 요구되는 지도자의 핵심적인 실천사항들 중 하나는 교회가 자신이 살아가는 시대를 이해하도록 돕는 것이다. 리더십의 권위자인 맥스 드 프리(Max De Pree)는 리더가 해야 할 첫 번째 일은 "현실을 정의하는 것"이라고 주장한다.[5] 그리스도인들이 유배의 현실과 가능성 모두를 보기 위해서는 교회의 유배에 기여하고 있는 서구 문화 안에서 그동안 무슨 일이 일어났고 또 지금도 일어나고 있는지를 정확하게 이해하도록 도움을 받아야 한다. 이런 일을 한다는 것은 우리의 문화 곧 포스트모더니즘이라

4 Alan J. Roxburgh and Fred Romanuk, *The Missional Leader: Equipping Your Church to Reach a Changing World* (San Francisco: Jossey-Bass, 2006), xv.

5 Max De Pree, *Leadership Is an Art* (New York: Currency, 2004), 11.

는 철학적 현실 안에서 발생하고 있는 심대한 변화와, 그런 변화가 오늘날 교회가 인식되는 방식과 사역하는 방식에 영향을 주는 방식에 대해 윤곽을 그려보는 것을 의미한다. 만약 교회가 자신이 처한 현실을 충분히 이해하도록 교육 받지 못한다면, 사람들은 변화의 긴급한 필요성이나 르네상스를 위한 시간으로서의 유배라는 모티브를 수용할 필요를 느끼지 못하게 될 것이다. 지도자들은 그들의 시대를 이해해야 하고, 또한 자신들이 이끌고 있는 이들이 자기들을 이해하도록 도와야 한다.

이것은 거의 복음전도 사역과 같은 것이 될 수 있다. 즉 그것은 사람들이 현재의 상황을 보는 하나의 방식으로부터 다른 방식으로 전환하도록 이끄는 사역이다. 이 경우에는 교회를 크리스텐덤을 지향하는 상태로부터 포스트 크리스텐덤(post-Christendom)을 지향하는 상태로 전환시키는 것이 될 것이다. 어떤 경우에 그것은 불가능한 과업처럼 보일 것이다. 왜냐하면 그런 전환은 사람들의 삶에 급격한 변화를 요구하기 때문이다. 과거에 나는 몇몇 지역 교회들에서 사역한 적이 있다. 그곳에서 내가 서구문화의 현실에 관한 아주 초보적인 내용을 가르쳤을 때, 나는 그들 중 어떤 이들의 삶속에서 실제로 회심에 가까운 변화가 일어나는 것을 지켜보았다. 갑자기 그들은 자기들 주변에서 무슨 일이 벌어지고 있는지, 그리고 어째서 그들의 교회가 전에는 결코 그렇게 한 적이 없었던 방식으로 분투하고 있는지를 이해하기 시작했다. 내가 경험을 통해 알게 된 것은, 서구문화 안에서 살아가는 많은 이들이—심지어 좋은 교육을 받고 다른 일과 관련해서는 기민한 이들까지도—그로 인한 결과에 대해서는 고사하고 지금 발생하고 있는 극적인 변화를 이해조차 못하고 있다는 것이다. 물이 천천히 끓는 솥 안에 앉아 자신이 처한 환경에 적응하고 있는, 그래서 너무 늦을 때까지 그 안에서 빠져 나오려 하지 않는 개구리처럼, 오늘날 서구의 많은 그리스도인들은 자기들이 살아가고 있는 문화를 이해하지 못하고 있다.

기독교라는 거품 속에서 살고 있는 많은 이들은 계속해서 상황이 실제로 그렇게 나쁘지는 않다는 생각을 할 수도 있다. 그들은, 만약 교회가 갈등하고 있는 중이라면, 아마도 그것은 그 교회가 새로운 목회자를 필요로 하거나, 죄의 문제를 다뤄야 할 필요가 있거나, 새로운 시설을 필요로 하기 때문일 것이라고 여긴다. 현실을 정의하는 것은 사람들로 하여금 현재의 상황이 몇 가지 사소한 조정이 아니라 훨씬 더 많은 변화를 필요로 한다는 것을 이해하도록 돕는 출발점이 될 수 있다. 사람들로 하여금 세속적인 서구 사회의 전반적인 모습과 그것이 매일의 삶에 대해 갖는 의미를 이해하도록 돕는 것은 의사가 환자에게 질병에 대한 진단을 제시하고 그 질병의 성격과 결과에 대해 설명하는 것과 유사하다. 진단은 치료가 아니며 치료법을 제시하지 못할 수도 있다. 하지만 그것은 환자가 자신이 어떤 처지에 있는지 이해할 수 있게 해준다. 결국 현실을 정의하는 것은 능력을 부여하는 행위다. 왜냐하면 그것은 사람들에게 지금 그들이 마주하고 있는 현실과 더불어 살아나가도록 그들의 위치를 알려주기 때문이다. 진리를 말하는 이런 행위가 없다면, 적절한 희망은 절대로 나타날 수 없다.

이런 지향(orientation)의 행위는 예언자적 상상력을 통해 사람들을 이끄는 일의 핵심을 이룬다. 왜냐하면 그것은 사람들이 문화적 환경이 유동적이며 미래는 아직 확정되지 않았다는 사실을 깨닫도록 도움으로써 그들이 앞을 향해 나아가는 데 필요한 무대를 마련해주기 때문이다. 새로운 문화적 현실을 포용함으로써, 그리고 그 안에서 효과적으로 사역하는 법을 배움으로써, 실제로 교회는 여전히 세상을 향해 선포할 메시지를 갖게 될지도 모른다. 그러므로 이것은 많은 이들에게 희망의 출발점이 될 수 있다.

또한 이것은 우리가 유배기는 사람들로 하여금 자기들이 어디로부터 왔는지에 대해 생각하고 새로운 현실 속에서 과거로부터 온 어떤 전통과 관습들이 더 이상 사역을 행하거나 신앙을 분명하게 표현하는 방법으로서 효과적으로 기능할 수 없는지에 관해 논의해야 할 때임을 상기하도록 이끌어간다. 다시 말하지만, 나는 자기들이 처한 현실에 적응하는 방법을 찾고자 애쓰는 다양한 그룹의 사람들과 함께 일하는 동안, 일단 그들이 자신들이 속한 문화를 보다 분명하게 이해하기 시작하면, 그들 안에서 변화를 위한 새로운 개방성과 그 변화가 초래할 수 있는 잠재력이 형성된다는 것을 알게 되었다.

이런 식으로 지도자들은 회중에게 그들이 살아가고 있는 기독교 후기 문화의 변화와 현재 상태에 대해 가르침으로써 그들의 삶 속에서 예언자적 상상력을 계발한다. 우리가 현실을 정의하기 전에는 뿌리 깊은 참된 희망은 나타나지 않을 것이다. 그러나 일단 현실을 정의하는 이런 행위가 타나기 시작하면, 미래를 위한 비전을 불러일으킬 가능성 역시 나타날 수 있다.

이때 중요한 것은 하나님이 궁극적으로 모든 것을 통제하고 계심을 인정하는 신학적 비전이다. 이것은 아주 기본적인 것처럼 보일 수 있다. 그리고 바로 그것이 우리가 그 신학적 비전에 주목해야 하는 이유다. 궁극적으로 하나님이 모든 것을 통제하신다는 이 단순한 진리는 너무나 분명하기에 오히려 우리는 그것을 놓칠 수 있다. 이것은 우리가 목적지에 이를 것이라는 결의가 너무도 확고하기에 자동차의 연료 게이지를 점검하는 것을 잊었다가 주행 도중에 연료가 거의 바닥난 사실을 알게 되는 것과 유사하다. 원하는 곳에 가기 위해 서두르는 가운데 우리의 여행에서 가장 핵심적인 요소가 쉽게 간과될 수 있다. 이사야는 하나님의 주권과 그분이 바빌로니아의 신들보다 뛰어나시다는 것을 그의 선포의 핵심적 표지로 삼았다. 그의 독자들에게 이것은 신학적으로 분명할지 모르나 경험적으로는 분명하지 않았다. 고대 세계 전역에서 아름답기로 소문이 자자했던 바빌로니아 성읍의 풍요는—특별히 이제 예루살렘이 과거 모습의 흔적만 남아 있다는 사실에 비추어볼 때—확실히 마르두크가 야웨보다 우월하다는 증거를 제공했다. 동일한 상황이 오늘 서구 교회 안에 있는 우리에게도 해당된다. 소비주의, 쾌락주의, 그리고 불가지론의 신들은 오늘날 더욱더 기세를 높이고 있는 것처럼 보인다. 교회에 속한 대부분의 사람들은 그들의 하나님이 궁극적으로 모든 것을 통제하고 계신다고 믿고 싶어 하지만, 그들 주변의 모든 것들은 그런 주장에 의문을 제기한다. 그러므로 우리의 문화의 신들에 대한 하나님의 주권을 보여주는 압도적인 비전으로 사람들의 상상력을 일깨우는 것은 기독교 지도자와 설교자들이 수행해야 할 과업이다. 그렇게 함으로써만 우리는 교회로 하여금 자신이 지역 공동체 안에서 갖는 위치에 대해 다시 상상하도록 할 수 있으며, 또한 교회가 하나님의 백성으로서의 정체성을 어떻게 살아낼 수 있는지를 다시 인식하도록 할 수 있다.

여기서 핵심적인 것은 교회가 이런 상황 속에서 무엇이 될 수 있는지에 대해 성찰하도록 돕는 것이다. 이때 회중의 대화는 아주 중요하다. 지금의 현실과 미래의 가능성들에 대한 의미 있는 참여를 고려하는 방식의 대화를 촉진하는 것이야말로 교회의 사명을 위한 상상력으로 가득 찬 가능성들을 생성하는 촉매다. 여기에는 사람들에게 지금 그들이 처한 상황과 관련해 애통해 할 기회를 제공하는 것이 포함된다. 오늘날 교회 안에는 교회의 쇠퇴와 상대적 무기력감이라는 현실을 둘러싼 어느 정도의 절망이 존재한다. 이것은 오늘날 많은 이들이 전통적인 교회를 떠나 신앙을 경험하는 보다 만족스러운 방식을 찾고 있는 것을 통해 분명하게 드러난다.[6] 이런 현실들을 적절하게 다루기 위해서는 먼저 그것들이 분명하게 거론되어야 하며, 지도자들은 교회를 희망적인 비전 안으로 이끌어가는 과정의 일부로서 그것들과 직면하는 것을 두려워하지 말아야 한다.

그러나 무엇보다 필요한 것은 긍정적인 강조다. 우리가 초점을 맞추는 것이 우리의 현실이 된다. 그리고 희망적인 비전은 오직 긍정적인 대화로부터만 나온다. 지도자들은 회중 사이에서 이런 종류의 담화가 발생하도록 이끄는 문제에 공을 들여야 한다.[7] 중요한 것은 다음과 같은 질문들을 사용하는 것이다. "우리 교회를 향한 당신의 꿈은 무엇인가?", "당신은 하나님이 어디에서 역사하고 계신다고 보는가?", "우리는 어떻게 해야 보다 온전하게 그분이 하시는 일을 따라 살아갈 수 있는가?" 질문들은 주변부에서 사역하면서 유배 상황을 헤쳐 나가고자 애쓰는 회중 안에서 희망에 찬 비전을 계발하는 데 필요한 대화를 낳는다. 교회 안에서 가장 긍정적이고 생성적인 자원들에 주목하는 쪽을 택한 지도자들은 희망을 유지

6 Julia Duin이 그녀의 책 *Quitting Church: Why the Faithful Are Fleeing* (Grand Rapids: Baker, 2008)에서 이에 대해 설명하는 내용을 보라.

7 Mark L. Branson, "Gratitude as Access to Meaning," in *The Three Tasks of Leadership: Worldly Wisdom for Pastoral Leaders* (Grand Rapids: Eerdmans, 2009), 152-53.

하고 미래를 위한 매력적인 비전을 계발하는 것을 도울 때 가장 효율적이 될 것이다.[8]

지도자들은 교회가 유배적 현실에 대응하기 위해 할 수 있는 일에 대해 상상하도록 돕는 새로운 사고방식을 강조하고 또한 교회가 현재와 미래의 상황 속에서 무엇이 될 수 있는지에 대한 비전으로 교회의 정신에 활력을 불어넣어야 한다.[9] 이것은 기원전 6세기의 이스라엘 백성에게 그랬던 것처럼 오늘날의 하나님의 백성을 위한 중요한 사역이기도 하다. 왜냐하면 그것은 오늘날의 유배자들을 고무할 뿐 아니라 또한 교회의 유배적 삶을 이끌어갈 다음 세대의 사람들에게 능력을 부여하기 때문이다. 이사야가 이스라엘 민족에게 자기 백성을 향한 하나님의 상상을 공유하는 것이 중요했던 것처럼, 오늘 형성된 희망적인 비전들 역시 다가올 세대에게 긴요한 것이다.

창조적인 선교 활동을 통해 이끌라 우리가 보았듯이, 예언자적 상상력은 영감어린 이미지와 활기찬 토론 너머까지 나아간다. 또한 유배기의 지도자들은 작동 중인 예언자적 상상력을 반영하는 방식으로 행동한다. 느헤미야가 예루살렘에서 어떤 일이 이루어질 수 있는지에 대해 상상했던 것이 그로 하여금 페르시아 왕에게 그 계획을 승인해달라고 요청하는 위

8 Ibid., 151-57. 긍정적 탐문(appreciative inquiry)이라는 이름으로 알려진 방법을 사용하는 회중의 대화에 관한 놀라운 연구를 위해서는, Mark Lau Branson, *Memories, Hope and Conversations: Appreciative Inquiry and Congregational Change* (Herndon: Alban Institute, 2004)를 보라.

9 아래에서 우리는 이것이 무엇과 같아 보일지와 관련된 몇 가지 특별한 사례들을 살필 것이다.

험을 감수하도록 이끌었던 것처럼, 유배 상태에 있는 오늘날 교회 지도자들에게도 지금도 여전히 효과적인 사역이 가능하다는 것을 입증하는 믿음의 모험이 요구된다. 후기 기독교 상황에서 교회 지도자들이 해야 할 일은 교회가 어떤 형식과 관습들을 채택해야 유배 상황에서도 제대로 된 교회가 될 수 있는지에 대해 충실하게 상상하는 것이다. 이것이 상상의 작업인 까닭은 그것이 신실함의 새로운 형태들을 분별하는 능력을 요구하기 때문이다. 하지만 그것은 또한 이런 비전의 이행에 필요한 피와 땀과 눈물의 작업이기도 하다. 고대 이스라엘 백성들 중에는 자기들의 생애 동안 예루살렘이 재건되거나 성전에서 드리는 제사가 다시 가능하게 되리라고 생각하지 못했던 이들이 있었을 것이다. 그러나 그런 일들은 느헤미야와 그 주변 사람들을 통해 일어났다. 이런 사건들은, 실제로 느헤미야서와 에스라서가 보여주듯이, 사람들에게 믿음을 불러일으켰다. 그런 일들은 고대 이스라엘인들에게 하나님이 여전히 살아 계신다는 것을, 그리고 그분이 그들과 함께 계시며 따라서 그들에게 미래가 있다는 것을 상기시켜 주었다.

비슷한 방식으로, 오늘날 열매 맺는 예언자적 상상력에 의해 고무된 운동들은 교회에 활력을 제공하고 공동체에 유익을 끼칠 것이다. 그것들은 교회가 쇠락하고 있는 듯 보이는 곳에서 나타나는 하나님의 계속적인 임재와 자신의 일에 대한 그분의 계속적인 관심에 대해 웅변적으로 말해줄 것이다. 어떤 경우에 그것들은 기존의 회중에 대한 재활성화 사역, 즉 변화된 상황에 적합한 사역을 행하는 새로운 방법을 알려주기 위해서 그들을 개량하는 어려운 과업이 될 것이다. 다른 경우에는 영적 지도자들이 일어나 교회가 어떻게 지금까지의 모습과 비교하여 달라질 수 있는지에 대해, 또한 교회의 새로운 운동들이 어떻게 포스트모던적이고 포스트크리스천적인 세상, 즉 교회가 더 이상 국가를 위한 사제의 역할을 감당할 수 없게 된 현실에 대응할 수 있는지에 대해 상상하게 될 것이다. 서구 세계에서 교회의 새로운 문화적 정체성은 다름 아닌 선교사의 정체성이다.

교회의 미래에 대한 희망은 현재의 상황에 대한 신학적 성찰과 더불어 시작된다. 왜냐하면 그것은, 우리가 이미 살펴보았듯이, 교회의 "회심"을 요구하기 때문이다.[10] 이것은 개교회들이 자기 인식과 관련해 완전한 변화를 초래하는 회심과 같은 경험(a conversion-like experience), 즉 교회 자체에 일차적 관심을 두는 인식으로부터 공동체(혹은 세상)에 초점을 맞추는 인식으로의 변화를 경험할 필요가 있음을 의미한다. 더 나아가 그것은 개교회들이 그들의 상황을 "읽는" 법과 (다른 문화권에서 선교하는 이들이 하듯이) 자신들이 어떻게 복음전도와 관련해 효과적으로 상황에 개입할 수 있는지를 판단하는 법을 배울 것을 요구한다.[11]

이 새로운 지향의 실제적인 외부 작업은 교회가 자신이 처한 특별한 상황에 대해 선교사로서 효과적으로 좋은 평판을 얻을 수 있는 새로운 선교 형태를 취하는 것이다. 커피숍이나 영화관에서 만나는 한 무리의 사람들이 교회가 될 수 있을까? "진짜 교회" 건물을 찾으려는 생각 없이 집에서 모이는 한 무리의 사람들이 교회가 될 수 있을까? 가정교회들의 네트

10 이것은 Darrell Guder의 표현이다. *The Continuing Conversion of the Church* (Grand Rapids: Eerdmans, 2000), 특히 7장을 보라.

11 이 개념에 대한 설명을 위해서는, Scott Fredrickson, "The Missional Congregation in Context," in *The Missional Church in Context: Helping Congregations Develop Contextualized Ministry*, ed. Graig Van Gelder (Grand Rapids: Eerdmans, 2007), 44-64를 보라.

워크가 교회가 될 수 있을까? 교회가 화요일 오후에 월스트리트 로펌의 중역회의실에서 모일 수 있을까? 교회에 건물, 규약, 교단 가입이 필요할까? 매주 한 번씩 저녁식사와 성서공부와 기도를 위해 만나고 그 후에는 이웃에 있는 쉼터로 찾아가 가난한 이들을 섬기는 한 무리의 사람들이 교회가 될 수 있을까?

복음이 전해지지 않은 땅으로 가서 그 지역의 문화에 적합한 방식으로 그곳 사람들과 관계하는 방법을 찾았던 선교사들에 대해 의문을 제기하는 이들은 없다. 우리 중 많은 이들은, 우리가 보기에 특이한 방식들을 사용해 사람들에게 다가가 그들을 이끌어 교회를 세운 선교사들의 이야기를 듣고 기뻐한다. 우리는 아직 그리스도가 알려지지 않고 교회가 존재하지 않는 땅에서는 창조적인 선교적 혁신이 필요하다는 것을 이해한다. 점점 더 서구의 상황은 그와 유사한 선교지가 되어가고 있다. 그리고 이전 세대에서 우리의 선교사들에게 도움이 되었던 바로 그 전략들이 오늘 서구 교회가 자신이 처한 문화적 상황 안에서 그들의 역할을 수행하는 데 필요한 방법이 되고 있다.

무엇이 교회를 이루는지에 관한 위의 질문들에 대한 답은 교회의 어떤 분야들에 심각한 영향을 줄 것이다. 어떤 교회들에서 회중은 자신들을 그들이 소유한 건물들을 통해 규정한다. 그들은 그 건물들을 유지하기 위해 그리고 그것들이 낡아지면 복원하기 위해 엄청나게 많은 돈을 쓴다. 그들에게 건물은 교회의 긍지의 원천일 뿐 아니라 사실상 사역이 이루어지는 유일한 장소다. 이런 경우에 회중은 그들이 속한 지역 공동체에서 모든 영향력을 잃어버리고 오로지 교회 구성원들에 대한 영향력만 겨우 유지해 나간다. 그럼에도 건물은 그 어떤 값을 치르고서라도 유지된다. 유배는 이런 교회들을 죽인다. 그런 교회들은 한 세대 안에 혹은 그보다 짧은 기간 안에 죽을 것이고 건물들은 팔려나갈 것이다. 아마도 헐값에 말이다.

어떤 이들은 이것을 비극적인 상실로 여길지도 모른다. 그러나 사실을 말하자면, 만약 회중이 낡은 관념들과 더 이상 아무런 생명도 제공하지 못하는 구조들을 포기함으로써, 또한 그리스도의 사역을 새로운 방식과 새로운 장소에서 구현하는 새로운 믿음의 모험을 시작함으로써 기꺼이 새로운 탄생의 경험 속으로 들어가고자 한다면, 유배는 혁신을 고무할 수도 있다.

기성 교회들은 이런 논의의 과정에서 새로운 혁신적 지도자들에게 힘을 실어주고, 그들을 재정적으로 그리고 영적으로 지원함으로써 격려할 수 있고, 또한 그렇게 함으로써 그들이 혁신적인—그리고 심지어 실험적인—사역 프로젝트를 시작하도록 도울 수 있다. 이런 일이 캐나다 앨버타 주 캘거리에 있는 센터스트리트 교회(Center Street Church)에서 이루어지고 있다. 센터스트리트 교회는 캐나다에서 가장 큰 교회들 중 하나다. 매주 그 교회의 주일 예배에는 수많은 사람들이 참석하고 있다. 그러나 자신이 속해 있는 문화적 상황이 급변하고 있으며 그로 인해 다양한 접근법이 필요하다는 것을 의식하고 있는 그 교회는, 교회가 지니고 있는 영향력과 자원을 사용해 교회의 사역을 비전통적인 방식으로 확장하면서 캘거리 지역 전체에 걸쳐 새로운 회중들을 세워나가고 있는 중이다. 각각의 회중은 나름의 목회자와 프로그램을 갖고 있으나 조직적으로 그리고 관계적으로 센터스트리트의 회중과 연결되어 있다. 이 새로운 회중들은 그들 나름의 정체성을 형성하고 있으나 행정적으로 그리고 재정적으로 센터스트리트의 회중으로부터 지원을 받고 있다. 이런 진취적인 움직임에는 가정교회 네트워크와 다양한 목적과 공통의 관심사에 의해 추동되는 소규모의 다양한 선교 운동들을 발전시키는 것이 포함되어 있다. 대부분의 경우 가정교회에 참여하는 이들은 센터스트리트 회중의 집회에 참여하지 않으며, 이런저런 선교 운동들에 참여하는 이들은 별다른 출범식을 갖지도 않는다. 센터스트리트 교회는 한편으로는 여러 가지 방식으로 전통적인 메가 처치의 역할을 계속해나가고 있으나, 다른 한편으로는 후기 기독교 상황에서 교회가 되는 다양한 방식에 권리를 부여하는 것을 포함하는 미래를 위한 비전에 사로잡혀 있다.

또 다른 예는 캐나다 온타리오 주 외곽 온타리오 액톤시에 있는 크로싱즈 커뮤니티 교회/록시 커피숍(Crossings Community Church/the Roxy Coffee shop)이다. 캐나다 그리스도인과 선교사 연합(CMAC)에 속해 있는 크로싱즈 교회는 대부분의 교회들에게는 익숙하지 않은 방식으로 그 지역의 공동체와 긴밀하게 관계하는 일에 헌신하고 있는 교회 겸 커피숍이다. 그 교회의 상점 형태의 건물은 주중에는 사업장으로, 즉 록시 커피숍으로 사용된다. 그것은 그 지역의 사람들을 환대하고 그들과 교제하기 위한 장소로 설계되었다. 아침저녁으로 사람들이 공정무역에 따른 달콤한 커피 한 잔, 시나몬번, 그리고 따뜻한 대화를 즐기기 위해 록시 커피숍을 찾는다. 그 건물 뒤편에는 미술 전시회와 소규모 음악회를 열 수 있는 작은 강당이 하나 있다. 그 건물은 작은 규모의 사교나 사업상의 모임을 위해 임대할 수 있고 실제로 임대되고 있다. 주중에 교회는 그 건물의 안과 밖 모두에서 다양한 프로그램들을 운영한다. 그리고 주일 아침에는 강당에서 예배가 이루어진다. 크로싱즈 교회는 분명히 예배 공동체이지만, 주일 예배가 핵심을 이루지는 않는다. 그 교회의 총체적인 목적은 지역 공동체와 관계를 맺고 그 공동체의 삶에 참여하는 것, 그리고 교회의 구성원들이 그들의 매일의 삶속에서 선교적인 방식으로 살아가는 법을 배우도록 돕는 것이다. 커피숍/교회로서 그 교회는 전통적인 교회들은 거의 하지 않는 방식으로 일주일 내내 지역 공동체에 참여한다. 지역 공동체를 교회의 자리로 맞아들이려는 의도를 지님으로써 그 교회는 공동체와의 참된 관계를 형성했고, 그로 인해 각 분야의 사람들이 신앙에 이르거나 혹은 언젠가 그들을 그리스도와의 관계 속으로 이끌어갈 수도 있는 여행을 시작했다.[12]

이 두 예는 새로운 움직임들이 갖는 가능성을 예시해주는데, 이는 기성 교회들이 고정관념에서 벗어나 포스트모던적이며 후기 기독교적인 문화 속에서 스스로를 개조할 수 있는 방법에 관한 새로운 개념들을 지지할 때 일어난다.

보다 주된 흐름을 형성하고 있는 움직임은 "교회 안의 교회"를 개발하고 있는 전통적인 교회들 안에서 발견된다. 이것은 기성 교회 안에서 새로운 회중이 시작되는 것을 의미한다. 그 새로운 회중은 모교회로부터 자원을 끌어오지만 상당한 정도의 자율권을 허락받음으로써 독특한 방식으로 또한 상황적으로 적합한 방식으로 나름의 사역을 발전시켜 나간다. 한편으로 그것은 모교회와 연결되어 있으나, 다른 한편으로는 모교회와 구별된 모임을 발전시켜 나간다. 모교회는 그 새로운 움직임이 모교회 자체로서는 결코 도달할 수 없는 사람들을 위한 새로운 형태의 사역을 발전시키리라는 인식을 지니고 그 운동에 필요한 재정, 스태프, 영적 자원을 제

12 크로싱즈 커뮤니티 교회에 관해 더 알고자 한다면, www.crossingscommunity.ca를 보라.

공한다. 이것은 모교회의 입장에서는 모험일 수 있다. 왜냐하면 그 새로운 움직임은 모교회에 도움이 되기보다는 오히려 그것의 자원을 고갈시키는 것이 될 수 있기 때문이다. 그러나 비전을 지닌 지도자들은 기존의 회중에게만 집착하는 것은 죽음에 이르는 것이 될 가능성이 크다는 것을 안다. 왜냐하면 그것은 현대의 사역이 제기하는 도전에 대응하는 방식으로 변화를 이뤄내지 못하기 때문이다. 이런 지도자들은 모교회가 쇠퇴해서 사라지기 전에 새로운 회중을 낳는 것을 보고자 하는데, 이는 그렇게 함으로써 복음에 대한 모교회의 증언이 미래 세대에서도 계속되도록 하기 위함이다.

최근에 전반적으로 영적 건강과 온건한 성장을 경험하고 있는 어느 기성 교회의 교우들과 만났을 때, 나는 그들이 10년 내에 그들의 주일 예배 출석 인원을 배가시키려는 목표에 대해 설명하는 말을 관심있게 들었다. 이것은 그들이 10년 내에 현재 250명 수준의 모임을 5백 명 수준의 모임으로 성장시키는 것을 의미했다. 우리가 만나서 문화와 선교에 관한 여러 가지 주제들에 대해 논의했던 날, 나는 그 자리에 모였던 40명 내지 50명 정도의 사람들에게 만약 그들이 10년 내에 그들의 주일 예배 참석 인원을 2백 명 정도로 유지하면서 어느 커피숍에서 대안적 예배를 드리기 위해 모이는 70명 정도의 사람들로 이루어진 또 다른 모임을 갖게 되는 것은 어떠하냐고 물었다. 그러기 위해서는 그 교회가 그 도시의 중심부에서 기존의 모임과는 아주 다른 모임을 시작하려는 비전을 지닌 몇 사람을 내보내야만 할 것이다. 또한 그것은 기성 교회가 그들 자신으로서는 결코 관계를 맺을 수 없는 소규모의 사람들과 관계를 맺는 것을 의미할 것이다. 계속해서 나는 그 자리에 참석했던 이들에게 만약 10년 내에 그 회중으로부터 성장한 그리고 일곱 내지 여덟 가정으로 이루어진 가정교회들의 네트워크를 형성하고 그들이 매주 성서공부, 기도, 상호 책임, 그리고 교제를 위해 1백 명 정도 규모로 모이는 것은 어떻겠느냐고 물었다. 아마도 그들 중 아무도 교회 건물의 문 안으로 들어서지 않을 것이다. 그럼에도 그 네트워크는 교회가 그것의 출범을 돕고 또한 그것이 존속하도록 고무하기에 계속해서 존재하게 될 것이다. 나는 계속해서 말했다, 시내 전역에서 공통의 관심사를 중심으로 모이는 몇 개의 다른 그룹들, 가령 엄마와 아기들의 모임, 북클럽, 밤에 노숙자들을 위한 쉼터에서 섬기기 위해 만나는 모임 등이 있다면 어떨까? 가능성들은 끝이 없다. 그러나 각각의 경우에 그들은 사람들이 삶을 나누는, 아마도 함께 기도하는, 그리고 함께 성서를 공부하는 모임이 될 것이다. 또한 그들은 서로를 지원할 것이고 모두 어떤 식으로든 기성 교회의 파생물이 될 것이다. 이 모든 그룹들이 또 다른 80명의 사람들을 아우른다면 어떨까? 마지막으로 나는 만약 교회가 인터넷을 사용하는 이들과 관계를 맺기 위해 온라인 커뮤니티를 만들면 어떨까, 라고 물었다. 이것은 교회가 세계 전역의 사람들에게 도달하는 것을 가능하게 만들 수 있을 것이다. 나는 그 그룹에게 만약 10년 내에 이 건물에서 열리는 예배의 참석 인원이 지금의 그것보다 적어지는 대신, 정기적으로 교회로 모이는 이들의 수가 5백 명 이상이 되고 다만 그들이 다양한 새로운 운동의 형태로 흩어져 있게 된다면 어떻겠느냐고 물었다. 그 그룹에 속한 대부분의 사람들은 그것이 좋은 것이 되리라고 여기는 것처럼 보였다. 그리고 지도자들 중 여럿이 자기들은 교회가 미래에 대해 달리 접근하는 길을 찾도록 도울 준비가 되어 있다고 밝혔다.

이런 예들은 후기 기독교 문화에서 필요한 유배기의 지도력을 예시해준다. 이런 종류의 정신은 우리가 직면하고 있는 여러 가지 도전들에도 불구하고 교회를 앞으로 나아가게 해줄 것이다.

결론

수많은 전통적인 교회들은 새로운 문화적 현실 안에서 번성하는 데 필요한 근본적인 변화들을 결코 이뤄내지 못할 것이다. 하지만 그런 교회들은 이런 종류의 새로운 움직임을 지원함으로써 교회의 갱신을 이루는 일에 참여할 수 있다. 이런 종류의 공동 작업은 우리를 상실과 실패의 슬픔을 넘어 새로운 형태의 믿음과 실천에 대한 희망으로 이끌어갈 것이다.

서구 교회를 위한 희망은 교회의 삶의 전통적 모델과 과격하게 단절하는 움직임들 안에서 발견될 수 있을지도 모른다. 새로운 모델의 형태를 결정하기 위해서는 교회의 정체성에 관한 이상들과 씨름하는 예언자적 상상력에 의해 추동되는 창조적인 신학적 반성이 필요할 것이다. 이상은 여러 전통적 모델들이 많은 (혹은 대부분의) 곳에서 분투하고 있다는 사실을 고려한 핵심적인 실천사항들이다. 미래의 희망은 새로운 형태의 교회를 찾는, 그리고 독특하고도 성령에 의해 이끌리는 방식으로 그런 형태를 이루는 것을 허락하는 선교적 정체성으로부터 흘러나온다. 그렇게 되기 위해서 교회의 본질에 관한 우리의 신학적 사고에는 창조성과 혁신에 대한 열린 마음이 필요하다. 이것은 우리가 선교적 개입을 촉진하는 상황화의 르네상스를 낳기 위해 우리의 사역이 처한 상황에 대해 신학적으로 대응하는 것이 필요하다는 것을 의미한다.

지금과 같은 유배적 시기에 교회의 지도자들은 바빌로니아와 페르시아 포로기에 이사야와 느헤미야가 보여주었던 예언자적 상상력을 전유할 필요가 있다. 이런 상상력은 우리에게 꼭 필요한 신학적 자원과 제국적 방식에 대한 저항의 실제적인 예를 제공해준다. 이것은 구별되고 효과적인 유배기 공동체의 신앙을 육성하기 위한 비전을 세우는 데 아주 중요하다. 유배기의 지도자들은 회중 가운데서 미래의 존속을 위한 선교적 비전을 북돋우는 상상력을 계발해 회중의 삶 속에 희망을 불러일으키고자 애쓸 것이다. 이런 종류의 리더십은 서구 교회의 미래를 위해 꼭 필요하다.

9장

유배된 자들처럼 생각하기

대응 신학

10대 후반에 그리스도인이 된 후로 나는 영적으로 활발하고 신학적으로 보수적인 교회에서 성장했다. 당시의 많은 복음주의 교회들로서는 예외적이지 않았던 그 전통 안에서 이혼은 대개 심각한 결과를 수반하는 커다란 죄로 간주되었다. 두 명의 그리스도인 사이의 이혼은 비록 용서받을 수 없는 죄는 아니었지만 교회 내에서 중요한 지도자의 역할을 하려는 사람에게는 분명하게 부적격함을 의미했다. 이제 막 그리스도인이 된 사람으로서 나는 이런 가르침을 성서에 대한 충실한 해석으로, 그리고 자기 백성을 향한 하나님의 뜻으로 여겼다.

신학대학교 1학년 때 나는 나보다 몇 살 많은 동료 학생 하나를 만났다. 점차 그를 알아감에 따라 나는 그의 성품, 성서에 대한 지식, 주님을 향한 열정, 그리고 다른 이들에 대한 관심에 깊이 매료되었다. 나는 그가 공부를 마치기만 하면 훌륭한 목회자가 되리라는 것을 의심치 않았다. 그러던 어느 날 우리는 학생회관 라운지에서 함께 커피를 마시고 있었는데, 그때 갑자기 그가 나에게 충격적인 사실을 털어놓았다. 그는 이혼자였다!

그 고백은 나를 충격에 빠뜨렸다. 그것은 내 속에 단단히 박혀 있던 신학적 가정들 중 많은 것에 상처를 입혔다. 갑자기 나는 내 안에서 갈등하고 있는 두 가지 신념과 맞서게 되었다. 하나는 내 친구가 교회의 지도자로 섬길 만한 탁월한 자격을 갖췄다는 신념이었고, 다른 하나는 그처럼 이혼한 사람은 교회의 지도자가 되어서는 안 된다는 신념이었다. 이 딜레마는 그 학기 후반에 가서 더욱 악화되었다. 당시에 내가 깊이 존경했던 교수들 중 한 분이 수업 중에 이혼에 관한 문제를 제기했기 때문이다. 그는 이혼한 사람이 기독교 지도자가 되어서는 안 된다는 개념에 대해 의문을 제기했다. 그리고 몇 가지 핵심적인 성서 구절들에 대한 생각거리들을 제공함으로써 현대적인 맥락에서 이런 가르침에 대한 이해를 모색했다. 그의 생각은 내가 모교회의 가르침을 통해 발전시켰던 가정들과 일치하지 않았다. 나는 자신이 기독교 지도자가 되라는 부르심을 받았다고 느끼는 경건하고 재능 있는 어느 이혼자와의 만남을 통해, 그리고 대안적 관점을 제시하는 진지한 성서 주해와의 마주침을 통해 나의 신학적 토대가 흔들리는 것을 경험했다. 나에게 이런 일들은 이혼과 이혼한 사람이 교회에서 수행할 수 있는 역할에 관한 내 자신의 신학적 입장을 바꾸도록 이끌었다.

우리들 대부분에게 이런 경험은 그리스도인이라는 여정을 가는 우리에게 결코 낯선 경험이 아니다. 우리의 신학, 즉 하나님과 우리의 신앙의 실천에 대한 자신의 이해를 수정하는 것은 우리가 그리스도를 따르는 자로 살아가며 성숙해가는 과정에서 여러 차례 일어날 수 있다. 이것은 여러 가지 상황에 의해—예컨대 우리가 지난 수십 년간 서구에서 경험해온 것과 같은 문화 안에서의 교회의 역할의 급격한 변화 같은—촉진될 수 있다. 유배 경험은, 그것이 고대 이스라엘 백성에게 그러했듯이, 우리로 하여금 하나님에 대해 달리 생각하도록 만드는 경험이다. 우리의 신학은 늘 새로운 발견에 대해, 그리고 신앙적으로 살아가는 것이 무엇을 의미하는지를 이해하는 새로운 방식들에 관해 생각할 준비가 되어 있어야 한다. 유배기에 교회의 지도자들이 해야 할 일은 회중이 하나님의 유배된 백성으로서 자신의 정체성에 대해 신학적으로 생각하도록, 또한 이런 환경이 그들의 신앙의 실천에 대해 갖는 의미가 무엇인지를 생각하도록 돕는 것이다. 여기에는 몇 가지 특별한 실천들이 요구된다.

상황화 신학 유배 상태는 후기 기독교 시대의 교회가 "**타협** 없는 **적응**"이라는 성서적 개념들을 구현하는 방식으로 자신이 속한 문화에 대응하는 신학을 개발할 것을 요구한다. 우리가 보았듯이, 이 두 가지 쌍둥이 개념들은 에스더와 다니엘의 이야기를 통해 드러나며 베드로전서에서 분명하게 서술된다. 오늘의 교회들 역시 자신의 본질에 속한 것들을 타협하지 않은 채 자신이 속한 문화에 적응하기 위해 자신의 핵심적 정체성을 효과적으로 규정해야 한다.

오늘의 서구 교회는 자신의 구별된 정체성을 되찾아야 할, 그리고 자신의 유배자 신세, 즉 실제로 "고향에" 있지 않은 자로서의 처지를 넉넉히 받아들였던 예수의 비전을 붙들어야 할 절실한 필요를 갖고 있다. 또한 교회는 세상의 온갖 방식에 동화되지 않으면서 이 세상에서 온전하게 살아가는 법을 발견해야 한다. 예수는 하나님의 아들이라는 자신의 핵심적 정체성을 타협하지 않으면서 그렇게 했다. 또한 교회는 과거에 자신을 주된 문화에 적응시켰던 몇 가지 관점과 행위들에 함몰되지 않으면서 그렇게 해야 할 필요가 있다. 대응 신학(a responsive theology)은 교회가 자신이 처한 문화에 적절하게 대응하는 법을 찾도록 돕는 신학이다. 대응적인 기독교 신학은 교회가 자신이 처한 상황에서 적절한 것이 되고자 할 경우 가능한 한 지배적인 문화의 삶에 통합되는 것을 허락하는 방식으로 교회의 믿음을 실천하는 방법을 발견해야 할 필요가 있음을 인정한다. 더 나아가 그것은 문화와의 교류가 사실상 교회가 자신의 신학을 좀 더 온전하게 이해하도록 도울 수 있다는 것을 인정한다.[1]

지금까지 우리는 이스라엘이 바빌로니아와 페르시아에서 어떻게 자신의 새로운 환경에 대응했는지를 살펴보았다. 그 대응은 제2성전기 유대교의 발전에서도 필요했다.[2] 이에 대한 한 예는, 베드로가 하나님으로부터 이방인들에게 복음을 전하라는 명령을 받은 것을 통해 예시되듯이, 초기 교회가 1세기 문화 안에서 출현했을 때 (비록 무의식적으로 그런 것이기는 하나) 대응 신학을 사용했던 것이다. 그 이야기는 고넬료라는 이름을 가진 하나님을 두려워하는 로마의 백부장이 하나님으로부터 온 환상을 통해 베드로를 수소문해 집으로 데려오라는 명령을 받는 것으로 시작된다. 베드로 역시 환상을 통해 종교적으로 깨끗한 것과 부정한 것에 대한

1 이것은 문화적 개입의 핵심적 일부다. 교회는 실제로 주변의 문화에 개입함으로써 자신에 대한 이해와 복음의 실천을 확장시킬 수 있다. 이에 대한 더 많은 설명을 위해서는, Graig Van Gelder, "How Missiology Can Help Inform the Conversation About the Missional Church in Context," in *The Missional Church in Context: Helping Congregations Develop Contextualized Ministry* (Grand Rapids: Eerdmans, 2007), 39-40을 보라.

2 이것은 제2성전기 동안에 발전된 몇 가지 교리들에서 발견될 수 있다. Anthony J. Tomasino, *Judaism Before Jesus: The Events and Ideas That Shaped the New Testament World* (Downers Grove, IL: InterVarsity Press, 2003)을 보라. 특히 Tomasino는 페르시아의 종교인 조로아스터교와 유대교의 상호교류에 대해 다음과 같이 쓰고 있다. "다른 종교의 사제들 및 학자들과의 교류를 통해 유대인들은 그들 자신의 신에 관해 꽤 많은 것을 배웠다"(74).

그의 개념에 대해 다시 생각하라는 명령을 받는다. 고넬료 집의 전령들이 와서 베드로를 고넬료에게 데려간다. 많은 사람이 모여 있는 것을 본 베드로가 고넬료에게 말한다. "유대인으로서 이방인과 교제하며 가까이 하는 것이 위법인 줄은 너희도 알 것이다"(행 10:28). 그럼에도 베드로는 자신이 받은 환상에 응답해 고넬료의 집으로 들어가 그곳에 모인 이들을 상대한다. 그는 이렇게 말한다. "내가 참으로 하나님은 사람의 외모를 보지 아니하시고 각 나라 중 하나님을 경외하며 의를 행하는 사람은 다 받으시는 줄 깨달았도다"(34-35절). 이어서 베드로는 그들에게 예수의 복음을 선포하고 성령이 그 모임 위에 강력하게 임하시는 것을 목도한다. 베드로와 동행했던 "할례 받은 신자들"은 "이방인들에게도 성령 부어 주심으로 말미암아 놀랐다"(45절).

이 이야기는 어느 면에서는 혼란스럽다. 왜냐하면 예수와 아주 가까이 지내면서 그분이 이방인을 포함해 다양한 사람들에게 다가가기 위해 수많은 경계를 넘어섰던 것을 지켜보았던 베드로는 하나님이 사람들을 편애하시지 않는다는 것을 누구보다도 잘 알고 있어야 할 것처럼 보이기 때문이다. 그러나 유감스럽게도 예수의 그런 메시지는 베드로의 사고를 온전하게 꿰뚫지 못했고 그로 인해 그의 신학은 여전히 성장하고 하나님이 하시는 일에 대응해야 할 필요가 있었다. 이야기가 전개됨에 따라, 우리는 베드로가 그런 입장에 서 있던 유일한 사람이 아니었음을 알게 된다.

고넬료의 집에서 일어난 사건 직후에 예루살렘의 교회 지도자들이 이방인들이 하나님의 말씀을 받았다는 소식을 들었다(행 11:1). 베드로가 예루살렘으로 올라가 그 문제를 논의하고자 했을 때, 할례 받은 신자들은 "네가 무할례자의 집에 들어가 함께 먹었다" 하며 그를 비난했다(2-3절).

그러자 베드로는 조심스럽게 고넬료의 집에서 일어난 일에 대해 설명했고, 그 말을 들은 예루살렘의 지도자들은 반대를 그치고 하나님을 찬양하며 이렇게 말할 수밖에 없었다. "그러면 하나님께서 이방인에게도 생명 얻는 회개를 주셨도다"(18절).

다시 말하지만, 초기 교회 교인들이 예수와 함께 경험했던 일에 비추어 볼 때 그들이 어째서 이 문제로 갈등을 겪었는지를 이해하기는 쉽지 않다. 하지만 다른 한편으로 그것은 문화적이고 신학적인 전통이 사람들 사이에 얼마나 깊게 뿌리 내릴 수 있는지를 예시한다. 우리의 목적과 관련해 이 이야기에 내재되어 있는 주요한 교훈은 예수의 제자들 중 하나가 하나님이 교차문화적인 혹은 반문화적인 상황에서 행하시는 일에 신학적으로 대응하고 있다는 점이다. 예수의 제자들은 상황화라는 문화적 요구에 순응하면서도 그와 동시에 복음을 구현하는 일에서 타협하지 않은 채 남아 있는 법을 배우고 있는 중이었다. 분명히 이것은 실제적일 뿐 아니라 신학적으로도 중요한 결과를 낳았다. 신학은 변해야 할 뿐 아니라 하나님의 새로운 사역에 대응하며 성장해야 한다. 이것은 그들이 새로운 환경에서 예수의 사역을 계속해 나가려면 복음에 대한 그들의 이해가 성장해야 한다는 것을 의미한다. N. T. 라이트는 1세기 유대인 신자들이 교회 내에서 이방인의 역할을 이해하는 것을 배우는 문제와 관련해 이렇게 주장한다. "예수는 교회를 세우려는 의도를 갖고 있지 않았다. 왜냐하면 **이미 이스라엘 백성이라는 교회가 있었기 때문이다**. 그러므로 예수의 의도는 전혀 다른 공동체를 세우는 것이 아니라 이스라엘을 **개혁**하는 것이었다."[3] 1세기 교회의 지도자들은 이것이 신학적으로 사실임을 인식해야 했다. 이방인들이 하나님의 백성의 마지막 총회에 포함되리라는 예언자들의 말을 감안한다면(사 56:1-8), 그것은 분명한 사실이다. 복음에 대한 그들의 신학적 이해가 성장함에 따라 그들은 자신의 행습을 자신들의 상황에 적응시킬 수 있었다. 여기서 주목해야 할 중요한 사항은 문화적 상황이 실제로 교회가 복음을 이해하는 데 도움이 되었다는 것이다. 이것은 자주 교회가 신학을 하는 방식과 정반대를 이룬다. 교회의 많은 부분들에서 우리는 문화에 대해 의구심을 품어야 한다고 배워왔다. 왜냐하면 문화는 종종 기독교 윤리의 이상에 역행하기 때문이다. 고넬료의 이야기에서 우리는 하나님이 유대 그리스도인들에게 그다지 이상적이지 않은 상황에서 어떻게 활동하시는지 알게 된다. 하지만 이런 상황에 대한 개입은 실제로 초기 교회가 복음을 바르게 이해하는 데 도움을 주었다. 핵심적으로, 상황화라는 대응 신학은 실제로 교회와 문화의 상호관계를 예견한다. 즉 둘 다 서로에 대한 개입을 통해 유익을 얻으리라는 것이다.[4]

우리 시대에 하나님의 역사를 분별하고 그것에 순응하고자 하는 의지와 능력은 우리의 상황을 위해 상황화된 신학을 발전시키는 일에서 매우 중요하다. 오늘날 신학을 할 때 초기 교회가 취했던 것과 동일한 접근법을 갖는 것은 교회가 자신의 핵심적인 신학적 정체성을 타협하지 않으면서 자신의 유배적 상황에 적응하는 방식으로 자신을 상황화하도록 이끌어줄 것이다.

3 N. T. Wright, *Jesus and the Victory of God* (Minneapolis: Fortress, 1996), 275, Michael Goheen, *A Light to the Nations: The Missional Church and the Biblical Story* (Grand Rapids: Baker Academic, 2011), 84에서 재인용.

4 Craig Van Gelder, *The Ministry of the Missional Church: A Community Led by the Spirit* (Grand Rapids: Baker, 2007), 64.

이런 일을 돕기 위해 교회 지도자가 해야 할 핵심적인 활동은 교회를 건전한 신학적 성찰의 과정 속으로 이끌어가는 것이다. 이것은 사람들로 하여금 복음의 온전한 의미 및 그것과 오늘의 문화의 상호작용에 대해 성찰하도록 권하는 것을 의미한다. 기독교 지도자들 중에는 신학적 반성의 기술이 부족한 이들이 많은데, 회중의 삶 속에서 대응 신학이 발전되려면 그 기술이 다시 개발되어야 한다. 우리는 신학을 실제적인 목회 사역과 별 상관없는 몇 가지 난해한 전제들로 여겨서는 안 된다. 또한 우리는 신학을 수정이나 재고의 대상이 될 수 없는 일련의 정적인 개념들로 여기는 사고에 맞서야 한다. 신학은 하나님과 그분의 성서에 대한 우리의 해석을 개선시켜 나가는 지속적인 과업이다. 이것은 복음의 메시지가 더 이상 사람들을 사로잡지 못하는 시기에는 특히 더 중요하다. 그런 때에는 그리스도를 따르는 남녀에게 영향을 주는, 복음에 능력을 부여할 수 있는 생각에 다시 초점을 맞추고 그것을 다시 되살리도록 노력하는 것이 중요하다.[5]

신학적 성찰은 의도적으로 우리의 현실적인 삶의 경험을 성서, 전통, 이성, 보다 앞선 경험, 문화, 그리고 기도와 같은 핵심적인 신학적 자원들과의 대화 속으로 이끌어간다. 우리가 자신의 새로운 경험들—특히 복음

5 Clark H. Pinnock and Robert C. Brow, *Unbounded Love: A Good News Theology for the 21st Century* (Downers Grove, IL: InterVarsity Press, 1994), 7. 신학적 성찰의 기술에 대한 온전한 설명을 위해서는, Howard Stone and James Duke, *How to Think Theologically,* 2nd ed. (Minneapolis: Fortress, 2006), 그리고 Elaine L. Graham et at., *Theological Religion: Methods* (London: SCM Press, 2005)를 보라. 보다 간결한 개관을 위해서는, Don Payne, "Field Education and Theological Reflection in an Evangelical Tradition," in *Preparing for Ministry: A Practical Guide to Theological Field Education,* ed. George M. Hillman (Grand Rapids: Kregel, 2008), 55-71을 보라.

에 대한 우리의 전통적 이해에 도전하는 경험들—을 의도적으로 정리해 나갈 때, 신앙에 대한 새로운 이해가 이런 기존의 신학적 렌즈들을 통해 떠오른다. 이것은 우리로 하여금 과거를 존중하되 현재의 실제에 개입하는 방식으로 우리의 상황을 책임 있게 또한 적절하게 대응할 수 있게 해 준다.

대응 신학은 문화적 환경으로부터 얻어낸 새로운 통찰들을 복음에 통합시키고 그렇게 함으로써 교회가 자신의 핵심적 정체성과 메시지에 보다 충실해지도록 돕는다.

실천의 신학

상황화 작업은 결국 사역의 실천에 관한 작업이다. 바로 이것이 교회와 신앙에 대한 신뢰할 만한 표현을 결정하는 일에서 교리보다 실천을 강조하는 것이 핵심적 요소가 되는 이유다. 이것은 기독교 신앙의 내용을 부정하는 것을 의미하지 않는다. 오히려 이것은 신학적 지도력에는 "바른" 교리를 구성하는 것보다 실천이 더 핵심적인 것이 되어야 함을 의미한다. 이전 시대에는 신실한 기독교를 결정하는 데 가장 중요한 것은 적절한 믿음이라고 간주되었지만, 유배기에는 실천에 우선권이 주어져야 한다.

베드로전서는 신실함을 결정짓는 지표로서의 실천에 아주 깊은 관심을 두고 있다. 베드로의 핵심 명령은 "모든 행실에 거룩한 자가 되라"는 것인데(벧전 1:15), 사실상 이 명령이 그 서신의 모든 내용을 물들이고 있다. 그 서신의 중요한 특성은 가정과 관련된 법규인데(2:11-3:7), 이것은 신실한 행위가 참된 믿음의 표지임을 알려준다. 이것은 베드로가 그의 교회의 신학적 정체성에 관심을 갖고 있었음을 부인하는 것이 아니다. 사실

교회의 실천은 그것의 신학적 정체성으로부터 흘러나온다. 그러나 베드로가 보기에 궁극적으로 교회의 신실함을 드러내는 것은 믿음의 실천이었다.

비슷하게, 우리가 살펴보았던 구약성서의 이야기들에서 다니엘과 에스더를 영웅으로 만든 것은 그들의 신실한 실천이었다. 에스더의 이야기가 정경에 포함될 만큼 가치 있는 모델이 된 까닭은 그녀가 몇 가지 "깨끗하지 못한"(nonkosher) 행동에도 불구하고 자신의 동포를 위해 신실하게 행동했기 때문이다. 그녀의 영웅적 자질은 그녀의 신학적 충실성이 아니라—사실 에스더서는 하나님을 거론하지조차 않는다—자기 동포를 향한 그녀의 희생적 행위에 있다. 다니엘은 신학적으로 순결했을 수도 있다. 하지만 그가 감독관들로부터 호의를 얻고 포로 상태에서 신실한 행위가 갖고 있는 잠재력을 예시할 수 있었던 것은 신실한 유대인으로서의 그의 행위 때문이었다.

유배는 행동을 요구한다. 그리고 행동을 위해서는 실천의 신학이 필요하다. 일반적으로 기독교는 그리고 특별히 복음전도는 늘 경건을 강조하지만, 대부분은 바른 믿음을 참된 기독교의 정수로 여긴다.[6] 정통은 어떤 이가 "그리스도인"이라는 외투를 입을 자격을 얻기 위해 믿어야 하는 일련의 명제적 진리들로 간주된다. 크리스텐덤 안에서 교리에 관한 교회의 논의는 교회의 많은 부분으로부터 그리고 심지어는 교회에 다니지 않는 사람들 중 많은 이들로부터도 동참과 이해를 얻어낼 수 있었다.

6 Roger E. Olson, *Reformed and Always Reforming: The Postconservative Approach to Evangelical Theology* (Grand Rapids: Baker, 2007), 23.

대조적으로 우리의 파편화된 후기 기독교 문화 안에서 요구되는 것은 정통교리(orthodoxy)가 아니라 정통실천(orthorpraxy)에 관한 신학이다. 다시 말하지만, 이것은 믿음을 위한 토대로서의 정통교리의 필요성을 부정하는 것이 아니다. 그러나 그것은 기독교 신앙의 실천을 신학의 궁극적 관심사로 만든다. 지금 정말로 중요한 것은 교회가 어떻게 자신이 갖고 있는 변혁적인 영성을 표현하고 예시할 수 있느냐 하는 것이다. 만약 사람들이 종교로서의 기독교에 대해 생각하고자 한다면, 그들이 읽게 될 첫 번째 텍스트는 성서가 아니라 교회다. 교회가 사람들에게 읽히기에 적절한 텍스트가 되기 위해 필요한 것은 특정한 교리를 고수하는 것을 우선시하는 내용 중심의 신앙에 맞서 실천을 참된 신앙의 중요한 표지로 강조하는 신학이다.[7]

이런 관찰 사항은 우리가 이 부분에서 살피고 있는 정체성, 선교, 그리고 신학이라는 요소들을 하나로 묶는다. 유배 상태의 교회에는 이 모든 것이 중요하다. 요즘과 같은 독특한 유배 시절에 기독교에 대한 온전한 이해가 출현하기 위해서는 그 셋이 서로 대화하는 상태에 머물러 있어야 한다. 각각의 요소들은 교회의 실천 안에서 나름의 궁극적 표현을 얻는다. 바로 그것이 오늘날의 교회에 실천의 신학이 중요해지는 까닭이다.[8]

실천에 대한 강조는 새로운 수도원 운동이라는 특징을 지닌 공동체적

7 이런 종류의 신학적 강조를 위한 필요에 관한 그 이상의 논의를 위해서는 ibid., 73-39를 보라.

8 Ray S. Anderson, *An Emergent Theology for Emerging Churches* (Downers Grove, IL: InterVarsity Press, 2006), 특히 6장을 보라. Anderson은 현 시대에 신학은 회중에 대한 사역을 실천하는 것으로부터 출현해야 한다고 주장한다. 하나님의 말씀에 의해 예시되는 교회의 일을 통한 성령의 사역은 후기 기독교 시대에 신학적 사고를 형성하는 핵심적 요소가 된다. 이런 접근법은 믿음이 어떻게 실천되었는지에 대한 신학을 강조한다.

삶의 새로운 표현들을 통해 드러나고 있다. 이런 운동들에는 가난한 이웃들 안으로 들어가 그들과 더불어 공동체를 이루고 살면서 자기들이 할 수 있는 방식으로 그 이웃들을 섬김으로써 그 공동체들에 그리스도를 알리고자 하는 그리스도인들로 이루어진 소규모 공동체들이 포함된다. 그런 운동들은 예수의 사역을 재생하는 것에 대한 깊은 헌신을 보여주며 그리스도의 가르침을 실천하는 것의 의미를 진지하게 취급하고자 하는 시도라 할 수 있다. 많은 경우 그런 공동체들은 고전적이고 정통적인 그리고 심지어 복음주의적인 신학에 근거한 반면, 그들을 연합하고 규정하는 일차적인 특징은 그들이 가난한 사람들 가운데서 신앙을 실천하는 것을 강조하는 것에 있다.[9]

또 다른 예는 토론토 중심가에 있는 어느 교회다. 그 교회는 자주 "커피 하우스" 이벤트를 벌이는데 그때는 지역 공동체의 예술가들을 초청해 그들의 작품을 감상하면서 그들의 이야기를 듣는다. 초청받은 예술가들은 자기들의 작품에 대해—그것이 그림이든, 조각이든, 노래든, 시든, 혹은 다른 그 어떤 형태의 예술적 표현이든 간에—또한 무엇이 그런 작품에 영감을 불어넣었는지에 대해 이야기한다. 많은 경우 그들은 그리스도인들이 아니다. 그리고 그들의 설명은 종종 세상에 대한 정통적인 신학적 견해와 비슷한 그 어떤 것도 반영하지 않는다. 그럼에도 교회는 그 지역 공동체에 대해 자신들의 환대를 표명하고 예술가들을 지원하는 한 가

9 이런 공동체들에 대한 설명을 위해서는, Scott Bessenecker, *The New Friars: The Emerging Movement Serving the World's Poor* (Downers Grove, IL: InterVarsity Press, 2006), 그리고 Shane Clairborne, *The Irresistible Revolution: Living as an Ordinary Radical* (Grand Rapids: Zondervan, 2006)을 보라.

지 방법으로서 그런 활동에 개입한다. 그 교회의 교우들은 지역 공동체와의 교제를 발전시키고 하나님의 개방성을 드러내 보이는 일에 헌신하고 있다. 하지만 그들은 교회가 후원하는 행사라는 명목하에 정통적이지 않은 개념들이 공유되는 것을 기꺼이 허락함으로써 세상과 신학적으로 타협하고 있다고 인식되는 위험을 감수하고 있다. 이런 위험에도 불구하고 그 회중은 "교리적으로 순전하다"고 인식되는 것보다 이웃들 가운데서 하나님의 사랑과 용납을 실천하는 일에 더 많이 헌신하고 있는 중이다.[10]

약간 다른 맥락에서 교회들은 비그리스도인들을 교회의 삶에 온전히 참여하는 자들만큼이나 진지하게 대할 필요가 있다. 전통적으로 비그리스도인들은 스스로 신자가 되기 전까지는 교회에서는 단지 구경꾼에 불과하다. 그들의 의견은 공식적인 무게를 갖지 못하며, 교회를 섬기는 그들의 능력은 교회 청소를 돕거나 탁아실에서 자원봉사를 하는 것 같은 일들에 국한된다. 교회 공동체의 삶에 대한 깊은 참여는 대개 그들이 영적으로 준비되어 있지 않아 보이거나 너무 깊이 개입할 능력이 없어 보인다는 이유로 억제된다. 교회 안에는 교회의 구성원이 되려면 다음과 같은 특별한 경험의 진행을 따라야 한다는, 발설되지 않는 주문이 존재한다.

믿다(Believe)→행동하다(Behave)→속하다(Belong)

10 그 교회는 토론토 얼라이언스 교회(Toronto Alliance Church)다. 그 교회는 정통적이고 복음주의적인 신앙에 깊이 헌신하고 있으나 자기들이 복음주의권에 의해 그렇게 인식되고 있는지 아닌지에 대해서는 크게 신경 쓰지 않는다.

이것은 어떤 이가 교회에 "속할 수" 있기에 앞서 먼저 올바른 것을 믿어야 하고 이어서 (개교회가 정의하는 바에 따라) 일정 정도의 참된 기독교적 행동을 보여야 한다는 것을 의미한다. 그렇게 하면 그는 교회 공동체에 속한 사람으로 받아들여질 수 있고 사역의 책임을 맡길 만한 사람으로 간주될 수 있다.

그러나 오늘날 회심의 질서는 점차 변해가고 있다. 요즘과 같은 포스트모던, 포스트 크리스텐덤 시대에 그 질서는 오히려 다음과 같이 보일 수 있다.

속하다→행동하다→믿다

어떤 이들에게 회심은 그들을 그 삶의 일부가 되도록, 그리고 진정한 방식으로 그들이 참여할 수 있도록 초대하는 교회 공동체에 속한 후에야 비로소 일어난다. 그럴 경우 그들은 천천히 그 공동체의 삶의 방식과 개념들을 자신의 것으로 받아들이기 시작한다. 그리고 마침내 교회가 믿는 것을 향해 참으로 회심한 자가 되었음을 깨닫는다.[11]

이것은 짐 헨더슨(Jim Henderson), 토드 헌터(Todd Hunter), 그리고 크레이그 스핑크스(Craig Spinks)가 그들의 책 『외부자 인터뷰』(*The Outsider Interviews*)라는 책에서 수행한 연구를 통해 예시된다. 그들은 그리스도인이 아닌 젊은 성인들이 교회에 대해 그리고 기독교 신앙에 대해

11 "믿다→행동하다→속하다" 그리고 "속하다→행동하다→믿다"라는 개념은 나의 것이 아니다. 하지만 나는 내가 그 개념을 어디서 처음으로 얻었는지 기억하지 못한다.

어떻게 생각하는지 알기 위해 미국 전역을 여행하며 사람들을 만났다. 그들이 그런 수많은 대화를 통해 얻어낸 의미심장한 결론들 중 하나는 교회 안과 밖에 있는 이들 모두가 봉사하기를 원한다는 것이었다. 그들이 만난 사람들 중 하나는 분명하게 말했다. "나를 교회로 초대하지 마세요. 나를 섬김에로 초대하세요."[12] 우리는 현재 교회 밖에 있는 이들을 우리의 다양한 사역들의 참된 파트너가 되도록 초대함으로써 그들을 자신이 원하는 방식으로 우리 안에 포함시킬 수 있다. 그리고 이것은 결국 그들이 교회와, 그리고 보다 중요하게는 예수와 관계를 맺도록 허락하는 것이 될 수 있다.

실천의 신학은 사람들에게 인내와 공간과 기회를 제공하는 데 전념한다. 그래서 그들이 기독교 신앙을 추구하고 탐색할 때 그들을 적당한 거리에 두고 지켜보지 않고 오히려 그들을 교회의 삶 속으로 환영함으로써 그들이 계속해서 하나님을 향해 나아갈 수 있게 한다. 그런 행위는 바른 교리에 대한 믿음보다는 신앙의 실천을 우선시하는 신학적 입장을 반영한다.

문화 안에서의 성령의 활동에 관한 신학 앞에서 이미 우리는 교회가 신학을 수행하도록 돕는 문화의 역할에 대해 간략하게 살핀 바 있다. 그러나 여기서 이런 원래의 개념을 좀 더 밀고 나가보자. 대응 신학을 계발하

12 Jim Henderson, Todd Hunter, Craig Spinks, David Kinnaman, *The Outsider Interviews: A New Generation Speaks Out on Christianity* (Grand Rapids: Baker, 2010), 135.

기 위해 우리는 하나님의 성령이 우리 문화 곧 세속적인 문화 안에서 활동하고 계신다고 여기는 신학적 개념을 온전히 수용할 필요가 있다. 그동안 교회는 이 특별한 문제와 관련해 혼합된 반응을 보여왔다. 교회의 어떤 부분들에는 하나님이 사회의 특정한 분야에 임재하신다거나 심지어 그런 분야에서 역사하신다는 개념에 대한 뿌리 깊은 반감이 존재한다. 교회의 삶의 어떤 영역들에서 "세상"은 피해야 할 장소로 간주된다. 대중문화와 "세상"에 열심히 참여하는 이들과 너무 가깝게 교제하는 것은 영적 삶에 좋지 않은 영향을 줄 것이기 때문이다. 이런 견해에 따르면, 문화는 대개 불경한 것이므로 문화에 대한 개입은 오직 복음전도를 목적으로 한 것이어야 한다. 이 견해는 오스왈드 챔버스(Oswald Chambers)의 저작들을 통해 압축적으로 표현된다. 비록 지난 세대에 나온 것이기는 하나(1935), 그가 쓴 경건서적 『주님은 나의 최고봉』(*My Utmost for His Highest,* 토기장이 역간)은 사회에서의 성육신적 사역보다 개인적인 하나님 경험을 강조하는 경건의 형태로서 오늘날까지도 많은 이들에게 영향을 주고 있다. 챔버스는 이렇게 말한다. "예수 그리스도의 나라의 핵심은 사람들에게 공적으로 유용하게 되는 것이 아니라 그분과의 개인적인 교제다."[13] 그런 태도는 하나님이 발견될 수 있는 곳으로서의 세상이라는 개념을 일축한다.[14]

13 Oswald J. Chambers, *My Utmost for His Highest* (New York: Dodd, Mead & Co., 1935), 293. 내가 이 발언에 주목하게 된 것은 *The Post Evangelical* (El Cajon, CA: Emergent, 2003), 123에서 Doug Pagitt에 의해 그것이 인용된 것을 보고서였다. 여기서 나는 Chambers가 기독교 영성에 끼친 영향을 완전히 평가절하하려는 것이 아니다. 다만 나는 Chambers가 대표하는 방식에 내재되어 있는 결함을 지적하고자 할 뿐이다.

14 하나님이 대중문화 안에서 활동하고 계실 가능성에 관한 논의를 위해서는, Craig Detweiler,

현대 교회에 속한 다른 이들은 약간 덜 냉소적인 접근법을 취한다. 그들은 문화가 거룩한 목적을 위해 선별적으로 사용될 수 있다고, 또한 그동안 그리스도인들의 오락을 위한 음악, 영화, 책, 그리고 비디오 게임 등을 제공하는 기독교적인 (종종 복음주의적인) 하위문화가 형성되어왔다고 믿는다. 이것은 그리스도인들이 대중문화를 통해 제공되는 것과 동일한 활동들을 즐기는 것을 허락하되, 세상과 어느 정도의 거리를 두고 또한 여전히—미묘하게—비그리스도인이 작곡한 노래보다는 그리스도인이 작곡한 노래를 통해 성령이 임재하실 가능성이 크다는 신학적 메시지를 전하는 방식으로 그렇게 한다.[15]

물론 모든 형태의 문화적 표현을 적절한 것으로 간주할 만큼 그리스도를 희석시킴으로써 그분을 문화와 동일시하는 다른 모델들도 존재한다. 그러나 우리가 유배 상태에서 살아가기 위해서는 하나님이 그동안 크리스텐덤이 형성해온 견해들과 개념들을 초월하는 방식으로 우리를 에워싸고 있는 문화 안에 임재하신다는 사실을 이해할 필요가 있다. 사도행전 10-11장은 성령이 베드로와 예루살렘 교회의 지도자들이 이전에는 고려조차 하지 않았던 문화적 환경 속에서 활동하신다는 것을 상기시켜준다. 그러나 베드로가 고넬료의 집으로 갔을 때 그는 자신이 본 환상과 고넬료와의 최초의 만남을 통해 성령이 그곳에서 역사하고 계신다는 것을 분명

Into the Dark: Seeing the Sacred in the Top Films of the 21st Century (Grand Rapids: Baker, 2008), 29-32를 보라. Detweiler가 주목하는 것은 영화이지만, 이 분야에 관한 그의 언급들은 하나님이 다양한 형태의 대중문화 안에 나타나시고 또한 그 안에서 역사하실 가능성을 폭넓게 인정하고 있다.

15 Dave Tomlinson, *The Post Evangelical* (El Cajon, CA: Emergent, 2003), 124.

히 인식했고, 그로 인해 고넬료의 집 현관 문지방을 넘어서 이방인들 속으로 들어갔다. 물론 하나님은 오래 전부터 그곳에 계셨다. 만약 우리가 신앙적인 관점에서 에스더서를 읽고 그 이야기 안에서 하나님의 활동을 찾아보고자 한다면, 아마도 우리는 하나님이 에스더서의 무대에 등장하기 전부터 이미 그곳에서 역사하고 계셨다는 신호를 발견하게 될 것이다. 에스더가 황후의 자리에 오른 것이 "이 때를 위함"(에 4:14)이라는 모르드개의 말은 하나님의 선행하는 역사를 암시해준다. 그리고 이것은 그 이야기 전반에서 다양한 역전과 "우연의 일치들"이 나타나는 것을 통해 드러난다. 요나서 마지막에 등장하는 하나님의 결말을 열어둔 마무리 질문, 즉 "하물며 이 큰 성읍 니느웨에는 좌우를 분변하지 못하는 자가 십이만여 명이요, 가축도 많이 있나니 내가 어찌 아끼지 아니하겠느냐"(욘 4:11)라는 말씀은 하나님이 요나를 부르신 이유가 무엇보다도 그분이 니느웨에 임재하시고, 그들의 행위에 대해 염려하시고, 그들이 회개하기를 바라시기 때문이라는 것을 계속해서 상기시켜준다. 요나(이스라엘)와 달리 그분은 자신이 염려하는 백성으로부터 분리된 상태로 남아 있고자 하지 않으신다.[16]

하나님이 문화 안에서 그리고 문화를 통해서 역사하신다는 견해의 핵심 관점은 인간의 문화가 하나님의 흔적을 지니고 있다는 생각이다. 문화는 그 뿌리를 하나님의 삼위일체적 문화 안에, 그리고 초월적인 하나님과

16 Christopher Wright, *The Mission of God: Unlocking the Bible's Grand Narrative* (Downers Grove, IL: IVP Academic, 2006), 461. 하나님이 문화 안에서 그리고 비전통적인 수단들을 통해 역사하시는 방법들에 관한 다른 성서적 예들을 위해서는, Detweiler, *Into the Dark,* 15-16.

일시적인 인간 사이의 지속적인 변증법 안에 두고 있다.[17] 하나님은 문화의 궁극적 창조자이며 인간들이 피조세계를 섬길 때 그들과 창조적인 파트너십을 맺으신다는 점에서 인간의 모든 문화를 주관하는 분이시다(창 1:27-28). 만약 우리가 이런 견해를 창세기의 설명에 비추어 진지하게 취급한다면, 하나님이 인간의 복잡한 문화와 그것의 지속적인 발전에 개입하신다는 개념을 끌어안는 것이 그다지 어렵지 않을 것이다.

그러므로 유배 상황에서 우리는 하나님이 우리가 처한 문화의 한가운데 임재하시는 것을 기대할 수 있다. 그분은 우리가 전에는 그럴 것이라고 여길 수 없었던 곳에서 역사하실 것이다. 그분의 은혜는, 사람들이 그것을 알든 모르든 상관없이, 사람들의 삶 속에서 활발하게 역사할 것이다. 어떤 이들은, 비록 정확하게 자신들이 무엇을 구하는지 모를지라도, 이미 적극적으로 은혜를 구하고 있다(고넬료의 경우처럼). 다른 이들은 분명하게 은혜를 구하지는 않으나, 이것이 곧 하나님이 그들을 찾고 계시지 않는다는 것을 의미하지는 않는다(니느웨의 경우처럼). 대응 신학은 이런 현실을 수용하여 활발한 문화적 상황화 작업을 고무한다. 왜냐하면 그것이 우리에게 하나님이 그 상황 속에서 역사하고 계신다는 사실을 확신시켜주기 때문이다.

싱어송라이터인 루신다 윌리엄스(Lucinda Williams)는 그녀의 노래 〈복되도다〉(Blessed)에서 매일의 삶의 현실 속에서 이루어지는 하나님의 활동에 관한 신학을 표현한다. 윌리엄스는 우리에게 하나님의 임재가 어떻게 평범한 사람들의 매일의 삶을 통해 드러날 수 있는지를 알려주는 다

17 Brad Harper, "Response to John Franke," *Cultural Encounters* 6 (2010): 35-36.

양한 인물들을 소개한다. 그녀는 자기가 설교한 대로 실천하는 목회자, 용서하는 법을 배운 방치된 어린이, 학위를 갖지 못한 교사, 우리에게 집으로 가는 길을 알려 주는 노숙자, 우리를 사랑으로 채워주는 허기진 사내, 그리고 그와 유사한 많은 사람들을 통해 복을 받는 것에 관해 노래한다.

윌리엄스의 노래는 매일의 삶속에서 하나님의 임재를 예기하는 세상에 대한 비전을 제공한다. 하나님은 사람들의 삶의 환경과 그들을 둘러싸고 벌어지는 사건들 안에서 활동하신다. 대응 신학은 이 세상에서 이루어지는 하나님의 사역을 이해함에 있어 이 진리를 핵심적인 현실로 수용하며 또한 우리가 유배 상황에서 하나님이 우리와 함께 그 상황 가운데 계신다는 견해를 지니고 살아가도록 준비시킨다.

예술이 주요한 예가 된다. 영화, TV, 문학, 음악, 그림, 조각 등은 모두 사람들이 삶의 신비에 개입하고 진리를 이해하거나 표현하고자 할 때 활용할 수 있는 매체들이다. 종종 하나님은 이런 표현 형태들을 통해 분명하게 드러나거나 암시된다. 그리고 우리는 하나님의 영이 그것들 안에 계시며, 그것들을 통해 우리를 자신에게로 이끌고 계신다는 사실에 놀라지 말아야 한다. 우리는 종종 예술에서 발생하는 영적 대화를, 또한 어떤 이들이 자기들이 다양한 예술 형태를 통해—비록 그 예술의 특정한 부분이 하나님을 분명하게 높이지 않을지라도—이뤄낸 하나님과의 관계와 관련해 제공하는 증거들을 수용하고 물리치지 말아야 한다.[18]

우리는 이에 대한 최근의 한 가지 예를 테런스 맬릭(Terrence Malick)

18 이에 대한 한 예로, Detweiler, *Into the Dark,* 15는 자신을 기독교로 회심하게 만든 촉매가 되었던 R 등급의 영화 Raging Bull을 거론한다.

의 영화 "생명나무"(*The Tree of Life*)에서 찾을 수 있다. 이 영화의 제목은 분명히 창세기 3장에 실려 있는 타락 이야기에 대한 언급이다. 뿐만 아니라 그 영화는 미와 추, 삶과 죽음, 신성의 표지와 말로 표현하기 어려울 정도의 악, 그리고 다른 모든 것들이 공존하는 타락한 세상에서의 삶의 현실을 탐색해나간다. 그 영화는 창조에서 혹은 적어도 지구의 기원에서 시작되어 출생, 사랑, 가족, 그리고 신앙의 풍요와 기쁨에 대해 탐색해나간다. 또한 인간의 야만성, 부모의 학대, 어린아이의 죽음과 그런 일들을 행하시는 하나님에 대한 의문들에 대해 탐색한다. 비록 그 영화가 이런 것들에 대한 해석과 관련해서 결말을 열어둔 채로, 즉 관객들이 각각 자기 나름의 결론에 이르도록 하면서 끝나기는 하지만, 그 영화 자체는 영성에 대한 진지한 표현이자 의미에 대한 추구다. 하나님의 영이 그런 예술에 개입하고, 그것을 통해 우리를 자신과의 대화로 이끄시는 것을 기뻐하는 것이 가능하지 않을까?

그리스도인들은 예술가로서 문화에 온전히 참여하는 방식으로 하나님이 문화 안에서 역사하신다는 사실을 인정할 수 있다. 아마도 예술은 점점 더 그리스도인들이 세상에 대해 그들 자신과 그들의 신앙을 표현하는 것을 가능케 하는 통로가 될 수 있을 것이다. 예술은—그것이 그림이든, 문학이든, 드라마든 상관없이—그것을 통해 복음이 선포될 수 있도록 문화에 대한 개입을 촉진할 수도 있고, 그리스도인들이 그것을 통해 자신들의 유배 경험의 현실을 표현하는 도구가 될 수도 있다. 문화와 대화하고 그리스도인들을 격려하는 다양한 형태의 예술적 표현들은, 그것들이 독자들의 신학적이고 역사적인 상황을 다룬다는 점에서, 유배기의 디아스포라 조언 이야기(diasporic advice tale)를 닮아 있다. 아마도 그리스도인 예술가들은 소설을 쓰는 것을 통해서든, 음악을 작곡하는 것을 통해서든, 혹은 영화를 제작하는 것을 통해서든 간에 에스더와 다니엘과 요나의 이야기들이 이스라엘 백성을 섬겼던 것과 동일한 방식으로 교회를 섬길 수 있는 기독교적 유배 생활에 관한 희망적인 이야기들을 전하는 유사한 내러티브들을 만들어낼 수 있을 것이다.

다른 측면에서, 전에는 하나님이 회피하셨던 곳이라고 생각되던 어떤 장소들(가령 술집, 락콘서트 장, 문신 가게 등)이 공통의 표현과 경험과 관계를 위한 기회를 제공하는 모임 장소가 될 수 있다. 그런 장소들은 문화와 인간의 삶 속에서 성령의 역사를 촉진시키며, 사람들에게 일상적인 사건들 속에서 초월적인 순간들이 나타날 수 있음을 상기시킨다.[19]

또한 종교들과 사람들 자신의 개인적인 경험들, 심지어 명백하게 그리스도를 높이지 않는 경험들조차 성령이 역사하는 장소가 될 수 있다. 우리의 신학은 하나님이 사람들의 비기독교적인 종교적 경험과 심지어 가장 이상한 삶의 환경 가운데서도 역사하실 수 있다는 사실을 수용해야 한다. 사람들이 그들 자신의 이야기에서 확인하는 신령한 삶에 대한 암시들을 일축하는 것은 나날이 그분으로부터 멀어져가는 문화 속에서 이루어지는 하나님의 일하심의 범위의 가능성을 놓치는 것이고, 또한 보다 큰 명확성과 진리를 낳도록 도울 수도 있는 대화의 가능성을 내던지는 것이다.[20]

19 문신을 종교적 의미의 근원으로 설명하는 것에 관해서는, Tom Beaudoin, *Virtual Faith: The Irreverent Spiritual Quest of Generation X* (San Francisco: Jossey-Bass, 2000), 77-78을 보라.

20 Clark Pinnock은 성령의 역사가 "단지 교회뿐 아니라 모든 인간을 지도하고, 이끌고, 간청하고, 영향을 주고, 잡아끌고 있다"고 쓰면서 이에 동의한다. (*Flame of Love: A Theology of the Holy Spirit* [Downers Grove, IL: InterVarsity Press, 1996], 216).

내 친구들 중 하나—그는 헌신되고 사랑이 충만한 기독교 가정에서 성장했음에도 여러 해 동안 캐나다의 어느 큰 도시의 거리에서 마약 중독자로 살았다—는 자기가 친구를 만나기 위해 어느 마약 밀매소를 찾아 갔던 이야기를 전해준다. 마루 위에 쓰러져 있는 마약 중독자들의 몸을 타고 넘어가다가 그는 전에 자주 자기에게 마약을 팔았던 한 여자가 그 방 건너편 의자에 앉아 있는 것을 보았다. 그가 그녀에게 가까이 갔을 때, 그녀는 그를 똑바로 쳐다보았다. 그리고 그가 말을 꺼내기도 전에 그를 향해 이렇게 물었다. "바비, 당신 여기서 뭘 하고 있어요?" 그는 전에도 여러 번 그녀를 같은 마약 밀매소에서 만난 적이 있었다. 하지만 그날 그녀가 던진 질문과 그녀의 얼굴 표정은 그를 멈칫거리게 했다. 그 순간 그는 예수가 자신에게 말을 하고 있다고 느꼈다. 갑자기 "당신 여기서 뭘 하고 있어요?"라는 질문이 깊은 의미를 지니기 시작했다. 그 질문은 어떤 신비한 방식으로 실존적 특성을 지니게 되었다. 왜냐하면 의자에 앉아 그 질문을 던지는 이가 예수처럼 보였기 때문이었다. 그 순간 그는 성령이 삶을 낭비하고 있는 자신을 정죄하고 계신다고 느꼈고 갑자기 삶의 방식을 바꾸고 싶어졌다. 그는 그 질문에 답하지 않았다. 그가 할 수 있었던 모든 것은 돌아서서 그 집을 떠나는 것이었다. 예수가 그 마약 밀매소에 있었던 것일까? 예수가 그 날카로운 소리를 내는 여자 마약상을 통해 자신을 드러내셨던 것일까? 내 친구는 그분이 그렇게 하셨다고 말할 것이다. 문화와 인간의 경험 안에서 그리고 그것들을 통해서 이루어지는 하나님의 역사에 관한 우리의 신학이 그런 가능성을 지닐 수 있을까? 하나님이 그곳에 계신다는 현실 인식을 통해 형성된 유배 신학은 우리로 하여금 그런 가능성을 확언해주며 또한 그런 가능성에 대해 축하할 것을 요구한다. 왜냐하면 그런 가능성들은 우리에게 하나님은 얼핏 그분의 백성이 그들 자신을 통제하지 못하고 있는 것처럼 보이는 때조차도 여전히 그들 가운데서 활동하시면서 그들을 통제하신다는 확신을 제공해 주기 때문이다.

우리의 지배적인 문화가 모두 하나님으로부터 이탈한 것처럼 보이고, 우리가 기독교 신앙에 대한 개방성이 분명하게 줄어들고 있는 것을 감지할 때, 과거의 유배자들의 이야기를 통해 예시되는 대응 신학은 그런 상황의 회복을 위해 아주 중요하다. 그것은 우리에게, 우리가 전에는 하나님이 임재하시는 곳이라고 여기지 못했던 곳에서도 하나님의 역사를 찾아볼 것을 요구한다. 또한 그것은 우리에게, 성령은 그곳에도 임재하시며 "어느 곳에서든 그리고 모든 곳에서 하나님과의 변혁적인 관계를 증진시키실 수 있다"는 것을 상기시켜 준다.[21]

결론

A. W. 토저(Tozer)는 이렇게 말했다. "우리에게 가장 중요한 것은 하나님에 대해 생각하는 것이다." 다소간 역설적으로, 이 장에서 다룬 내용 중 일부에 기초해 말하자면, 하나님에 대한 우리의 개념은 결국 우리가 오늘날 교회의 유배 상황이라는 현실을 어떻게 통과해 나갈지를 결정지어줄 것이다. 신학적 측면에서 오늘 우리에게 필요한 것은 이스라엘과 초기 교회에 필요했던 것과 같다. 즉 우리는 우리의 현재 상황이 불가피하게 하나님이 어떤 분이시며 그분이 이 세상에서 어떻게 일하시는지에 관한 새로운 사실들을 밝혀 주리라는 것을 인정할 필요가 있다. 그러므로 우리는 하나님이 자신이 누구이시며 우리가 어떤 존재가 되어야 하

21 Ibid., 186-87.

는지에 관해 알려주시는 것들에 대응할 수 있는, 또한 우리가 자신의 새로운 상황에 선교적 입장을 지니고 개입할 때 우리에게 또 다른 통찰들이 주어지리라는 것을 예기하면서도 이런 통찰들을 효과적으로 실천에 옮길 수 있게 해주는 신학적 비전이 필요하다. 우리가 교회를 이끌어 유배의 시기를 통과하게 하는 데에는 이런 종류의 신학적 리더십이 필요하다. 우리는 폭풍에 대비해 배의 승강구들을 밀폐해서는 안 되며, 전에 우리가 "참되다고 알았던" 것이 아무도 거기서 벗어날 수 없는 신앙에 대한 무오류한 해석이라고, 따라서 만약 누군가가 거기서 벗어난다면 그들에 대한 정죄가 필요하다고 생각해서도 안 된다. 오히려 우리의 믿음의 조상들이 했던 것처럼, 우리 역시 공개적으로—심지어 열렬하게—그리스도인으로서 우리의 신앙을 포스트크리스텐덤(post-Christendom)이라는 새롭게 떠오르고 있는 현실에 맞춰 개정하고 다시 방향을 잡아야 한다. 바로 그런 태도 안에서 우리는 자신의 신앙이 이스라엘과 최초의 제자들의 신앙처럼 활기차게 그리고 계속해서 보존될 수 있으리라는 희망을 발견할 수 있을 것이다.

10장

거룩함

유배기의 정체성

에릭 에릭슨(Erik Erikson)은 개인의 정체성 발달에 관한 이론으로 유명한 발달심리학자다. 에릭슨은 특히 개인의 정체성에는 인격적 일관성과 자신이 얼마나 독특한지에 대한 인식이 포함된다고 주장한다. 우리의 정체성은 우리가 알려지고 인식되는 방식이자 다른 사람들 가운데서 평판을 얻는 방법이다. 정체성의 형성은 모든 사람에게, 특히 사춘기에서 성년기로 넘어가는 과정에 있는 이들에게 중요하다.[1] 성숙을 향한 이런 움직임은 개인뿐 아니라 집단에게도 중요하다. 특히 그 집단이 사회의 주변부에 위치해 스스로를 자신과는 아주 다를 뿐 아니라 자신보다 훨씬 더 강력한 문화적 패권 안에 존재하는 하나의 공동체로 세우기 위해 애쓰고 있는 경우에는 더욱 그러하다.

유배 상황에 있는 하나님의 백성에게 정체성의 형성은 생존을 위한 기

1 이에 대한 충분한 설명을 위해서는 Erik Erikson, *Identity, Youth and Crisis* (New York: W. W. Norton, 1994)를 보라.

본적인 요소다. 우리는 이미 유배 상태의 교회를 위한 정체성의 여러 측면들에 대해 살핀 바 있다. 하지만 이 주제에 관해서는 좀 더 많은 논의가 필요하다. 왜냐하면 그것은 모든 종류의 유배에—그것이 정치적인 것이든, 종교적인 것이든, 사회적인 것이든, 신학적인 것이든 간에—결정적으로 중요한 문제이기 때문이다.

교회의 경우 그것의 정체성의 핵심적 요소는 자신이 이 세상에서 그리스도를 대표하도록 부르심을 받았다는 사실을 이해하는 것이다. 그것이 지닌 온갖 불완전함에도 불구하고 교회는 예수의 삶을 예시하라는 명령을 받고 있다. 다시 말해, 교회는 자신의 공동생활을 통해 복음의 메시지를 구현함으로써 복음을 의미 있는 것으로 만들어야 한다. 교회는 그 자체로 복음의 논리다. 왜냐하면 교회는 예수가 진지하게 취급되고 사람들에게서 그의 가르침이 불완전하게나마 추종될 때 그가 만들어낼 수 있는 변화를 예시하기 때문이다. 그런 의미에서 교회는 교회 밖에 있는 이들에게 복음을 이치에 맞는 것으로 보이게 하기 위해 조직되었다고 할 수 있다. 교회의 이런 자기 이해는 교회와 세상 모두에게 점점 더 필요해지고 있는데, 그것은 문화가 이제 더 이상 교회가 제자를 만들어내는 일을 돕지 않고 있기 때문이다. 오늘날 대체로 문화는 성서 이야기의 한 토막을 나누는 일이나 한때 당연한 것으로 간주되었던 이런저런 형태의 성서적 윤리를 강화하는 일을 그쳤다.

나는 성장하는 동안에 그 어떤 교회에 참여하거나 참석하지 않았다. 때때로 나와 가족이 교회에 가는 일이 있기는 했으나, 그런 일은 아주 드물었다. 나의 부모님은 종교적 성향의 측면에서 보자면 그리스도인으로 분류될 수 있는 좋은 분들이었고 분명히 어떤 식으로든 신앙에 반대하지 않으셨다. 그럼에도 나는 정기적으로 주일학교 교사들로부터 지혜를 흡수하거나 예배에 참석해 목사가 성서의 지혜를 전달하는 동안 지루함 때문에 꼼지락거리거나 하면서 자라지 않았다. 그럼에도 아이 시절과 청년 시절에 나는 주기도문에 대해 알았고, 모세가 십계명을 전달했다는 것도 알았고, 요나가 고래에게 삼켜졌다는 것도 알았고, 예수가 나의 죄를 위해 십자가에서 죽었다는 것도 알았다. 도대체 나는 어떻게 해서 그런 것들에 대해 알게 되었던 것일까? 정확하게는 모르겠다. 다만 내가 아는 것은 내가 속했던 문화가 어떻게든 나에게 그것들에 대해 알려주었다는 것이다. 나는 그것을 교회로부터 얻지 않았다. 왜냐하면 교회는 내가 자주 갔던 곳이 아니었기 때문이다.

나의 이야기는 오늘날의 많은 젊은이들에게는 낯선 것이다. 왜냐하면 오늘의 문화는 더 이상 그들이 기독교적 개념들에 대해 배우도록 돕지 않기 때문이다. 한때 그것은 기독교의 형성에 공헌했을 수도 있지만 이제 더 이상 그것에게 동일한 역할을 기대해서는 안 된다. 오늘날 대개 교회는 사람들이 예수에 관한 사실들에 대해 배우고 경험하도록 돕는 일을 자력으로 해나가고 있다. 이것은 우리로 하여금 그분의 백성으로서 우리의 정체성을 받아들이고, 우리의 공동생활이 사람들로 하여금 복음이 그들의 삶을 이끌고 있는 다른 이야기들에 대한 대안적 이야기라는 의미를 갖는다는 사실을 깨닫게 해주는 지점이 될 수 있기를 소망하도록 요청한다.

교회의 정체성의 이런 측면의 발전에서 꼭 필요한 것은 자신이 거룩한 백성으로 부르심을 받았다는 개념이다. 우리가 살펴보았듯이, 거룩함에 대한 촉구는, 그것이 베드로전서 안에서 중요한 역할을 했던 것처럼, 이스라엘이 자신의 유배에 대해 보였던 핵심적인 대응이 되었다. 거룩함은 언제나 하나님의 백성에게는 정체성의 문제다. 그러나 유배기에 그것은 그것의 경계들이 탐색되고 또한 그 안에서 구별된 행위들이 서술되고 정의되는 범주가 된다. 성서가 말하는 거룩함이라는 개념은 분리된다는 개념에 의해 특징지어진다. 거룩함에 대해 자주 사용되는 히브리어는 카도쉬(*qâdôš*)인데, 그것은 선택되고 성별되는 것을 의미한다. 또한 그리스어에서 거룩에 해당하는 단어는 하기오스(*hagios*)인데, 그것은 문자적으로 "구별되다 혹은 성별되다"라는 유사한 의미를 갖고 있다. 구별됨은 우리가 살고 있는 공동체의 삶 전반에 적극적으로 공헌하는 건설적인 방식으로 세상에 개입함으로써 기독교 신앙의 윤리를 반영하는 행위를 요구한다. 또한 그것은 우리가 우리 자신과 우리가 속한 공동체에 부정적 영향을 줄 것이라고 여기는 행동을 하지 않을 것을 요구한다. 이런 일들을 지속적으로 실천함으로써 우리는 무엇이 우리를 예수의 추종자로 살아가기를 추구하는 자들로 구별시켜주는지를 정의한다.

우리가 거룩함에 대한 부르심을 회피하려는 것은 어느 정도는 자연스러운 일이다. 부분적으로 그것은 우리가 종종 핵심적 가치인 거룩함과 연계된 운동의 일부를 이루는 엄격하고 강압적인 율법주의를 두려워하기 때문이다. 우리는 거룩함이 자기 의로, 혹은 거룩한 이들과 거룩하지 않다고 간주되는 이들 사이의 분열로 이어질 수 있다는 것을 안다. 그럼에도 우리는 성서의 저자들이 그들의 공동체를 거룩한 삶으로 부르는 것을 주저하지 않았다는 것을 회피해서는 안 된다. 교회는, 만약 그것이 참으로 이 세상에서 그리스도의 몸이 되고자 한다면, 자신의 정체성의 이 핵심적 측면을 따라 살아야 하고, 또한 얼마간이라도 복음의 지혜를 믿는 방식으로 자신의 삶을 구체화시켜야 한다.

그러기 위해 우리로서는 참된 성서적 거룩함이 무엇이며, 그것이 우리가 지금 있는 세상에서 어떤 역할을 할 수 있게 하는지를 이해하는 것이 중요하다.

관계적 거룩함

거룩함이란 무엇인가? 어떤 상황에서 이 질문에 대한 답은 비교적 단순하다. 당신이 해야 할 몇 가지 일들이 있다(가령 예배에 참석하기, 십일조 바치기, 사역에 자원하기, 기도하기, 성서 읽기, 교회가 정한 것에 따라 도덕적으로 바른 삶을 살기 등). 그리고 당신이 하지 말아야 할 몇 가지 일들이 있다(가령 예배 빼먹기, 음주, 흡연, 혼외정사, 교회가 승인하지 않는 곳에 가기, 신앙과 교회의 행습에 대해 너무 많은 질문하기 등). 당신이 최선을 다해 이런 공식에 맞추어 살고자 할 때, 비록 아무도 당신을 그런 용어로 부르지 않더라도, 당신은 거룩한 사람으로 간주된다.

이런 행동 목록들 중 어떤 것들은 실제로 성서의 지혜를 반영하지만, 거룩함은 단순한 공식에 의해 정의될 수 없다. 본질적으로 거룩함에 대한 성서의 비전은 관계적(relational)이다. 그것은 사람들이 존경어린 태도로 하나님과 관계를 맺고 살아가면서 그분을 예배하기 위해 구별된 공동체로서 그 관계가 제공하는 유익을 즐길 수 있는 길을 제시한다.[2] 본질적으로 거룩함은 하나님과의 교제에 관한 것이다. 하지만 그 교제는 물리적 세계의 현실 안에서 발생하는 구체적인 거룩함이지, 실제로 그것이 어떻

2 Jill Middlemas, *The Templeless Age: An Introduction to the History, Literature, and Theology of the "Exile"* (Louisville, KY: Westminster John Knox, 2007), 133.

게 보이는지에 대한 그 어떤 구체적인 정의도 내리려 하지 않는 전적으로 추상적인 개념이 결코 아니다. 더 나아가 성서의 저자들은 거룩한 삶을 살고 거룩하신 하나님을 구체적으로 드러내는 것은 우연히 일어나지 않는다고 주장한다. 하나님의 백성은, 아무리 좋은 의도를 갖고 있을지라도, 그 어떤 방향도 없이 방황하듯 거룩함 안으로 들어서지 않는다. 그들에게는 그들이 거룩한 삶을 추구하도록 방향을 정해주고 능력을 부여해주는 구체적인 실천사항들이 필요하다. 월터 브루그만은 레위기에서 발견되는 전통이 이런 현실을 대표한다고 여긴다. 그는 이렇게 쓴다. "레위기의 전통은 거룩함의 훈련, 즉 삶이 요구하는 그 순간에 의도적으로 그 삶을 하나님의 거룩하심에 맞추게 하는 구체적이고 유형적인 방법들을 촉구한다."[3] 거룩함의 실천은 교회를 하나님의 지혜와 이 세상을 위한 그분의 의도가 드러나는 장소로 만든다. 그러나 그런 실천은 단순히 어떤 규칙들을 따르는 것이 아니다. 오히려 그것은 사랑과 순종의 관계를 발전시키는 실천이다. 그것은 대응적 관계에 깊이 뿌리를 내리고 있는 실천이다. 이런 관계적 거룩함은 이 세상에서의 삶에 대한 성서의 비전에 내재되어 있다. 베드로전서 역시 이런 개념을 갖고 있다. 그 서신의 저자는 거룩함에 대한 자신의 요구를 자신의 독자가 예수 그리스도를 통해 맺은 하나님과의 관계와, 그리고 그들이 그 관계를 구체적이고 견고한 방식으로 구체화시켜야 할 필요와 연관시킨다.

우리가 구약성서에서 보았듯이, 유배는 이스라엘로 하여금 그들과 이

3 Walter Brueggemann, *Deep Memory, Exuberant Hope: Contested Truth in a Post-Christian World* (Minneapolis: Fortress, 2000), 63.

방인들 사이의 경계를 유지하고 그들이 문화적으로 구별되는 것을 보증해주는 하나의 방식으로서의 거룩함에 새롭게 헌신할 것을 촉구했다. 우리가 앞에서 주장했듯이, 만일 레위기의 제사장적 명령들이 유배기 동안에 (최종적으로) 확정된 것이라면, 우리는 그것들이 이스라엘 백성에게 그들을 향한 하나님의 뜻을 반영하는 삶을 삶으로써 그들의 하나님을 모방하라고 요구한다는 점을 놓치지 말아야 한다(레 11:44-45; 19:2; 20:7). 1세기의 독자를 향해 편지를 쓰면서 베드로는 동일한 언어를 사용해 그의 독자들에게 그들이 살아야 할 삶이 그들이 속한 문화와 구별되어야 하며, 그렇게 할 때 그 삶이 그들을 그리스도께 속한 자들로 규정해주리라는 것을 상기시킨다. 베드로전서가 말하는 거룩함은 교회가 구원받은 백성으로서 자신의 정체성을 살아내는 수단이 된다. 즉 이제 그리스도 안에 있고 하나님의 백성으로 지명된 자들인(벧전 2:9) 그들의 소명은 하나님이 거룩하신 것처럼 거룩해지는 것이다(1:15-16). 거룩한 공동체인 하나님의 백성은 세상으로부터 철수하는 것이 아니라 오히려 세상에 개입하는 삶을 살아야 한다. 그러나 세상에 개입하는 그들의 삶 역시 그들이 매일 어깨를 비비며 살아가는 이들과 어떤 식으로든 구별됨을 보여주는 방식으로 자신들과 예수의 관계를 반영해야 한다. 서구 교회에서 오늘날 하나님의 백성으로서 교회가 거룩해지는 것이 무엇을 의미하는지에 대한 갱신된 개념은 교회가 지금과 같은 유배적 실존 상황 안에서 효율적인 삶을 살아가는 데 꼭 필요하다.

이야기적 거룩함의 삶 살기

교회의 공동생활은 세상에 대해 대안적인 이야기, 특히 하나님의 이야기를 전하는 텍스트가 되도록 고안된 것이다.[4] 이것은 베드로전서 2:4-5에 반영되어 있다. 거기서 베드로는 교회를 "산 돌이신 예수"와 결합된 "산 돌들"로 묘사한다. 그렇게 해서 그들은 "신령한 집으로 세워지고 예수 그리스도로 말미암아 하나님이 기쁘게 받으실 신령한 제사를 드릴 거룩한 제사장이 될 것이다"(5절). 이 말은 베드로의 교회를 오래 전의 예루살렘 성전, 즉 하나님이 특별하고 강력한 방식으로 임재하셨던 장소와 분명하게 연결시킨다. 그러나 하나님은 본질적으로 어느 한 장소가 아니라 한 백성 안에 계신다. 그리고 그 백성은 베드로의 독자이며, 확대해서 말하자면, 그것이 발견되는 장소가 어디든 상관없이 모든 곳에 존재하는 교회들이다.[5]

이것은 우리로 하여금 거룩함을 하나님의 백성의 계속되는 삶 속에서 구현되는 성서 이야기에 대한 지속적인 표현으로 생각하도록 초대한다. 이것은 거룩함을 이야기의 행위로, 즉 성서의 이야기 안에서 살아가며 그 이야기와 극적으로 교류함으로써 그것을 현재의 상황 속에서 충실하게 구현하는 행위로 만든다. 거룩함에 대한 이와 같은 이해는 성서를 오래 전에 쓰이고 완성된, 그래서 오늘 우리에게까지 전해 내려온 형식적인 규칙들로서 적용 및 순종되어야 하는 책으로 여기는 정적인 접근법과 구별

4 분명히 해두자. 내가 여기서 "텍스트"로서의 교회라는 개념을 사용하는 것은 성서가 텍스트로서 불충분하다거나 교회가 텍스트로서의 성서를 대체한다거나 하는 의미가 아니다. 이것은 교회가 하나님의 진리와 그분의 말씀에 대한 증인으로서 수행하는 중요한 역할을, 또한 그러하기에 그것이 어떻게 해서 사람들이 "읽을 수 있는" 또 다른 텍스트로서 이해될 수 있다는 점을 인정하는 것이다.

5 우리가 3장에서 지적했듯이, 이런 신학적 주장, 즉 하나님의 임재가 어느 한 장소가 아니라 어느 한 백성과 함께하신다는 주장은 (비록 간접적으로이기는 하나) 에스더서 안에서 나타나기 시작한다.

된다. 이야기적 거룩함(narrative holiness)은 우리가 일련의 규칙들이 아닌 우리의 이야기를 따라 살아가도록, 즉 종종 우리를 우리가 속한 문화의 이야기와는 어긋나지만 하나님의 이야기와는 조화되는 방식으로 이끌어가는 이야기를 따라 살아가도록 부르심을 받았다는 개념에 의해 인도된다. 우리가 우리를 성서의 일부로 보지 않고 성서를 우리 밖에 있는 그 무엇으로 여길 때, 성서는 우리가 배우고자 애쓰는 다른 누군가의 이야기로 기능한다. 반면에 우리가 그것을 우리 자신의 이야기로 이해할 때, 우리는 자신이 충실하게 영속화시키려 하는 전통의 계승자로서 그 이야기 안으로 들어갈 수 있다. 다시 말해, 이야기적 거룩함은 하나님의 이야기를 계속해서 써나가는 것으로서의 거룩함에 대해 생각한다. 그것은 이 세상에서 하나님의 삶에 대한 지속적인 표현 안에 의식적으로 참여하고자 하는 시도다. 이것은 거룩함을 매우 관계적인 것으로 만드는데, 왜냐하면 이때 거룩함은 하나님과 우리의 관계로부터 나오고 궁극적으로 우리 인간들 상호간의 관계를 통해 표현되기 때문이다. 그렇게 할 때 우리는 성서의 이야기 속으로, 즉 하나님이 어떤 분이신지 그리고 그분이 우리의 세계와 어떻게 관계하시는지에 관한 이야기 속으로 들어가며, 또한 그 이야기를 우리가 사는 방식을 통해 표현하고자 한다.

이것은 거룩함을 위한 동기를 하나님(혹은 성서)께 순종한다는 개념에서 하나님의 삶에 참여하고 그 삶을 충실하게 표현한다는 개념으로 바꾼다. 거룩함에 대한 이런 관계적 접근법은 단지 성서의 이야기에 좀 더 일치하는 것에 그치지 않고 우리로 하여금 관계 안에 계신 하나님을 거룩해지는 것의 의미와 관련된 핵심적 가치로 이해하도록 초대한다.

그러므로 거룩함은 새로운 시대와 상황 속에서 계속되는 하나님의 이야기를 충실하게 살아내는 기술이다. 거룩함은 하나님이 모든 시대에 걸쳐 그분의 백성에게 요구하시는 삶의 방식을 따라 적절하게 살아가고자 하는, 그러나 또한 그것이 언제나 하나님의 백성이 지금 처해 있는 시간과 장소 안에서 표현된다는 사실을 이해하는 기교적인 충실함(artful faithfulness)이다. 기교적인 충실함에 대한 실천은 성서의 이야기를 통해 인도를 받는다. 하지만 그것은 커다란 도전이다. 왜냐하면 성서는 우리가 거룩함을 추구하는 과정에서 만나는 모든 문제에 대해 늘 명확한 답을 주지는 않기 때문이다. 그러므로 계속되는 하나님의 이야기에 충실한 방식으로 살아가기 위해서는 커다란 용기와 큰 분별력이 요구된다. 사실 때때로 우리는 우리의 상황이 거룩함이 무엇인지를 정의할 수도 있다는 것을 알아차릴 수 있다. 물론 이것은 성서 진리의 무시간성과 그것의 가르침을 초문화적으로 적용하는 것의 타당성에 대해 의문을 제기한다. 만약 거룩함이 과학 이상의 기술이라면, 또한 그것의 표현이 시대와 장소에 따라 달라질 수 있다면, 도대체 우리는 자신이 그것을 올바로 이해하고 있는지 여부를 어떻게 알 수 있는가? 어떤 이들은 이렇게 통제되지 않는 주관성을 잘 봐줘야 별로 도움이 되지 않는 것으로, 그리고 최악의 경우에는 반성서적인 것으로 여기며 거부할 것이다. 그러나 성서의 이야기(그리고 우리의 이야기)는 분명히 이런 긴장을 다루고 있으며 또한 서로 다른 상황 속에서 거룩한 삶을 사는 것이 가능하다는 것을 예시해준다. 우리는 성서에 실려 있는 두 가지 예를 간략하게 살핌으로써 이야기적인 거룩함을 살아내는 기술의 핵심을 찾을 수 있을 것이다.

성서의 두 가지 예가 흥미로운 병행을 통해 거룩함의 기술을 보여준다. 그것들은 거룩해지는 것과 관련해 서로 다른 비전을 제시하지만, 성서 안에 나란히 놓여 있다. 에스라와 느헤미야에 관한 유배기의 이야기들(여기서는 하나의 단위로 다루어진다)은 거룩함에 대해 고도로 분리주의적인 비전을 제시한다. 그들의 메시지의 핵심은 이스라엘이 참으로 거룩해지려면 다른 민족들과의 결혼이라는 문제를 처리하고 그런 관습에 등을 돌려야 한다는 것이다. 에스라 10-11장은 에스라가 이스라엘 백성에게 그들이 하나님 앞에서 바로 서기 위해서는 이방인과의 결혼에 대해 회개하고 그들의 혼혈 가족을 그 땅에서 추방하는 극단적인 선택을 해야만 한다고 촉구하는 것에 대해 보도한다. 느헤미야 10:30은 이 명령을 반복한다. 두 경우 모두에서 백성들은 그 명령에 따른다. 이것은 이 두 책이 제기하는 거룩함의 비전을 압축적으로 보여준다. 그 비전은 이스라엘 백성에게 다른 민족들과 거리를 유지하고 자신들이 그들과 구별되어 있음을 과격하게 강조하는 실천을 통해 하나의 백성으로서 그들의 독특성을 드러내도록 명령한다.

성서에서 느헤미야서의 뒤를 잇는 것은 에스더서다. 에스더서에서 우리는 에스라-느헤미야의 그것과는 아주 다른 거룩함에 대한 비전을 얻는다. 우리가 앞에서 살폈듯이, 에스더는 그녀가 이방인 왕과의 결혼을 포함해 페르시아 문화에 완전히 동화된 것 때문에 논쟁거리가 되고 있는 인물이다. 분명히 에스더는 에스라와 느헤미야가 염두에 두었던 종류의 거룩한 삶을 위한 모델이 될 만한 사람이 아니었다. 에스더의 거룩함은, 우리가 보았듯이, 그녀가 자기 동포에게 보였던 충실함과 민족적 위기 때 기꺼이 그들을 대신해—심지어 자신의 목숨을 걸어가면서까지—행동하려 했던 것에서 발견된다. 그녀는 비록 이방 땅의 방식에 젖어 있었으나 자신보다 동포의 안녕을 우선시하는 위대한 영웅적 행동을 통해 자기 동포의 대표로서 자신의 독특성을 드러냈다.

우리는 그 두 가지 모델 모두가 주어진 상황 속에서 기교적인 충실함을 드러낸다고 말할 수 있다. 에스라-느헤미야가 처한 상황은 고국으로의 귀환이었다. 그곳에서 중요한 것은 상황을 재정립하는 것이었고, 따라서 애초의 이상적인 상태로 되돌아가는 것은 그 프로젝트의 필수적 일부였다. 반면 에스더서에서 우리는 극심한 주변화가 발생하고 있는 상황을 발견한다. 그런 상황에서 이스라엘 백성이 페르시아의 관습을 분명하게 거부하는 것은 문제가 될 수 있었다. 그럴 경우 그 민족의 존립 자체가 위험에 빠질 수도 있었다(에스더 3:8은 하만이 왕에게 이스라엘 민족을 멸절시키도록 요구한 것이 하나의 백성으로서 그들이 갖고 있던 독특성에 근거를 두고 있음을 보여준다). 그 상황에서 거룩함은 문화적 개입과 자기 백성을 위한 하나님의 이야기에 대한 충성 사이에서 이루어지는 미묘한 춤이라고 할 수 있다. 에스라-느헤미야와 에스더의 경우 둘 다 주인공들은 거룩하다. 왜냐하면 그들은 자신들의 하나님의 이야기를 전개하는 일에 충실함으로써 그 이야기가 그들의 동포의 삶 속에서 구현되게 하는 방식으로 살아가기 때문이다.

참된 거룩함은 이런 두 가지 개념들, 즉 세상과 분리되어 사는 것과 세상에 온전히 개입하며 사는 것 사이의 긴장 속에서 살아가는 것(세상 "안에서" 그러나 세상에 "속하지 않은 채" 사는 것)을 통해 발견된다. 바로 이런 긴장의 한가운데서 우리는 이런 개념들이 여러 가지 방식으로 서로 경쟁하고 있으나 또한 그것들이 충실한 삶을 살고자 결심하는 이들에 의해 하나로 묶여야 한다는 것을 알게 된다. 바로 이것이 관계적이고 이야기적인 거룩함의 기술이다.

교회가 거룩해지도록 돕기

만약 교회가 관계적이고 이야기적인 거룩함을 실천하면서 살아가고자 한다면, 마땅히 교회는 자신의 공동생활을 통해 전하고자 하는 이야기에 친숙해져야 한다. 다시 말해, 교회는 교회를 "대안적인 존재"로 구별해주는 표지가 무엇인가 하는 질문에 답할 수 있어야 한다. 우리가 보았듯이, 베드로전서는 그 표지가 교회가 일반적으로는 이스라엘의 율법을 통해, 그리고 특별하게는 레위기 19장을 통해 묘사되는 하나님의 거룩하심을 반영하는 공동체가 되는 것이라고 주장한다. 이런 점에서 자신의 독자들을 향한 베드로의 명령은 그들이, 과거에 이스라엘이 온 세상이 볼 수 있는 거룩한 삶의 구체적인 표현으로서의 역할을 하도록 지음 받았던 것과 동일한 방식으로, 계속해서 이 세상에서 그런 백성으로 존재해야 한다는 것이었다. 그러므로 레위기 19장 본문의 내용은 지금도 여전히 고대의 유배자들의 그것과 유사한 개인적이고 공동체적인 거룩함의 도전과 마주하고 있는 오늘의 회중을 위한 나름의 형성능력(formational power)을 지니고 있다. 레위기 19장 본문—베드로전서 1:15을 통해 중개되고 있는—은 오늘의 서구 문화에 속한 교회를 위해 시사하는 바가 크며 공동체적 삶에 관한 대화를 전개하는 데 필요한 자료 역할을 할 수 있다.

레위기 본문 전승을 이어가면서 오늘날 교회의 유배적 정체성을 규정하는 중요한 목회적 과업에 추가적인 도움을 제공하는 신약성서 본문이 바로 산상수훈이다(마 5-7장). 여기서 우리는 자신의 공동체에 대한 예수의 비전과 관련된 가장 분명하고도 간결한 설명을 발견한다. 우리가 공통적으로 경험하고 있는, 세상에서 흔히 발견되는 것과는 극적으로 달라 보이는 공동체에 대한 청사진이 바로 이 본문을 통해 구체화된다. 지복(至

福)으로부터 시작해(마 5:3-12), 간음(5:27-32), 원수를 대하는 일(5:43-48), 곤경에 처한 이들을 돌보는 것(6:1-4), 재정을 맡은 청지기(6:19-24), 그리고 다른 이들을 판단하는 일(7:1-6) 등의 문제를 다루는 이 본문은 거룩한 공동체가 무엇과 같은지를 규정하는 그림을 펼쳐 보인다. 문화에 개입하되 그것에 순응하지 않는 공동체를 형성하기 위해서는 이 본문을 그 공동체 구성원들의 매일의 선택에 도움을 주는 방식으로 이해할 필요가 있다.[6]

유배기의 지도자들은 교회가 자신의 이야기를 정의하도록, 그리고 그 이야기를 어떻게 살아내는지 이해하도록 도움으로써 교회가 자신의 공동생활을 통해 자신이 처해 있는 제국의 기성 원리들을 비판하고 또한 교회 자신의 삶을 통해 예시되는 또 다른 방식의 삶을 제공하는 공동체로 세워 나갈 수 있게 해야 한다. 오늘날과 같은 유배적 시기에 목회 지도자들이 특별히 충실하게 이행해야 할 일은 회중을 레위기 19장과 마태복음 5-7장에 대한 장기간의 공부 과정으로 이끌면서 그들 스스로가 이런 본문들이 공동생활에 대해 갖는 의미를 신중하게 성찰하도록 만드는 것이다. 설교와 가르침이 있는 곳에서 이런 본문들은 하나님의 백성, 즉 그들이 속해 있는 문화와 구별된 자들을 위해 하나님의 비전을 내던지고 탐구하는 기초가 된다. 이것은 단지 공동체를 세우는 행위일 뿐 아니라 또한 선교적 가능성들로 가득 찬 행위이기도 하다. 교회가 성서에서 제공하는 공동

6 교회를 "복음의 해석학"으로 만드는 형성 능력을 지닌 산상수훈에 대한 추가적인 고찰을 위해서는, Mark L. Branson, "Ecclesiology and Leadership for the Missional Church," in *The Missional Church in Context: Helping Congregations Develop Contextualized Ministry*, ed. Craig Van Gelder (Grand Rapids: Eerdmans, 2007), 94-125를 보라.

체의 비전을 따라 살아간다면, 교회는 갈수록 그 주변의 세상에 진정으로 다른 무언가를 제공하는 장소가 될 것이다.

유배기의 목회적 충실함을 드러내는 또 다른 행위는 교회가 이 세상에서 살아가는 하나님의 백성으로서 자신이 영위하는 공동생활을 위해 성령의 새로운 기름 부으심을 간구하도록 이끄는 것이다. 베드로전서가 그 서신의 독자들을 성령에 의해 형성된 백성으로 이해하듯이, 오늘의 교회도 하나님이 성령을 통해 자신들에게 새로운 능력을 허락해주시기를 간구할 필요가 있다. 왜냐하면 오늘의 교회는 세속 권력이 적극적으로 자신의 자리를 주장하는 문화 속에서 참으로 약한 위치를 가지고 자신의 역할을 수행하고 있기 때문이다. 비록 성서가 교회가 반문화적 공동체로 발전하기 위해 필요한 지식을 제공하기는 하나, 우리로서는 성령이 순종할 능력을 주시는 것이 필요하다. 유배 상태에서 하나님에 대한 의존을 공적으로 선언하는 것은 교회의 형성을 위해서도, 그리고 성령이 교회의 삶에 능력을 부여하시도록 하는 데도 꼭 필요하다. 교회로 하여금 성령의 새롭게 해주심을 위해 기도하도록 이끄는 것은 희망의 자리를 하나님의 손에 내어드리는 것이고 또한 성령의 형성의 역사 없이는 교회가 결코 하나님이 원하시는 것이 될 수 없음을 인정하는 것이기도 하다.

신약성서 학자인 모나 후커(Morna Hooker)는 감리교회를 위한 전례 자료인 『감리교 전례서』(*Methodist Service Book*)를 준비하면서 한 무리의 사람들과 함께 일했던 이야기를 전한다. 그녀는 그 책의 중보기도 부분에 대한 작업을 하던 중 모든 전통의 전례들이 교회를 위한 기도를 중보기도 부분의 맨 앞에 위치시키고 있음을 알게 되었다. 후커는 이것이 기도를 잘못 가르치는 것이라고, 교회는 먼저 세상의 필요를 위해 기도하고 내적인 필요에 대해서는 맨 마지막에 기도함으로써 다른 이들에 대한 사랑을 드러내야 한다고 여겼다. 하지만 그녀와 함께 일했던 위원회는 그녀가 제안한 변화를 거부했다. 심사숙고한 끝에 후커 박사는 당시에 그들이 견지했던 논리를 이해하기에 이르렀다. "교회는 그리스도의 일을 수행하는 그분의 몸이다. 우리는 다른 이들을 위해 기도하고 일하기 **위해서**, 먼저 교회를 위해 기도할 필요가 있다."[7]

교회를 효과적으로 이끌기 위해 우리는 자신이 드리는 공적이고 목회적인 기도에 교회를 위해 성령의 기름 부으심을 간구하는 기도를 정기적으로 포함시켜야 한다. 기도 시간—이것은 교회의 삶을 위해 언제나 중요하다—을 정하는 것은 우리가 문화의 주변부에서 사역할 때 새로이 긴급성을 지니게 된다. 왜냐하면 우리는 공적인 영역으로부터 받는 그 어떤 도움도 결국에는 이지러지거나 완전히 사라진다는 것을, 그리고 오직 하나님만이 우리를 위한 참된 도움의 근원이시라는 것을 알기 때문이다. 유배는 우리를 다시 한번 그리스도의 몸인 우리의 삶의 근원이 되시는 성령께 돌아가도록 초대하며, 기도는 우리가 그분을 모셔 들이는 방법이다.

성서와 성령의 중심성은 교회 안에서 혹은 유배에 접근하는 새로운 개념이 결코 아니다. 분명히 제2성전기의 유대인들은 그들의 삶을 이끌어 주고 그 삶에 필요한 정보를 제공해 줄 문서화된 기록이 필요하다는 것을 이해했다. 그러하므로 히브리 성서는, 우리가 이미 살펴보았듯이, 유배기에 히브리 사람들이 자신들의 신앙을 이해하고 실천하는 데 대단히 중요

7 Morna Hooker and Frances Young, *Holiness and Mission* (Norwich: SCM Press, 2011), 12 (볼드체는 출처의 것임).

하다고 여기는 문서들을 확정했을 때 최종적인 형태를 얻게 되었다. 그렇게 출현한 거룩한 문서들의 뭉치는 그들의 종교적 정체성을 위한 토대 역할을 하게 되었다. 성서는, 교회가 세상을 향해 "너희를 어두운 데서 불러내어 그의 기이한 빛에 들어가게 하신 이의 아름다운 덕을 선포하는" "왕 같은 제사장들이요 거룩한 나라"로서의 자신의 정체성(벧전 2:9)을 얻을 만큼 성장하고자 한다면, 마땅히 강조되어야 한다.

성서 말씀은 언제나 교회를 순종으로 이끄는 일에서 핵심적인 역할을 감당한다. 말씀에 대한 충실함은 대안 공동체의 창조로 이어진다. 그와 동시에 교회는 성령의 역사에 의지해야 한다. 성령은 교회의 순종을 가능케 만들고 세상에 개입하되 세상에 순응하지 않는 공동체인 교회의 삶을 이끈다. 우리가 그 두 가지 일 모두를 수행해나갈 때 우리는 이야기적 거룩함의 긴장 속에서 살아감으로써 세상이 우리를 통해 성서의 이야기를 읽도록 도울 수 있을 것이다.

개입하되 순응하지 않는 삶 살기

유배기의 거룩함은 문화에 순응하지 않으면서도 온전히 그것에 개입한다. 서구 문화 안에서 기독교적 유배의 삶을 살아가는 일은 교회가 사회에 건설적으로 개입하되 그것의 모든 기준들과 이상들에 속박되지 않을 것을 요구한다. 때때로 거룩함은 개인적인 대가를 치러야 하며 자신에게 세상의 이목을 집중시키는 입장을 취할 것을 요구하기도 한다. 다른 경우에 거룩함은 극적인 행위가 아니라 우리가 행하는 매일의 선택에 의해 규정되기도 한다. 사실 이것은 새로운 개념이 아니다. 왜냐하면 교회는 늘 그렇게 하도록 요구를 받아왔기 때문이다. 그러나 유배적 상황은 그 안에 속한 이들에게는 언제나 모호하다. 우리가 자치권과 법률을 만들 힘을 갖고 있을 때 삶은 덜 복잡하다. 우리가 무엇이 "옳은지"를 결정하는 사람일 때 옳은 일을 하기는 훨씬 더 쉽다. 유배는 우리에게서 그런 힘을 빼앗고 우리가 생각하기에 옳은 것이 우리를 지배하고 있는 문화가 생각하기에 옳은 것과 다를 수 있는 상황 속으로 우리를 밀어 넣는다. 그런 상황 속에서 우리는 무엇이 옳은지에 대해, 그리고 과거에 지지를 받았던 믿음과 실천들 중 어느 것이 새로운 상황에 맞춰 재형성될 수 있는지에 대해 판단해야 한다. 서구 문화에서 살아가는 그리스도인들에게 거룩함은 계속해서 변화하는 도덕적 환경 안에서 성서적으로 방향이 잡힌 삶을 살기 위해 애쓰는 일을 요구할 것이다. 다시 말하지만 이것은 결코 새로운 개념이 아니다. 그러나 크리스텐덤 문화가 계속 쇠퇴할 때 거룩함에 대한 도전은 그만큼 더 늘어난다. 이런 때에 지도자의 역할은 교회가 효과적으로 문화에 개입하고 언제 그리고 어떻게 문화적 이상들과 결별해야 하는지를 배우도록 도움으로써 그런 이상들에 부적절하게 순응하지 않도록 이끄는 것이다.

우리가 앞에서 에스더에 관한 연구를 통해 보았듯이, 디아스포라에서 살아가는 유대인이었던 그녀의 품성과 그녀가 이룬 성공의 표지들 중 하나는 그녀가 과잉의 문화와 대조되게 균형 잡힌 삶을 살았다는 것이었다. 그녀 주변에 있던 이들은 큰 것을 과시하는 일에 몰두했으나 에스더는 보다 온건한 접근법을 택했다. 이런 사실은 교회가 자신이 속한 문화에 개입하는 문제를 이해하도록 돕는 문제에서 아주 중요하다. 균형에 대한 이와 같은 강조는 문화에 대한 교회의 참여가 조심성 없이 일어나는 게 아니라, 그리스도의 교회라는 성서적 정체성에 대한 이해로부터 흘러나오는 분별력과 도덕적 의식을 지니고 일어나야 한다는 것을 의미한다. 대부분의 그리스도인들이 물질주의적 소비주의라는 주류 문화에 참여하는 쪽을 택할지라도, 우리의 참여는 물질의 획득 너머에 있는 것에 대한 헌신을 반영하는 균형을 통해서 가장 두드러지게 나타난다. 그럴 경우 소비는 교회의 사역과 교회 주변의 공동체의 필요에 유익을 주는 식의 즐거운 나눔을 통해 균형을 이루게 될 것이다. 소비주의가 만연한 문화 안에서 이루어지는 지속적이고 관대한 나눔은 우리가 시민으로서 우리의 행동을 통해 균형을 드러낼 수 있는 반문화적 실천이다.[8] 더 나아가 많은 그리스도인들이 중요한 사회적·정치적 이슈들을 비판하거나, 심지어 그것들에 저항하는 방식으로 정치 과정에 참여하는 쪽을 택하게 될 것이다. 그런 개입은 적절하지만 균형을 요구한다. 이것은 우리의 담화가 고상하고 겸손해야 할 뿐 아니라, 현재 사람들 사이에서 진행되고 있는 논쟁적인 문제들에 관한 담화의 특징을 이루는 선동적이고 무자비하고 불공정한 수사(修辭)를 멀리해야 한다는 것을 의미한다. 마치 에스더가 기존의 체제 안에서 일하고 자신이 원하는 위치를 얻기 위해 로비를 벌였던 것처럼, 그리고 기회가 주어졌을 때 우아하고 적절하게 말하고 행동했던 것처럼 말이다.[9]

8 예컨대, 캐나다 통계청이 수행한 2007년의 조사에 따르면, 15세 이상의 캐나다인 중 84%가 자선기관들에 기부한 것으로 집계되었다. 하지만 그런 기부자들 중 상위 10%—보통 1년에 $1,002 이상을 기부한 이들에 해당된다—가 전체 기부액의 거의 2/3(62%)를 기부한 것으로 또한 알려졌다. "Caring Canadian, Involved Canadians: Highlights from the 2007 Canada Survey of Giving, Volunteering and Participating," www.givingandvolunteering.ca/files/giving/en/csgvp_highlights_2007.pdf.를 보라.

9 Carol M. Bechtel은 에스더가 왕으로부터 수산 성 내에 있는 수많은 페르시아인들에 대한 학살을 명하는 대항조서를 요구할 때조차 그녀의 요구는 여전히 그곳의 유대인들을 위협하고 있던 증오의 정도에 비해 과하지 않은 수준에서 이루어졌다고 주장한다(에 9:13-15). Bechtel,

어떤 이들은 그 과정에 좀 더 깊이 개입하면서 직접 공직 선거에 뛰어들어 다양한 수준의 정부 활동에 참여하는 쪽을 택할 것이다. 다니엘의 예가 유배에 대한 이런 식의 대응을 정당화시켜주며 힘 있는 자리에 앉은 이들이 추구해야 할 모델을 제시해준다. 그가 권력의 복도 안으로 깊숙이 들어가는 것은, 우리가 유배 상황에 있다는 사실이 곧 우리가 사회의 권력 구조에 참여함으로써 얻게 될 영향력을 이용해서는 안 된다는 것을 의미하지 않음을 상기시켜준다. 정부에서 일하는 것은 그리스도인들에게, 그것이 선택사항으로 남아 있는 한, 결코 무시되어서는 안 되는 유배기의 전략들 중 하나를 제공해준다.

에스더는 문화에 대한 적극적인 개입의 모델이 된다. 하지만 그녀는 자기 민족의 미래가 위기에 처했을 때 불순응주의적인 입장을 취했다. 그녀는 자신의 생명을 위태롭게까지 하면서 자신의 동포를 위해 행동했다.[10] 온전한 문화적 개입을 구현하는 다니엘 역시 그의 여러 행위를 통해 불순응이라는 문화적 행동으로서의 거룩함을 예시한다. 다니엘이 정결하지 않은 음식 먹기를 거부했던 것처럼(단 1:8), 그의 친구들이 왕의 신상에 절하기를 거부했던 것처럼(3:1), 혹은 다니엘이 바빌로니아에서는 그런 기도를 드려서는 안 된다는 내용의 왕의 조서를 무시한 채 야웨께 기도를 드리는 일에 헌신했던 것처럼(6장), 문화에 대한 개입이 하나님의 기

Esther (Louisville, KY: John Knox, 2002), 9를 보라.

10 에스더의 예가 그녀 자신의 시대에조차 문젯거리였다는 주장에 더하여, 이것은 기독교 윤리와 우리 자신의 시대의 문화적 가치들에 비추어서도 여전히 문제가 된다. 그러므로 에스더의 예는 우리가 성서의 예들을 어떻게 적용해야 하는지에 관한 어려운 문제들을 제기한다. 그러나 우리는 여기서 그 문제들을 충분히 설명할 여력이 없다.

준에 따라 정의된 거룩함에 대한 충실함에 의해 압도되어야 하는 때가 있다. 그런 경우에 거룩함은 지배적인 문화의 방식에 맞서는 비폭력적 저항의 형식이 된다. 그것은 단순히 어떤 문화적 실천들에 대한 소극적인 거부가 아니라, 하나님의 백성인 우리의 믿음에 대한 적극적인 확언이다.

베드로전서는 거룩함에 대한 압도적인 요구를 교회가 주류 문화에 개입한 상태에 머물러 있는 것을 허락해 줄 지속적인 삶의 선택들의 실제성에 근거해 제기한다(벧전 1:15). 그러나 또한 우리는 교회의 역사 초기에 그리스도인들이 사람들의 이목을 끌었던 이유가 그들이 널리 알려진 로마의 주류 문화의 쾌락들 중 몇 가지를 — 예컨대 극장, 이교, 검투 경기 같은 — 거부했기 때문이라는 것을 안다. 그런 문화적 관습들을 거부하는 것은 종종 박해를 초래했다.[11] 이것은 그리스도께 헌신함으로써 박해를 당하고 있던 베드로전서의 독자들 중 어떤 이들에게 설득력 있는 주장이 되었을지도 모른다(2:20; 3:16). 이런 박해는 우리가 유배적 상황에서 거룩한 삶을 살고자 할 경우 불가피한 것이 될 수도 있다. 때때로 그런 삶은 사람들의 이목을 끈다. 그리고 때때로 그런 주목은 큰 값을 치르고 다가온다.

만약 유배기에 교회가 하나님께 충성하는 상태에 머물러 있고자 한다면, 그들은 일터에서 정직해지는 것, 결혼생활에 충실한 것, 이웃들에게 친절을 베푸는 것, 그리고 공동체 안에서 섬기는 것과 같은 적절한 도덕적 선택들을 통해 매일의 삶 속에서 거룩함을 실천해야 할 필요가 있을 것이다. 그러나 다른 경우에는 문화의 기준들에 대한 노골적인 거부가

11 D. A. Carson, "1 Peter," in *Commentary of the New Testament Use of the Old Testament*, ed. G. K. Beale and D. A. Carson (Grand Rapids: Baker, 2007), 1032-33.

필요할 것이다. 예컨대 청년들과 혼자 사는 성인들이 혼외정사에 대한 문화의 기준을 거부하는 것은 불가피할 것이다. 그런 입장은 기껏해야 약간 놀라는 듯한 표정을 유발시키거나 이런저런 형태의 조롱을 유발할 수도 있다. 하지만 이런 실천은 지배적인 문화에 대한 조롱이나 하나님의 이상에 대한 확언으로서의 역할을 한다. 다른 상황에서 교회가 교리적 순결에 집착하는 것은 교회를 현대 문화의 주된 사조와의 갈등 속으로 이끌어갈 수도 있다. 그것은 임신 중절 반대에 대해 명확한 입장을 지니거나 힌두교 집단이 교회 게시판에 젊은이들을 위한 명상 수업을 홍보하도록 허용하는 것을 거부함으로써 언론에 비우호적인 모습으로 비쳐지는 것을 의미할 수도 있다. 예수의 독특성—심지어 배타성—에 대한 옹호는 편협함과 편견에 대한 비난을 초래할 수도 있다. 성실하게 신앙을 표현하는 것은 때로는 그런 입장이 요구된다는 것을 의미한다. 유배는 불가피하게 그로 인해 영향을 받은 이들로 하여금 그들의 유배를 현실로 만들고 있는 세력과의 갈등 속으로 이끌어간다.

브라이언 스톤(Bryan Stone)이 묘사하듯이, 교회는 단지 달리 행동해서뿐만 아니라 또한 지배적인 시스템의 어리석음을 드러내기에 항상 관용되지는 않는 "거룩하고 복음적인 기행[奇行]"을 실행해야 한다.[12] 바로 이것이 대안적인 믿음의 공동체를 통해 구현되는 하나님의 삶에 대한 증언을 내포하고 있는 선교적 거룩함의 핵심이다. 원수를 사랑하고 복수를 거부하는 것은 세상으로 하여금 자신의 폭력의 공허함을 보도록 만든다.

12 Bryan Stone, *Evangelism After Christendom: The Theology and Practice of Christian Witness* (Grand Rapids: Brazos, 2007), 315.

가진 것을 나누고 가난한 자들을 돌보는 것은 축적과 경쟁의 부자연스러움을 드러낸다. 낯선 이를 환대하는 것은 종종 인간의 상호교류를 지배하고 있는 두려움과 의심에 대한 강력한 비판을 제공한다. 화해와 용서는 공적 영역의 많은 부분에서 서로 적대하고 있는 이들의 특징을 이루는 적의 및 분열과 대조를 이룬다.

교회 지도자들이 개입하되 순응하지 않는 태도를 반영하는 거룩함의 교리를 개발하는 것은 교회로 하여금 이 세상에서 효과적이 되게 할 뿐 아니라, 때때로 교회가 순응하기를 거부함으로써 세상의 방식들에 맞서야 한다는 것을 상기시켜주기도 할 것이다. 다음에 나오는 제안은 그런 노력을 이끄는 데 아주 중요하다.

사랑의 삶 살기

그리스도인으로서 거룩함에 대해 생각할 때, 너무 자주 우리는 오직 우리가 맞서거나 하지 말아야 할 것들에 대해서만 생각한다. 거룩함은 대체로 부정적인 측면에서 설명된다. 그 결과 교회는 종종 그것이 위하는(for) 것보다 맞서는(against) 것 때문에 알려진다. 교회가 어떻게 인식되고 있는지에 관한 여론조사를 실시해보면, 사람들이 매우 자주 교회를 무언가에 맞서는 존재로 이해하고 있음이 드러난다. 그들은 교회를 동성애자들에게, 사실혼 관계 속에서 살아가는 이들에게, 타종교를 믿는 이들에게, 민주당에 투표하는 이들에게, 파티에 참석하기를 좋아하는 이들에게 맞서는 존재로 여긴다. 내가 선교에 대해 가르치는 수업 과정에서 학생들에게 요구하는 과제들 중 하나는 현재 교회에 다니지 않고 스스로를 실천적 그리스도인이라고 여기지도 않는 이들 두 명과 인터뷰를 하라는 것이다. 학생들이 인터뷰 대상자들에게 물어야 할 질문들 중 하나는, 그들이 보기에 오늘날 많은 이들이 교회에 다니지 않는 이유가 무엇이냐는 것이다. 그 질문에 대한 답들은 대개 매우 비슷하고 예측이 가능하다. 그들은 교회가 차갑고, 분리주의적이고, 비판적이라고 여긴다. 때때로 그들은 특별히 앞서 열거한 것과 같은 문제들을 교회의 냉랭한 본성 때문인 것으로 여긴다. 분명하게 그렇게 말하지는 않더라도, 그들은 교회가 자신을 교회 밖에 있는 자들로부터 혹은 교회 밖에 있는 자들을 그들 자신으로부터 고립시키는 어떤 도덕률을 갖고 있다고 이해한다. 다시 말해, 그들에게 교회가 실천하는 거룩함은 교회에 도움은커녕 오히려 부담이 되는 것으로 보인다.

물론 어느 한 그룹의 사람들이 지배적인 문화의 이야기에 맞서는 다른 이야기를 통해 인도를 받을때, 그들은 때때로 군중과 멀어져 부정적으로 인식될 수도 있다. 하지만 그런 불가피성에도 불구하고 혹시 교회가 그런 식으로 인식되는 이유들 중 하나가 그동안 우리가 거룩한 삶을 사는 것의 의미를 잘못 강조해왔기 때문일 가능성은 없는 것일까? 어쩌면 우리는 어떤 행위와 삶의 방식을 "잘못된 것"으로 강조함으로써 참된 거룩함이 표현되는 방법을 잘못 강조해왔던 것일 수 있다.

궁극적으로 하나님의 거룩함을 표현하는 데 사랑보다 중요한 것은 아무것도 없다. 이것이 예수가 그의 제자들에게 어째서 사랑이 자신과 그들이 맺고 있는 관계에 대한 가장 분명한 증거가 되는지에 대해 말씀했던 내용의 핵심이다(요 13:34-35). 제자 공동체의 사랑은 그들을 향한 예수의 사랑을 반영하고, 사랑의 하나님에 대한 그들의 관계를 반영하며(요일 4:7-8), 그로 인해 세상을 향한 하나님의 사랑의 본성에 대한 표명이 된다. 또한 예수는 하나님을 기쁘게 해드리는 삶은 하나님에 대한 사랑과 동료 인간들에 대한 사랑에 맞춰진 관계적 거룩함에 뿌리를 내리고 있다는 근본적인 진리를 가르쳤다(마 22:37-40). 우리가 이미 고찰한 바 있듯이, 베드로가 1세기의 교회들에게 거룩한 삶을 살도록 요구했을 때, 그는 거룩함의 핵심에 사랑이 있다는 것을 온전히 이해하고 있었다(벧전 1:22; 3:8; 4:8). 세상에 대한 우리의 개입이 아무리 적극적일지라도, 혹은 그것이 우리를 우리 사회의 권력구조와의 갈등 속으로 이끌어갈지라도, 그때 우리를 추동하는 것은 세상에 대한 사랑의 표현이어야 한다. 왜냐하면 하나님을 추동해 세상에 개입하시게 한 것이 바로 사랑이었기 때문이다(요 3:16).

사실 많은 그리스도인들과 그들이 속한 모임들은 그런 식으로 살아가기 위해 나름대로 최선을 다하고 있다. 내 경험에 따르면, 교회는 참으로 사랑하는 이들로 가득 찬 매우 사랑스러운 곳이다. 하지만 불행하게도 이것은 오늘날 세상이 우리를 인식하는 방식이 아니다. 아마도 그런 인식 중 얼마는 바꿀 수 없을 것이다. 왜냐하면 사랑은 표현되지 않는 한 믿기 어려울 수 있기 때문이다. 사랑은 구체적으로 표현되어야 한다. 만약 사람들이 TV를 통해 상냥하지 않거나 인기 없는 도덕적 입장을 고수하는 그리스도인들만 본다면, 그리스도인들에 대한 그들의 인식은 그런 것들에 의해 형성될 수밖에 없을 것이다. 참된 기독교적 사랑에 기반한 거룩함이 이런 장벽들을 무너뜨리기 위해서는 사람들이 실제로 그것을 경험해야 한다. 그리고 그런 경험은 사람들이 그런 사랑의 수혜자가 될 때만 일어날 수 있다. 즉 그런 일은 우리가 교회 밖으로 나가고 하나님의 거룩한 사랑이 다른 이들과의 관계 속에서 살아가는 우리의 삶을 통해 그들 안으로 흘러들어가게 할 때에만 일어날 수 있다.

리처드 닉슨(Richard Nixon) 대통령의 전직 보좌관이자 워터게이트 사건의 공모자였다가, 저명한 기독교 저자 겸 강연자이자 재소자들과 교소도 개혁의 대변자로 변신한 찰스 콜슨(Charles Colson)은 자신이 한 무리의 자원봉사자 그룹을 이끌고 인디애나 주에 있는 교도소에 수감중인 사형수들을 방문했던 이야기를 전한다. 교도소 측에서 그 그룹에게 허락했던 시간이 끝나가고 있었고, 콜슨은 그가 꼭 참석해야만 하는 인디애나 주지사와의 중요한 미팅 약속이 잡혀 있었다. 시간이 급했는데 자원봉사자들 중 하나가 수감자들 중 하나인 제임스 브루어와 대화를 하느라 모든 것을 지체시키고 있었다. 콜슨은 그의 책 『러빙 갓』(*Loving God*, 홍성사 역간)에서 당시의 상황을 이렇게 회고한다.

나는 초조하게 시계를 바라보면서, 그리고 내가 주지사 오르와 만날 수 있게 하기 위해 나를 인디애나폴리스로 데려갈 비행기가 인근 활주로에서 대기하고 있는 것에 신경을 쓰면서 그에게 말했다. "죄송하지만, 이제 가야 합니다." 50대 초반의 작달막한 백인인 그 자원봉사자는 브루어와 어깨를 나란히 한 채 서 있었다. 그 재소자는 성서를 펼쳐들고 있었고, 그 나이든 사내는 그중 한 구절을 그에게 읽어주는 것 같았다.

"오, 그래요," 그 자원봉사자가 나를 올려다보았다. "우리에게 잠깐만 시간을 주세요. 이건 아주 중요해요"라고 그가 부드럽게 덧붙였다.

"아니오, 죄송합니다." 내가 날카롭게 말했다. "주지사를 기다리게 할 수는 없어요. 우리는 가야 합니다."

"알겠어요," 그가 여전히 부드러운 음성으로 말했다. "그러나 이건 아주 중요해요. 나는 클레멘트 판사입니다. 내가 바로 이 사람 제임스에게 사형을 선고한 사람입니다. 하지만 지금 그는 나의 형제이고, 우리는 잠시 함께 기도하기를 원합니다."

나는 그 독방의 문간에 얼어붙은 듯 서 있었다. 내가 누구를 기다리게 하고 있는지는 중요하지 않았다. 내 앞에 두 사람이 있었다. 한 명은 무력했고, 다른 한 명은 힘을 갖고 있었다. 한 명은 흑인이었고, 다른 한 명은 백인이었다. 한 사람은 다른 한 사람에게 사형을 언도했었다. 하나님 나라가 아닌 다른 곳에 서라면, 그 수감자는 맨손으로 그 판사를 죽일 수도 있었을 것이다—혹은 어떻게든 할 수 있었을 것이다. 그러나 지금 그들은 하나였다. 그들이 함께 기도하는 동안 그들의 얼굴은 말로 설명할 수 없는 사랑을 드러내고 있었다.[13]

이 이야기는 사랑이 하나님과 그분의 백성의 거룩한 "타자성"을 우아하게 표현할 수 있는 방법에 관한 한 예다. 그것은 여러 종류의 경계들을 넘어서며, 우리의 참된 인성의 핵심을 건드리면서, 우리로 하여금 그리스도 안에 있는 생명의 메시지가 실제로 우리의 삶을 인도하는 이야기로서의 잠재력을 갖고 있을 가능성에 대해 눈뜨도록 만든다. 이런 가능성이 실현되기 위해서는 그리스도인들이 그들의 안락한 기독교 서클 밖에서 그 사랑을 구현해야 한다.

외적인 그리고 세상에 개입하는 사랑의 삶은 지속적으로 우리에게 모든 사람을 향해 마음을 열도록 도전할 것이다. 그것은 우리로 하여금 모든 사람이 갖고 있는 아름다움을 보고 그들 안에서 이루어지는 하나님의 역사를 긍정하도록 촉구할 것이다—설령 그들 자신은 그 사실을 의식하

13 Charles Colson, *Loving God* (Grand Rapids: Zondervan, 1997), 193-94.

지 못하거나 거부할지라도 말이다. 사실 바로 이것이, 우리가 사랑을 우리의 삶 속에서 계발할 수 있는 방법이다—우리와 다른 영적 헌신을 가진 자들과의 관계에 우리 자신을 의도적으로 내어주는 것을 통해서 말이다. 만약 당신이 사랑 안에서 성장하기를 바란다면, 그것을 위한 방법은 더 많은 성서공부나 기도 모임에 참석하는 것이 아니다. 오히려 그것은 당신과 같지 않은 사람들과 가까이 지내는 것을 통해서 이루어질 것이다. 바로 거기서 우리는 모든 사람들 속에 있는 하나님의 형상의 현실을 발견할 것이고 우리가 좋아하거나 동의하지 않는 것들과 마주하게 될 것이다.

당신이 동성애자들을 알지 못할 때 동성애에 반대하기는 쉽다. 그러나 당신이 동성애자와 친구가 될 때 그 문제에 대한 당신의 생각은 불가피하게 도전을 받을 것이다. 당신은 당신과 다른 누군가에게 접근할 때 보다 많은 은혜의 여지를 발전시킬 수밖에 없다. 당신의 사랑하는 능력이 성장하면, 하나님의 거룩하심을 반영하는 당신의 능력 역시 성장한다.

빈센트 도노반(Vincent Donovan)은 1957년부터 1973년까지 탄자니아에서 사역했던 가톨릭 선교사였다. 마사이 족 사람들과 함께 지내는 동안 그는 수많은 남자와 여자들이 예수를 영접하는 것을 보았고, 그렇지 않았더라면 미전도 지역이 되었을 곳에 교회가 세워지는 것을 목격했다. 그가 그곳에 가기 전에는 기독교 복음에 대해 전혀 알지 못했던 이 전사(戰士) 민족과 함께 지내는 동안 그는 사랑이라는 속성을 지닌 거룩함이야말로 예수에 대해 충실하게 증언하는 가장 중요한 길임을 알게 되었다. 그들에 대한 그의 사역의 토대는 그들과 함께 있기 위해 시간을 쓰고 참으로 사랑을 지니고 그들의 삶에 개입하는 것이었다. 미국 고향에 있는 가족과 친구들에게 쓴 편지에서 그는 이렇게 말했다.

> 그동안 줄곧 나는 이 마을 사람들—남자들, 여자들, 그리고 전사들—에게 그들이 세상과 삶과 죽음과 하나님에 대해 생각하고 있는 것에 대해 나에게 말하도록 부추겨 왔습니다. 우리는 다른 문화의 사람들, 우리보다 훨씬 더 오래된 문화에 속한 이들이 그런 문제들에 대한 자신들의 가장 깊은 생각을 털어놓는 소리를 들을 때 감동을 받지 않을 수 없습니다. 그리고 실제로 나는 감동을 받았습니다. 세상을 바라보는 어떤 방법이 있었습니다. 그리고 그렇게 바라본 세상 전체는 내가 알아왔던 것과는 전적으로 다른 것이었습니다.[14]

도노반의 특별한 사역은 탄자니아 사람들 가운데 있음으로써 자라나는 그들에 대한 사랑을 통해 필요한 연료를 공급받았다. 그를 통해 사람들은 하나님의 사랑을 인격적으로 접촉하게 되었고, 그것이 그들에게 복음에 대한 긍정적인 경험을 제공함으로써 그들이 추가적인 대화에 마음을 열고 마침내 복음을 자신들의 이야기로 받아들이도록 만들었다. 도노반의 경험은 우리가 우리와 많이 다른 사람들 가운데서 살아가는 것을 배우는 경우에 우리에게 도움이 될 수 있다. 우리들 역시 사람들이 그들의 이야기를 우리에게 들려주고, 그들의 참된 생각을 드러내고, 이 세상에서의 그들의 삶의 경험을 되풀이해 말하도록 초대하는 방식으로 그들을 사랑해야 한다. 그들에 대해 열린 마음을 갖는 것은 하나님의 자녀인 그들에 대한 하나님의 거룩한 사랑을 구현하는 관계적 거룩함의 표현이다.

14 이것은 Donovan이 1969년 7월에 쓴 편지에서 발췌한 것이다. John P. Bowen, *The Missionary Letters of Vincent Donovan 1957-1973* (Eugene, OR: Pickwick, 2011), 141. 그가 함께 지냈던 이들에 대한 그의 사랑에 대한 보다 분명한 표현들을 위해서는, Bowen, *Missionary Letters,* 119를 보라.

사랑은 거룩함의 본질이다. 왜냐하면 그것은 하나님의 본질이기 때문이다. 하나님의 사랑과 그분과의 교제에 대한 우리의 경험은 우리로 하여금 다른 이들을 사랑하도록 이끌어가는 관계적 연합이다. 바로 이것이 관계적 거룩함이 작동하는 방식인데, 왜냐하면 그때 우리는 하나님에 대한 우리의 경험이 다른 이들과 우리의 관계를 통해 표현되도록 허락하기 때문이다.

은혜의 삶 살기

교회들이 지나치게 은혜로워지는 경우는 거의 없다. 때때로 우리는 교회 서클 안에서 교회가 교회 안팎의 사람들에게 너무 많은 은혜를 베푸는 잘못을 저지를 수도 있다고 우려하는 이들을 만난다. 그들의 생각은 교회가 너무 많은 은혜를 제공하면 사람들이 그것을 남용하리라는 것이다. 그럴 경우 사람들은 충실하게 기독교적인 방식으로 살아가지 않을 것이다. 그리고 만약 교회가 "그들이 그렇게 살도록 내버려둔다면", 은혜를 남용하는 죄인들은 멸망하게 될 뿐 아니라, 교회 역시 불만족스러워하시는 하나님 앞에서 곤란한 상황에 처하게 될 것이다. 물론 우리가 하나님의 은혜에 대한 반응으로서 그분께 순종하는 우리의 의무를 강조하지 않음으로써 사람들이 은혜를 남용하고 그것을 값싼 것으로 만들어버릴 가능성은 분명히 존재한다. 하지만 그럼에도 교회가 지나치게 은혜로워지는 것 때문에 비난을 받아서는 안 된다. 우리가 성서에 묘사되고 인간들이 경험한 하나님의 아낌없는 은혜에 대해 생각할 때, 하나님의 은혜를 다른 이들에게 확대하는 것과 관련해서 교회가 여전히 더 많은 일을 할 수 있다고 결론을 내리는 것은 어렵지 않다.

우리가 이 책의 5장에서 언급했듯이, 요나서 전반에 걸쳐 나타나는 주제들 중 하나는 요나가 하나님이 이스라엘에게 베푸셨던 것과 동일한 은혜를 아시리아인들에게도 베푸시리라는 것을 믿으려 하거나 바라지 않았다는 것이다. 요나는 우리가 얼마나 쉽게 우리에게 적대적인 자들에게 적대적이 될 수 있는지를, 또한 얼마나 쉽게 하나님이 그 적대자들 역시 자신의 은혜를 경험하기를 바라시며 그분이 자기 백성을 택하신 이유가 그들에게 자신의 사랑을 전하기 위해서임을 잊을 수 있는지를 상기시켜준다. 베드로전서가 사랑을 강조하는 것은 본질적으로 그 서신의 수령자인 유배 공동체의 구성원들 가운데 반드시 있어야 하는 은혜를 강조하는 것이다(벧전 1:22; 3:8; 4:8).

만약 교회가 거룩한 공동체가 되고자 한다면, 또한 그것은 탄탄한 은혜의 교리를 가진 공동체가 될 필요가 있다. 이에 대한 최소한 두 가지 이유가 있다. 첫째, 우리가 거룩함을 추구하기 위해서는 우리의 삶속에 불가피한 실패를 위한 여지를 허락하는 은혜의 교리를 가져야 할 필요가 있다. 이런 필요는 우리가 그리스도께서 우리에게 바라시는 존재가 되지 못할 때 **개인적으로** 발생한다. 또한 그것은 우리가 하나의 집단으로서 그런 상태에 이르지 못할 때 **공동체적으로** 발생한다. 건강한 은혜의 신학이 없다면, 우리는 쉽게 낙담할 수밖에 없다. 우리는 우리 자신의 결함에 대해 잘 알고 있다. 그리고 만약 우리가 하나님이 우리의 모든 실패에도 불구하고 우리에게 은혜로우시다는 분명한 인식을 갖고 있지 않다면, 우리는 쉽게 낙심하고 패배감을 느끼며 심지어 모든 것을 포기하려는 상태에 이를 수 있다. 왜냐하면 그럴 경우 우리는 계속해서 우리가 무가치하며 하나님께 불쾌한 존재라고 믿게 될 것이기 때문이다. 이런 식으로 삶을 살아가는 것은 아주 힘든 일이다. 집단적 측면에서, 만약 우리에게 은혜의 신학이 결여되어 있다면, 우리는 교회가 전반적으로 완전하지 못한 것에 대해 냉소적이 될 수 있다. 우리는 실패에 주목하면서 교회가 마땅히 되어야 하는 상태와 그것의 실제 모습 사이의 간격에 초점을 맞추기 시작한다. 은혜에 대한 건강한 이해가 없다면, 사람들은 모든 모험은 가망 없는 짓이라고 믿기 시작할 수 있다. 그로 인한 결과는 우리가 모든 것을 포기하거나, 아니면 교회가 충분히 훌륭하지 않기에 교회를 비난하고 우리 자신의 삶과 교회의 삶 모두에 대해 가혹할 정도로 거친 태도를 지니면서 계속해서 냉소적으로 살아가는 것이다. 은혜의 적절한 기능은 우리가 거룩한 무언가를 드러내기 위해 애쓰고 있는 인간의 삶 속에 불가피하게 존재하는 개인적이고 공동체적인 결함들과 맞서 싸우도록 돕는 것이다.

이것은 우리가 의를 추구하는 일을 진지하게 여기지 말아야 한다는 의미가 아니다. 요한1서는 우리에게 지속적인 죄의 삶은 예수와의 참된 연합을 드러내지 못하며 그리스도인들이 그것을 따라 살도록 부르심을 받은 방식이 아니라는 것을 상기시킨다(요일 3:3-6). 같은 편지의 앞부분에서 요한은 자신의 서신의 독자들에게 자기가 그 편지를 쓰는 까닭은, 그들이 죄를 짓지 않게 하기 위함이라고 말한다(2:1). 하지만 요한은 그들에게 만약 누군가가 죄를 짓는다면 예수가 그들의 옹호자가 되어 그들의 잘못을 속죄해주실 것이라고 확신시킨다(2:1-2). 거룩한 공동체를 만들어내고자 하는 요한은 그의 교회가 실제로 거룩함에 대한 이런 비전을 따라 살아가려면 속죄의 교리에 근거한 은혜에 대한 확신이 필요하다는 것을 인정한다.

둘째, 보다 적극적으로, 적절한 은혜의 교리는 거룩함을 향한 자극으로서의 역할을 할 수 있다. 은혜는 우리가 죄의 현실을 위해 여지를 만들도록 허락하며 용서와 새로운 출발에 대한 희망을 제공한다. 회중의 삶 속에서 이런 일이 발생할 경우, 그들 가운데서 죄를 범하는 일이 발생할 것이지만, 그럴 때 곧 교회가 새로운 출발을 위한 여러 가지 기회를 제공하는 은혜의 장소가 되리라는 것을 인정하는 문화가 만들어진다. 이것은 우리가 계속해서 살아가도록, 또한 성령을 통해 역사하시면서 교회를 형성하고 교회가 자신의 소명을 성취하기 위해 분투하는 동안 그것을 인내하며 이끄시는 하나님의 말씀을 향해 열려 있도록 자극한다. 어떤 식으로든 이것은 특정한 상황에서 교회 권징의 필요를 부정하지 않는다. 왜냐하면 권징 역시 은혜의 표현이 될 수 있으며 교회 안에서 적절하게 작용해야만 하기 때문이다. 그러나 교회가 거룩해지기 위해 무엇보다도 필요한 것은, 비록 실패가 발생할지라도 그 실패가 보다 완전한 거룩함을 계속해서 추구하도록 힘을 부여하는 식으로 일어나도록 허락하는 은혜의 신학이다.

그런 실천을 위한 신학적 비전은 물론 그 뿌리를 하나님의 본질 자체에 두고 있다. 자기를 계시하시는 강력한 선언을 통해 하나님은 모세에게 자신의 참된 본질을 드러내신다. 출애굽기 34:6에서 하나님은 그에게 이렇게 말씀하신다. “야웨라, 야웨라, 자비롭고 은혜롭고 노하기를 더디 하고 인자와 진실이 많은 하나님이라.” 이 말씀과 성서에 실려 있는 유사한 다른 말씀들은 우리가 하나님이 어떤 분이신지 그리고 교회가 그분의 삶을 공동체적으로 구현하는 것이 무엇을 의미하는지를 이해하는 데 아주 중요하다(참고. 시 103:7-12). 만약 우리가 하나님이 어떤 분이신지를 우리 주변의 세상에 보이고자 한다면, 무엇보다도 우리는 그분의 광대한 은혜를 드러내야만 한다.

때로 나는 자신들의 교회가 (내가 이 단락의 첫 부분에서 간략하게 언급했던 것처럼) "지나치게 은혜롭다"고 여기는 사람들을 만난다. 그러나 그들이 그 말로 의미하는 것은 교회가 죄에 대해 지나치게 관대하다거나 사람들에게 그들의 잘못에 대해 해명하도록 요구하는 데 느슨하다거나 하는 것이다. 언젠가 나는 어느 교회 지도자가 "우리는 교회에서 은혜에 대해 너무 많은 말을 듣는다"라고 볼멘소리를 하는 것을 들은 적이 있다. 이어서 그는 계속해서 자기는 교회가 하나님의 심판 같은 다른 중요한 교리들을 희생시킨 채 은혜에 대해 너무 많은 말을 해왔다고 생각한다고 말했다. 그 말에 대한 나의 반응은 "지나치게 은혜로운 것"이 가능한 것일까 하는 의문이었다. 그 어떤 교회가 하나님이 우리에게 제공하시는 막대한 은혜를 세상에 충분히 제공한 적이 있는가? 그 어떤 교회가 자신이 속한 지역 공동체에 하나님의 은혜로우시고 자비로우시고 노하기를 더디 하시는 성품을 완전하게 구현해 보인적이 있는가? 나에게 교회는 지나치게 은혜롭기는커녕 충분히 은혜롭지도 못한 것처럼 보인다. 우리는 은혜의 하나님과 연결되어 있다. 그리고 그분의 성품을 드러내는 일의 일부는 그분의 은혜를 충실하고 충분하게 구현하는 것이다. 교회의 실패가 종종 사회에 대한 증언을 위태롭게 하기는 하나, 우리에게 필요한 것은 실패한 자들을 더욱 심하게 정죄하는 것이 아니라 하나님이 은혜로우신 것처럼 더욱 은혜로워지는 것이다. 이것은 유배기의 교회가 하나님의 참된 본성을 보다 온전히 반영할 수 있게 해주며, 또한 어쩌면 이 세상에 거룩한 은혜의 공동체, 곧 세상과 맞서는 "대안" 공동체를 제공해 다른 이들을 매료시킬 만한 곳이 되도록 할 것이다.

그런 일을 이루기 위해 교회 지도자들은 성서적인 은혜의 신학을 개발해야 하고, 또한 교회가 그런 공동체가 되도록 자신들의 지도력과 진정성 있는 삶을 통해 충실하게 그것을 가르치고 그것에 대한 모델이 되고자 노력해야 한다.

결론 우리가 이 장의 서두에서 살폈듯이, 정체성의 계발은 성숙을 위해 반드시 필요하다. 더 나아가 정체성을 계발하는 것은 공동체를 정의하는 데 도움이 되고 그 공동체에 보다 더 큰 사회 안에서 자신이 갖고 있는 독특성에 대한 의식을 불어넣는다. 교회의 입장에서 이것은 언제나 교회가 영위하는 공동생활의 중요한 한 측면인데, 그것은 교회가 특별한 상황에서 하나님의 백성이 되라는 부르심을 구현하려고 하기 때문이다. 서구 사회의 주변부에서 살아가는 유배된 자들로서 교회가 갖고 있는 소명의 일부는 거룩함에 대한 하나님의 명령이 어떻게 보이는지를 분명하게 이해하는 것이다. 유사 크리스텐덤 시절에 교회는 비록 실천되지는 않으나 문화의 큰 부분에서 폭넓게 수용되는 도덕률에 충실하고자 했다. 이런 풍조는 교회가 문화 속에서 일종의 양심 역할을 맡아 사람들에게 무엇이 옳은지를 상기시키고 그들로 하여금 그것에 대한 집착이 부족한 것에 대해 죄책감을 갖도록 만들었다. 오늘날에는 우리의 세상에서 제기되는 변화를 고려하면서 하나님의 거룩함을 적용하는 것이 요구된다. 교회가 스스로를 대안적인 거룩한 백성으로 구별하고 그렇게 함으로써 주변부로부터 문화를 섬길 수 있도록 만들어주는 것은 사랑에 의해 인도되고 참되고 풍성한 은혜를 행사하는, 그리고 세상에 개입하지만 그것에 순응하지 않는 삶을 강조하는 거룩함이다.

11장

유배기의 선교

유배된 자들로서 문화에 참여하기

이스라엘에게 유배는 그 민족의 선교적 본질을 재발견하고 또한 그들이 여전히 "이방의 빛"(사 42:6)이 되도록 위임 받고 있음을 상기시켜주었다. 같은 방식으로 서구 세계에서 교회의 주변화는 교회와 문화의 새로운 관계에 대한 대응이자 교회의 참된 본질의 재발견으로서의 선교에 대한 새로운 강조로 이어진다.[1] 여기서 다시 한번 우리가 그동안 살폈던 성서의 자료들이 유배기의 삶을 위한 모형을 제공하는데, 그것은 그런 자료들이 애초의 독자들에게 선교적 관점을 제공해주고 있기 때문이다. 특히 베드

1 이 논의의 윤곽을 보여주는 대표적인 문헌들을 위해서는, Darrell L. Guder, *Missional Church: A Vision for the Sending of the Church in North America* (Grand Rapids: Eerdmans, 1998); Michael W. Goheen, *A Light to the Nations: The Missional Church and the Biblical Story* (Grand Rapids: Baker Academic, 2001); Craig Van Gelder, *The Ministry of the Missional Church: a Community Led by the Spirit* (Grand Rapids: Baker, 2007); and Michael Frost, *Exiles: Living Missionally in a Post-Christian Culture* (Peabody, MA: Hendrickson, 2006)을 보라. 이런 저자들 중 많은 이들이 교회에서 선교적 정체성이 상실된 것을 크리스텐덤이 쇠퇴하게 된 핵심적인 원인으로 여기고 있다.

로전서는 교회가 유배라는 문화적 상황 속에서 어떻게 자신의 역할을 감당할 것인가 하는 측면에서 적절한 도움을 제공한다. 이스라엘이 유배 상황에도 불구하고 하나님이 여전히 그 백성을 자신을 위한 증인으로 부르고 계신다는 사실을 깨달아야 할 필요가 있었던 것처럼, 베드로전서의 수신자들 역시 그들이 처한 사회적 주변화가 어떤 의미에서라도 그들이 예수가 교회에게 준 자기의 증인이 되라는 명령을 이행해야 할 필요를 부정하지 않는다는 사실을 알아야 했다. 그러므로 우리는 교회의 탈중심화와 후기 기독교 문화가 제기하는 도전이 교회가 자신의 참된 정체성을 회복하고 자신에게 주어진 선교 명령을 이행하는 방법에 대해 재고하는 데 필요한 자극을 제공한다는 사실에 놀랄 필요가 없다.[2] 이런 현실에 대한 성찰은 불가피하게 교회로 하여금 선교에 대한 자신의 접근법을 다음과 같은 몇 가지 방식으로 변경하도록 자극한다.

관계를 통한 선교 우리가 보았듯이, 베드로전서에서 묘사된 교회의 선교적 정체성은 일차적으로 사회적 관계라는 맥락에서, 특히 그들이 서로에 대한 상호복종이라는 특징을 드러낼 때 나타난다. 그렇다면 21세기 상황에서 이것은 무엇을 의미하는가?

첫째, 이것은 교회가 의도적으로 지역 공동체와 관계를 맺는 것을 의미한다. 이를 위해 교회는 관계를 세우는 식으로 지역 공동체에 개입하는 방법을 찾아야 할 필요가 있다. 이것은 교회가 참으로 지역 공동체 안에 존재하면서 자기들이 섬기도록 부르심을 받은 이들과 더불어 살아갈

2 Elaine Heath, *The Mystic Way of Evangelism* (Grand Rapids: Baker, 2008), 27.

것을 요구한다. 실천적 측면에서 이것은 지역 교회가 어디에서 그 지역의 공동체에 속한 사람들을 만나 그들과 관계를 맺으면서 그들의 필요를 채워줘야 하는지를 결정하는 것을 의미한다. 어떤 경우에 이것은 저렴한 비용으로 탁아소를 운영하는 것을 의미할 수 있다. 다른 경우에 이것은 어린아이들을 위한 방과후학교를 운영하는 것을 의미할 수 있다. 또 다른 경우에 이것은 사람들이 사회적으로 교제하고 관계를 맺을 수 있도록 한 달에 한 번 토요일 저녁에 댄스파티를 여는 것을 의미할 수도 있다.

하지만 그보다 훨씬 더 중요한 것은 이런 관계들이 기능하는 방식이다. 베드로전서는 관계의 삶에서 복종이 갖는 중요성에 대해 가르친다. 이것은 교회가 다른 이들의 필요에 우선권을 주면서, 그리고 자기가 원하는 방식을 고집하지 않으면서 이타적으로 살아가고자 애쓰는 것을 의미한다. 이것은 교회 안에서 끊임없이 반복되는 문제이며, 종종 교회의 갈등과 분열로 이어지기도 하고, 세상에서 그 공동체의 증언을 약화시키기도 한다. 후기 기독교 문화에서 교회의 증언을 용이하게 만들기 위해서는 변화된 관계가 필요하다. 선교적 관계는 우리가 하나님 자신의 관심과 연민을 예시하는 방식으로 듣는 자와 돌보는 자가 될 것을 요구한다. 그것은 우리의 삶속에서 하나님의 관계적 우선성이 나타나도록 우리가 예수처럼 "죄인들" 및 사랑스럽지 않은 자들과 함께 살아갈 것을 요구한다. 극단적인 상황에서 이것은 우리를 박해하는 자들에게 보복하기를 구하지 않고 오히려 정의에 대한 자신의 권리를 포기하는 것을 의미할 수도 있다. 이런 식의 겸비는 우리가 그리스도와 연합되어 있다는 것에 대한, 그리고 우리가 그분의 모범을 진지하게 따를 때 우리 개인의 삶뿐 아니라 문화까지도 변화시키는 그분의 능력에 대한 증거를 제공한다.

더 나아가 이런 식의 관계적 복음 전도는 교회 자체가 인간관계를 변화시키는 그리스도의 능력을 예시하는 장소 역할을 해야 한다는 것을 의미한다. 이것은 우리가 진정성 있게 살아가기 위해 우리가 갖고 있는 자원을 나누고 다른 이들을 향해 우리의 마음과 삶을 여는 법을 배우는 것, 관계로 인한 갈등과 상호간 분쟁의 한 가운데서 여전히 서로에게 헌신하는 상태로 남아 있는 것, 그리고 신입자들과 "낯선 이들"이 그 안에 포함될 수 있도록 우리의 직계 가족의 삶을 개방하는 법을 배우는 것 등 여러 가지 실천적 습관들을 계발할 것을 요구한다.[3] 이런 종류의 반문화적 공동체야말로 교회를 하나님의 백성으로 확인시켜주고, 우리 가운데서 이루어지는 그분의 역사를 확증해주며, 또한 교회에 복음 전도의 능력을 제공해준다.

내가 아는 한 가족은 이런 종류의 관계적 증언을 몸소 구현했다. 그들은 매우 어려운 환경에서 생활했던 한 젊은 미혼모를 자신들의 집으로 데려왔다. 그 어린 소녀는 임신 사실을 알았으나 아기를 낳고 싶어 하지 않았다. 그때 내 친구와 그녀의 가족이 개입해 자신들의 집에 그녀를 위한 방을 마련해주었다. 그들은 이미 네 명이나 되는 자식들과 함께 매우 분주한 삶을 살고 있었음에도 그렇게 했다. 그것은 쉬운 일이 아니었다. 하지만 그 젊은 여자를 섬기려는 그들의 헌신은 다른 이들에게 하나님의 사랑을 보여주고자 하는 그들의 깊은 헌신으로부터 나왔다. 이것은 그리스도인들이 이런 종류의 환대와 관련해 시장을 독점하고 있다는 주장을 하

3 이런 개념들과 가족으로서의 교회라는 개념들에 대한 확대된 설명을 위해서는, Joseph H. Hellerman, *When the Church Was a Family: Recapturing Jesus' Vision for Authentic Christian Community* (Nashville: B & H, 2009), 특히 6장을 보라.

려는 게 아니다. 그러나 다른 이들에 대한 이런 헌신은 관계적인 측면에서 삶으로 나타나는 기독교적 거룩함의 확장이다. 그것은 후기 기독교 시대에 복음에 대해 증언하는 아주 큰 잠재력을 지니고 있다.

선교와 선포

요나 이야기에서 선교에 대한 개입을 마땅치 않게 여기는 태도는 도전을 받는다. 그 이야기는 하나님의 백성은 마땅히 세상에 개입해야 하고("가서," 마 28:19-20) 모든 사람에게 하나님의 복음을 전하고자 해야 한다는 것을 분명하게 암시한다. 더 중요하게 요나 이야기는 하나님이 모든 사람에게 큰 관심을 품고 계신다는 현실로 우리에게 도전을 제기한다(욘 4:11). 이런 도전은 교회의 구성원들이 교회 밖에 있는 이들에게 초연해지는 것을 불가능하게 만든다.

베드로가 제공한 중요한 복음 전도 전략에 비언어적 행위가 포함되어 있기는 하나, 그는 자기 서신의 독자들에게 "너희 속에 있는 소망에 관한 이유"를 말을 사용해 제시하라고 조언한다(벧전 3:15). 신앙을 선포하라는 이 요구는 우리로 하여금 고대의 유배기에 나타난 선교적 사유의 두 가지 특별한 내용을 포스트모던적인 서구 상황에 적용하도록 이끌어간다.

교회에 기반을 둔, 공동체 중심의 복음전도

베드로전서의 지혜와 에스더, 다니엘, 그리고 요나 같은 유배기 모델들의 본보기를 취하는 것은 선교에 대한 접근법과 관련해 이중적인 관점을 취할 것을 요구하는데, 얼핏 이것은 모순처럼 보일 수도 있다. 한편으로 이런 모델들 안에서(여기서 요나는 잠깐 무시하자) 선교는 문화에 대한 조용하고 불순응적인 개입을 통해 예시된다. 다른 한편으로 교회가 세상 속으로 가야 한다는 신약성서의 명령(그리고 여기서 우리는 다시 요나와 관여한다)은 교회의 삶에 몇 가지 종류의 외적인 방향 정립을 요구한다. 우리가 유배기의 조언자들로 삼고 있는 모델들 안에서 우리는 우리 자신의 증언을 효율적인 것으로 만드는 데 핵심적인 역할을 하는 특별히 구별된 삶의 중요성을 발견할 수 있다. 에스더는 자기 민족에 대한 충성심을 지니고 행동한다. 다니엘은 자기의 신앙이 요구하는 율법에 충성한다. 베드로는 교회에 속한 이들에게 그리스도에 대한 그들의 헌신의 표지로서 거룩함을 요구한다. 이것은 우리에게 선교에서 공동체의 내적 삶의 중요성을 상기시킨다.[4] 그러나 또한 우리는 이 책들 안에 밖을 향한 지향이 있다는 것을 안다. 에스더서는 수많은 페르시아 사람들이 유대교로 회심하는 것을 묘사한다. 다니엘서는 다니엘이 섬기는 나라들이 야웨께 나아와 그분을 참된 하나님으로 인정하는 것에 대해 묘사한다. 베드로전서는 그 서신을 받는 공동체에게 그들이 충실히 살아가는 이유가 자신들을 압제하는 자들의 회심이라고 설명한다. 또한 요나서는 그 책의 독자들에게 모든 민족에 대한 선교적 비전을 가질 것을 분명하게 요구한다. 이것은 우리에게 우리의 비전이 결코 배타적으로 내부를 지향하거나, 혹은 역으로 배타적으로 외부만을 지향해서는 안 된다는 것을 상기시켜준다.

우리가 여기서 제안하는 것은 선교가 그 뿌리를 교회의 삶에 내려야 하되, 또한 하나님의 백성의 선교적 본질과 교회가 세상 속으로 들어가는

4 앞에서 논의했듯이, 에스더서, 다니엘서, 그리고 요나서를 "조언 이야기들"로 취하면서 우리는 그 이야기들의 등장인물들인 그들이 어느 면에서 하나의 민족으로서의 이스라엘의 삶을 구현하는 식으로 묘사되고 있다고 가정한다. 그러므로 그들이 하거나 하지 않는 것은 그 민족 전체에게 교훈을 제공한다. 그러므로 우리는 이런 모델을 적절하게 전체 "공동체"에 적용할 수 있다.

백성이 되어야 한다는 그리스도의 요구를 진지하게 여기는 외향적인 목표를 지녀야 한다는 것이다. 전통적으로 구약성서에서 선교를 위한 이스라엘의 우선적인 부르심 혹은 "전략"은 **구심적인 것**(centripetal)으로 이해되어 왔다. 즉 이스라엘은 하나의 민족으로서 그것의 내적 삶을 통해 야웨의 위대하심에 대해 증거하도록 부르심을 받았다고 간주되었다. 예배와 율법을 신실하게 실천하는 이스라엘 민족의 삶의 질을 보고 다른 민족들은 스스로 야웨를 경배하도록 이끌리게 될 것이다(신 4:5-8). 신약성서에서 우리는 사도행전에 이르러 교회가 궁극적으로 복음의 메시지를 들고 세상 끝까지 나아가는 것에 대한 예수의 비전에 대해 읽는다(행 1:8). 초기 교회의 이야기가 전개될 때 우리는 교회가 그리스도의 사역에 대해 증거하겠다는 분명한 목적을 지니고 의도적으로 새로운 지역으로 나아가는 것을 보게 된다. 그동안 선교에 대한 이런 접근법은 **원심적인 것**(centrifugal)이라고 불려왔다. 즉 교회의 내적 삶은 실제로 밖으로 퍼져나가야 한다는 것인데, 이것은 교회가 세워진 곳에 있는 이들이 교회의 메시지를 받아들이고, 교회가 살아낸 그리스도 안에 있는 새로운 생명 안으로 들어가는 소망을 곳곳에 퍼뜨리기 위함이다. 후기 기독교 문화에서 선교를 위해 필요한 것은 이 두 가지 접근법 모두에 대한 헌신이다.[5]

크리스텐덤 안에서 사용되었던 복음전도를 위한 방법들은 대개 공통적으로 복음전도의 유인 모델(attractional model of evangelism)이라고 불리는 것에 근거해왔다. 이 모델에서 복음전도는 종종 사람들이 참석할 가능성이 있는 어떤 매력적인 프로그램이나 이벤트에 초점을 맞춘다. 예

5 Goheen, *Light to the Nations,* 129-32.

컨대 아마도 오랜 세월 동안 겉보기에 가장 성공적이었던 복음전도 방법들 중 하나는 빌리 그레이엄(Billy Graham)의 사역을 통해 축약적으로 나타나는 대규모 전도집회였을 것이다. 그런 행사들은 종종 하키나 축구 경기장 혹은 대규모 천막 등에서 수많은 사람들이 모여 예배하는 장관을 연출했다. 또한 그런 집회들은 현대 음악, 멀티미디어를 통한 프레젠테이션, 그리고 그리스도에 대한 자신들의 믿음에 대해 간증하는 저명인사들과의 인터뷰 등을 이용했고, 대개 빌리 그레이엄 같은 "유명한" 설교가들을 등장시켰다. 빌리 그레이엄의 조직은 다른 여러 복음전도자들의 조직과 마찬가지로 집회를 홍보하고 새로 회심한 이들을 관리하기 위해 개교회들과의 공동 사역을 추구했다. 하지만 그럼에도 그런 행사들은 대개 독립적인 시도들이었다. 그것들의 성공은 대개 설교자의 명성, 집회의 규모, 그리고 제공되는 프로그램의 질에 달려 있었다. 그런 집회는 결과 지향적이었고, 그것의 성공 여부는 얼마나 많은 사람들이 그리스도를 위해 "결단했느냐"에 의해 측정되었다. 그것은 보통 얼마나 많은 이들이 제단으로부터의 부름에 응답했느냐로 표시되었다. 복음전도는 대개 그런 행사 자체에 초점이 맞춰졌다. 그리스도인들이 그들의 비그리스도인 친구들을 초대한다는 점에서 관계가 중요하기는 했으나, "실제" 복음전도는 집회에서 일어나는 것으로 이해되었다.

크리스텐덤 상황을 반영하는 복음전도 방법의 또 다른 예는 교회들이 특별히 불신자들을 위해 고안한 프로그램을 제공하는 개교회의 아웃리치 프로그램이다. 그것은 어린이들의 방학기간에 열리는 성서학교 프로그램이 될 수도 있고, 기독교 예술가가 출연하는 콘서트일 수도 있고, 혹은 알파 프로그램일 수도 있다. 이 모든 것은 기독교의 진리에 관한 메시지와 그 메시지를 믿으라는 초대를 포함하고 있다. 이런 프로그램들은 대개 유익하고 적절하며 궁극적으로 불신자들의 매일의 삶에 도움이 되는 것으로 간주되는 무언가를 제공하도록 고안된다는 점에서 매우 실용적이다. 그것들이 기독교에 대한 새롭고 단순한 접근법을 제공하든, (메시지와 함께) 하루저녁의 오락을 제공하든, 혹은 어린아이들을 위한 비용이 많이 들어가지 않는 프로그램(교외 지역의 분주한 부모들에게 잠깐의 휴식)을 제공하든 간에, 그것들은 사용자들에게 실제적 가치를 지닌 무언가로 묘사되며 또한 교회가 복음의 메시지를 들고 사람들에게 다가가기 위한 수단으로서의 역할을 한다.

이런 방법들은 도움이 되었으며 실제로 그동안 많은 이들을 예수와의 참된 관계 속으로 이끌어왔다. 그러나 그것들은 기독교에 대해 그리고 심지어 교회에 대해 얼마간이라도 우호적인 경향을 보이는 문화 안에서 작동하는 접근법들이다. 이 이론을 시험해 보려면, 이런 방법들이 다른 시대에서도—예컨대 베드로 시절 같은 때에—효과를 보는지 물어보기만 하면 된다. 베드로가 그의 교회들에게 그들이 아웃리치 콘서트를 개최해야 한다거나 구도자 예배를 시작해야 한다고 제안하는 것은 상상조차 할 수 없는 일이다. 그것은 단순히 그런 것들이 후대에 나온 혁신적인 프로그램들이어서가 아니라, 소아시아 지역에 속한 교회들을 둘러싸고 있던 이방인들은 그런 프로그램들에 결코 참석하려 하지 않았을 것이기 때문이다. 그것들은 베드로의 교회들이 선택할 수 있는 것이 아니었던 것처럼 오늘날 점차 비기독교적이 되어가는 서구 문화 안에서 주변화되고 있는 교회를 위해서도 적절하지 않은 것이 되고 있다.

그렇다면 베드로의 선교 전략은 무엇이었는가? 그것은 교회가 자신의 공동생활의 질을 통해 주변의 공동체에 대해 증인의 역할을 감당하고, 또한 교회 밖으로 나아가 매일의 삶속에서 만나는 사람들에게 계속해서 증언하는 방식으로 살아가는 것이었다. 바로 이것이, 즉 자신들의 공동의 삶을 통해 증인의 역할을 하는 교회와 세상 속으로 들어가 믿음을 실천하며 살아가는 증인의 역할을 하는 그리스도인들이야말로 베드로가 생각했던 선교의 토대였다. 브라이언 스톤(Bryan Stone)은 증인으로서의 교회라는 신약성서의 개념을 반영하면서 이렇게 말한다. "세례는 전통에 대한 상징적 동의나 간편한 입회식을 훨씬 넘어서는 것으로, 선교사로서의 삶을 위한 임관식 같은 것이었다."[6]

교회 지도자들에게 가해지는 유혹(혹은 종종 압력)은 언제나 새로운 복음전도 전략을 개발하거나 다른 곳에서 효과를 보고 있는 최신 프로그램을 도입하는 것이다. 이것은 그 자체로는 잘못이 아니다. 사실 복음전도 전략은 선교적 효율성의 일부가 될 수 있다. 하지만 그것은 베드로전서(혹은 신약성서 전반)에 등장하는 핵심적인 선교 개념이 아니다. 유배기의 교회를 향한 베드로의 가르침은 충실한 복음전도적 증언은 참된 신약 공동체 안에서 함께 살아가면서 그리스도의 대사의 임무를 지니고 자기들이 속한 세상 속으로 나아가는 그리스도인들의 단순하고도 일상적인 순종의 형태로 나타난다는 것이었다.

그런 "전략"은 교회 안에서부터 저항에 직면하는데, 그것은 그런 전략이 충분하게 직접적이거나 공격적이지 않다고, 특히 전략적으로 마케팅

6 Bryan Stone, *Evangelism After Christendom: The Theology and Practice of Christian Witness* (Grand Rapids: Brazos, 2007), 104.

되는 상품들에 의지해 양육되는 소비문화 안에서는 더욱 그렇다고 간주될 수 있기 때문이다. 또한 그런 식의 접근법은 어떤 이들에게는 충분히 "결과" 지향적인 것으로 보이지 않을 수도 있다. 모든 것을 그것이 지닌 효용성의 측면에서 계량화하는 습성을 지닌 문화 안에서, 공동체를 형성하고 단지 보다 넓은 사회에 의도적으로 개입하는 것을 통한 선교를 강조하는 접근법은 쉽게 측량할 수 있는 결과를 내놓지 못할 것처럼 보일 수도 있다. 그러나 대규모 전도 집회를 통한 복음전도와 사용자 친화적 프로그램들은 크리스텐덤 문화에서는 꽤 박진감 있는 형태의 공적 증언이 될 수 있을지 모르나, 유배기에는 그런 것들의 효과가 크게 줄어든다. 그런 것들은 크리스텐덤이 쇠락해가는 시점에 서구 교회의 선교 활동 전체에서 여전히 어느 한 구석을 차지할 수 있을는지 모르지만 오늘날과 같은 문화적 현실에서 복음을 가장 효과적이게 나타낼 수 있는 건 대안 공동체의 삶이다. 이 공동체는 그 삶에 대해 질문했을 때, 그에 대해 답할 준비가 되어 있는 구별된 특징을 지닌 삶을 예시한다.

곧 살피게 되겠지만, 이것은 교회가 선교를 "행하는"(does mission) 공동체가 될 것이 아니라 "본질적으로 선교적인"(intrinsically missional) 공동체가 될 것을 요구한다. 그 둘 사이의 차이는 미묘한 것일 수 있다. 그리고 이것은 선교적인 교회가 선교를 위한 전략을 개발하거나 모종의 선포를 위한 프로젝트를 조직하기로 결단할 가능성을 배제하지 않는다. 그러나 참으로 선교적인 교회는 마이클 프로스트(Michael Frost)의 작품에서 각색한 다음과 같은 네 가지 특징을 지니는 것으로 묘사될 수 있다.[7]

7 Frost, *Exiles,* 55.

1. 선교적인 교회는 서구에서 우리가 후기 기독교 문화 안에서 살고 있으며 지금 교회가 문화의 중심에 있는 것이 아니라 주변부에서 자신의 역할을 감당하고 있다는 것을 이해하고 받아들인다.

최근 수십 년간 영향력 있는 교회의 모델들 중 많은 것이 "꿈의 구장"(*Field of Dreams,* 1989년에 나온 영화로 야구장을 지어 놓으니 사람들이 몰려와 야구 시합을 벌이고 수많은 이들이 야구를 관람한다는 내용을 담고 있다—역자 주)식 모델을 택해왔다. 즉 그것들은 "건물을 세워라. 그러면 사람들이 찾아올 것이다"라는 원칙 위에서 작동한다. 강조점이 현대적인 예배에 있든, 은사의 표현에 있든, 구도자 예배에 있든, 아니면 성서를 가르치는 데 있든 간에, 그것들이 일관되게 주장하는 것은 만약 우리가 사람들에게 그들과 상관이 있고 그들의 필요를 충족시켜주는 무언가를 제공한다면 그들이 교회로 찾아오리라는 것이다. 그러나 선교적인 교회는 오늘날 교회가 서구 문화 안에서 자신의 자리를 잃었으며, 이제 문화의 주변부에 위치해 있고, 교인수가 감소하고 영향력도 줄어들고 있다는 사실을 이해하고 받아들인다.

2. 선교적인 교회는 "가서" 제자 삼으라는 명령을 진지하게 여긴다.

선교적인 교회는 이제 더 이상 자신이 어떤 프로그램을 운영하면서 사람들이 그것에 반응하는 것을 기대할 수 없다는 것을 안다. 이제 교회는 스스로 사람들에게 다가가야 하며 교회 건물과 공동체라는 범위 밖에서 행동과 말을 통해 복음을 드러내는 길을 찾아야 한다. 이것은, 우리가 앞에서 논의했듯이, 교회의 정체성과 관련해 본질적인 것이며, 교회 안에서 공동체를 형성하는 것과 우리가 현재 수행되고 있는 선교 방식을 유지하면서 문화적으로 적절한 것이 되기 위해 밖으로 "나아가는 것"을 위한 보완적인 필요를 부인하지 않는다. 그러나 자신의 선교적 정체성을 진지하게 여기는 모든 교회는 "세상"에 개입하는 것이 필요하다는 것을 안다.

3. 선교적인 교회는 선교를 수행하는 교회가 되는 것과 대조적으로 선교를 중심으로 조직된다.

선교적인 교회는 선교와 더불어 시작된다. 선교적인 교회는 하나님이 본래 선교적인 분이라고 믿는 신학에 의해 이끌린다. 교회는 그 자체로 하나님의 선교(*missio Dei*)에 대한 표현이다. 어떤 교회들은 선교를 "수행한다." 그들은 교회의 활동목록에 선교를 포함시킨다. 하지만 그것이 반드시 그들이 행하는 일의 중심에 있지는 않다. 오히려 "공동체를 세우는 일"이 교회를 위한 우선적 목표가 된다. 대조적으로, 선교적인 교회들은 선교를 자신들의 정체성의 핵심으로 여기며 자기들이 하는 모든 일에서 그 정체성을 따라 살아간다. 다시 말해, 선교적인 교회들은 우선적으로 자신들을 (선교사들처럼) 아직 그리스도를 알지 못하는 자들을 위해 세상 속으로 보냄 받은 자들로 이해한다. 공동체를 세우는 일은 중요하지만, 오직 그것이 선교라는 목적에 도움이 되는 한에서 그러하다.

4. 선교적인 교회는 자신과 자신의 사역을 그리스도의 성육신에 대한 표현으로 이해한다.

그리스도의 성육신은 선교적인 교회의 신학에 영향을 미친다. 선교적인 교회는 하나님이 인간의 모습으로 세상에 들어오셨던 것처럼, 신자들 역시 (개별적으로 그리고 공동체적으로) 그들 주변의 문화와 사회의 상황 속으로 들어가 그것에 대한 지역적인 개입을 통해 문화를 변화시켜야 한다고 믿는다. 이런 통전적인 개입은 사회적 활동, 환대, 그리고 개별적인 친절은 물론 입으로 그리스도의 구원 사역에 관한 메시지를 선포하는 것 등을 포함해 여러 가지 형태를 취할 수 있다. 선교적 삶은 교회가 궁극적으로 문화의 주변부에서 살아가는 아웃사이더임을 인정하면서도 여전히 그것이 문화의 일부가 되도록 만든다. 선교적인 교회는 하나님이 이 세상에서 역사하고 계시며 교회가 그 역사에 동참하라는 부르심을 받고 있다는 개념을 진지하게 취급한다.[8] 이런 식의 접근법은 우리가 이 연구를 통해 살펴보았던 유배기의 모델들(에스더, 다니엘, 베드로전서)을 반영한다. 이런 모델들 각각의 경우에 보다 넓은 문화에 대한 높은 수준의 통합이 하나님의 백성으로서 교회의 정체성의 구별됨에 대한 깊은 헌신과 결합되어 나타난다. 이것은 다른 이들에게 찾아가 그들의 삶의 방식이나 믿음과 상관없이 그들의 삶을 어루만지는 방식으로 하나님 나라를 향상시키고 확대한다는 복음의 목표를 반영한다.[9]

결국 "선교적"이 되는 것은 정체성의 문제다. 그것은 우리가 교회의 참

8 Torrey Seland, "Resident Aliens in Mission: Missional Practices in the Emerging Church of 1 Peter," *Bulletin for Biblical Research* 19, no. 4 (2009): 568.

9 교회를 선교적인 것으로 정의하는 것에 관한 보다 깊은 고찰을 위해서는, Michael Frost and Alan Hirsch, *The Shaping of Things to Come: Innovation and Mission for the 21st-Century Church* (Grand Rapids: Baker, 2003), 특히 2-4장을 보라. 또한 Van Gelder, *Ministry of the Missional Church,* 특히 4장을 보라.

된 본질을 이해하는 방식과 상관이 있다. 후기 기독교 시대의 서구에서 살아가는 교회 지도자들은, 만약 그들의 교회가 의미 있는 복음전도를 통해 문화에 개입하고자 한다면, 그 교회들이 선교적 방식으로 사고하고 존재하도록 도울 필요가 있다.

아이러니컬하게도, 교회가 그런 방향성을 갖도록 만드는 길은 교회들이 실제로 선교에 개입하도록 돕는 것이다. 선교적인 공동체들은 더 많은 성서공부를 행하거나 더 많은 기도회 모임을 갖는 것을 통해서 나타나지 않는다. 오히려 그런 공동체들은 실제로 함께 선교를 행하는 것으로부터 나타난다. 이것은 선교를 단지 자신들의 모든 프로그램의 일부로 포함시킬 뿐인 교회들과 참으로 "선교적인" 교회들이 구별될 수 있다는 사실과 모순되지 않는다. 선교적인 교회들은 그들의 사역의 핵심에 선교를 놓고 이어서 실제로 선교를 "행하느라" 분주하다. 왜냐하면 그들은 선교적인 교회가 된다는 것은 곧 선교를 수행하는 활동에 활발하게 개입하는 것을 의미한다는 것을 알기 때문이다.

이것은 지속적인 성서공부와 기도가 공동체의 형성과 제자도 및 선교의 본질적 일부가 아니라거나 선교에 관한 신학적 성찰이 필요하지 않다는 것을 의미하지 않는다. 하지만 이것은 선교에 대한 열정은 선교에 관한 구절들을 공부하거나 그것을 위해 기도하는 데서 오기보다는 직접 선교를 행하는 데서 온다는 것을 의미한다. 선교적인 공동체의 필요성을 이해하는 지도자들은 대안적 공동체에 관해 가르치는 동시에 교회가 실제적인 선교적 노력에 개입하도록 도움으로써 그 공동체를 가장 효과적으로 만들 것이다. 이것은 무엇보다도 교회 안에 있는 이들이 그들 자신의 삶이 갖고 있는 선교적 잠재성을 인식하도록 돕고 그들로 하여금 창조적인 방식으로 그들 자신의 세상에 개입하도록 격려하는 것을 의미한다. 또한 그것은 교회 전체가 그것이 속해 있는 지역 공동체에 복을 초래할 수 있는 계획을 갖고서 그 공동체에 참여할 방법을 찾는 것을 의미한다. 사람들이 온갖 형태로 선교에 참여할 때, 교회 공동체는 건강한 그리고 성서적인 방식으로 형성될 것이다.[10] 그리스도의 몸 안에서 이루어지는 사역이 교회의 지속적인 삶을 위해 필수적이기는 하나, 교회를 형성하는 특별한 능력을 갖고 있는 것은 그 몸 밖에 있는 이들을 위해 이루어지는 일들이다. 만약 그리스도의 삶과 선교가 우리의 모델이라면, 우리는 우리가 예수를 따라 선교에 임할 때 성령의 새롭게 하시는 능력을 경험하는 것에 놀랄 필요가 없다. 우리가 그분을 가장 심원하게 만나고 교회가 우리 주님이 의도하시는 모습이 되는 것을 발견하는 것은 우리가 그분이 이미 계시는 곳, 즉 "죄인들"과 버림받은 자들이 있는 세상 속으로 나아갈 때다.[11]

마이클 프로스트는 교회의 삶을 규정하는 급진적인 차원의 소속됨이나 사회적 연대를 묘사하기 위해 "코무니타스"(*communitas,* 공동성[共同性]을 의미하는 라틴어로 축제·순례·혁명 등의 경우에 일상적인 사회적 신분이나 질서나 서열이 일시적으로 없어지는 상태—역자 주)라는 용어를 빌렸다. 그는 참된 코무니타스를 경험하려면 먼저 일군의 사람들이 "리미널러티"(*liminality,* 인류학자 빅터 터너[Victor Turner]가 사용한 말로 "중간에 낀

10 선교에 참여하는 것이 선교적인 그리고 제자를 만드는 회중을 형성하는 데 얼마나 중요한지에 관한 보다 충분한 설명을 위해서는, Jeffrey D. Jones, *Traveling Together: A Guide for Disciple-Forming Congregations* (Herndon, VA: Alban Institute, 2006), 89-92를 보라.

11 이런 생각에 대한 매우 유익한 토론을 위해서는, Ray S. Anderson, *An Emergent Theology for Emerging Churches* (Downers Grove, IL: InterVarsity Press, 2006), 186을 보라.

상태"를 가리킨다—역자 주)를 경험할 필요가 있다고 쓴다. 이것은 사람들이 의미 있는 방식으로 검증 받기 위해서 한계상황으로 내몰리거나 일상적인 안락함을 잃어버리는 공동의 경험을 해야 할 필요가 있음을 의미한다. 그로 인한 결과는 대부분의 인간관계에서 경험되는 것을 훨씬 넘어서는 유대가 될 것이다. 이런 종류의 경험은, 예컨대 사람들이 단기 선교 여행에 참여해 새로운 문화와 그다지 이상적이지 않은 상황들, 그리고 그들이 함께 수행하고 있는 도전적인 사역이 제기하는 문제들에 대처해야 할 때 종종 발생한다. 그런 경험은 사람들을 보통 그들이 편안하게 여기는 상태 너머로 몰아붙인다. 그리고 다른 이들과 함께 이런 일을 겪고 나면, 그것은 1년짜리 소그룹 성서공부 모임은 도저히 이루어내지 못할 정도로 강력한 공통의 유대를 만들어낸다. 프로스트는 교외 지역에 있는 교회들에 소속되는 경험은 "리미널한 것"이 될 가능성이 거의 없다고 아주 분명하게 주장한다. 그는 한 무리의 사람들이 참으로 선교를 지향하는, 그리고 그리스도가 염두에 두고 있었던 교회를 반영하는 교회가 될 수 있는 것은, 오직 도전적이고 선교적인 삶을 사는 일에 개입함으로써만 가능하다고 주장한다. 이런 교회는 급진적으로 서로에게 헌신하는, 그리고 선교에 대한 헌신의 측면에서 급진적으로 세상을 지향하는 교회다.[12]

개별 그리스도인들이 그리스도 안에 있는 그들의 삶이 선교적이 되도록 설계되었다는 것을 점차적으로 이해할수록, 선교적 삶을 위해 필요한 지원 네트워크가 되는 기독교 공동체에 대한 수요도 점점 더 커질 것이

12 *communitas*와 *liminality*에 대한 Frost의 설명을 위해서는, *Exiles,* 103-99를 보라. Frost는 이런 용어들을 사회학자 Victor Turner의 작품에서 끌어온다.

다. 이것은 교회들이 자기가 속한 지역 공동체를 섬기고 그 공동체에 예수 그리스도를 증언하겠다는 비전을 지니고 그 안으로 들어가기 위해서는 자신의 상황을 효과적으로 읽고 자기가 무엇을 할 수 있는지를 판단해야 할 필요가 있다는 것을 의미한다. 어떤 상황에서 이것은 새로운 이민자들을 위해 제2외국어로서의 영어 수업을 진행하고 그들이 직업을 얻는 것을 도움으로써 그들의 삶에 개입하는 것을 의미할 것이다. 다른 경우에 이것은 가난한 이들에게 식사, 쉼터, 옷, 그리고 간단한 의료 서비스를 제공하는 것을 의미할 것이다. 다른 교회들은 문제가 있는 개인이나 부부나 가정을 상대로 상담 서비스를 제공할 수도 있을 것이다. 또 다른 교회들은 그들의 지역 사회에서 교회에 대한 새로운 표현으로서 기존의 것과는 크게 다른 무언가를 시작할 필요를 인식할 수도 있을 것이다. 그리고 그 다른 무언가는 다음과 같은 것들이 될 수도 있다. 마을의 선술집에서 매주 모이는 그룹을 만드는 것, 사람들을 환대하고 관계를 형성하는 장소로 커피숍을 운영하는 것, 혹은 서로 간의 창조적인 자극과 대화와 지원을 위해 지역 공동체 내의 예술인들을 위한 공동사업을 추진하는 것 등등. 개교회들은 그들 자신의 특별한 은사와 소명을 확인할 필요가 있다. 그러나 진정한 선교적 공동체를 만들기 위해서는 어떤 식으로든 실제로 교회의 울타리를 벗어나 선교에 참여하는 것이 중요하다.

교회의 선교적 잠재력은 교회의 삶과 교회의 교회"됨"(being) 안에 뿌리를 두고 있으나, 그런 삶은 실제로 선교에 개입하는 일 없이는 애초에 의도되었던 것이 될 수 없다. 오직 자신들의 내적 삶에만 초점을 맞추는 교회들은 점점 더 교회 내부의 일에만 몰두하다가 결국 무기력해지고 만다. 교회는 본래 선교적이 되도록 계획되었으며, 그러하기에 외부에 대한 관심을 배제하는 방식의 선택을 할 수 없다.

대화적 선포

베드로전서 3:15에 등장하는 선포에 대한 처방은 그것이 1세기의 교회들에게 했던 것처럼 오늘의 교회들에게도 동일한 지혜를 제공한다. 베드로전서의 지혜가 복음전도에 대한 신약성서의 유일한 접근법은 아니지만, 오직 한 사람만 진리를 알 수 있다는 개념을 거부하고 믿음을 강요하는 것처럼 보이는 방식으로 설교하려는 이들을 싫어하는 문화 안에서 증언에 대한 이전의 방식들은 보다 대화 중심적인 접근법에 의해 대체될 필요가 있다. 바로 여기가 베드로전서의 접근법이 그 서신의 독자들에게 제공되는 곳이다. 그것은 현대의 회중이 다음과 같은 특징을 지닌 선포를 위한 접근법에 어떻게 개입할 수 있는지 배우도록 돕는다.

듣기 vs 말하기

듣기가 복음전도가 될 수 있을까? 복음전도는 일반적으로 한 사람이 다른 사람에게 복음의 메시지를 들려주거나 함께 나누는 형식으로 인식된다. 복음전도의 선포적 측면은 결코 상실되어서는 안 되지만, 오늘날과 같은 시대에 듣기는 고도의 전도 행위로 이해될 필요가 있다. 유배기의 복음전도는 우리의 입이 아니라 귀와 더불어 시작된다. 우리는 사람들의 이야기를 듣고 그들의 삶을 이해하려고 하는 것에서 시작해야 한다. 고립, 개성, 그리고 포스트모던적 무숙(無宿)의 시대에 진정한 복음전도는 듣기의 행위를 통해서 일어난다. 듣기는 단순히 관계를 세우기 위한 전도 행위도 아니고, 사람들에게 그들이 들어야 할 필요가 있는 것을 실제로 말할 수 있기 위해 먼저 그들의 신뢰를 얻을 목적으로 해야 하는 그 무엇도 아니다. 우리가 듣는 이유는 사람들의 이야기를 듣고, 그들의 삶을 이해하고, 하나님이 이미 일하고 계신 곳을 확인하고, 영적 굶주림의 표지들을 분별하기 위해서다. 듣기는 참된 관계가 형성되는 장소다.

듣기는 그리스도의 성육신적 활동을 반영하는 진정한 현존과 진정한 관계를 드러내는 전도적 행위이며 선교의 핵심이다. 만약 선포가 (베드로의 표현을 풀어서 말하자면) "부드러움과 존경을 지닌 답"을 제공하는 방식으로 발생한다면, 아마도 그것은 깊고 참된 듣기로부터 나온 것일 것이다.[13]

변증을 제시함 vs 확실성의 변증 한때 특별히 유행했던 변증 형태는 그 내용과 접근법에서 대개 "증명" 중심적이었다. 예컨대 전통적인 변증적 사고의 어떤 흐름은 "하나님의 존재 증명을 위한 다섯 가지 논증" 혹은 "예수가 실제로 죽음으로부터 부활했다고 믿을 수 있는 네 가지 이유"를 제공한다.[14] 충분한 확실성과 함께 전해질 경우 나름 유익할 수도 있는 이런 식의 접근법은 무엇보다도 합리성을 믿는, 그리고 종종 그 말을 듣는 이들 편의 (일반적으로는) 유신론에 대한 그리고 (특별하게는) 기독교에 대한 일정한 정도의 소인(素因)을 가정하는 근대적이고 크리스텐덤적인 사고방식에 기인한다.

변증을 제시하는 것은, 우리가 부활을 참된 것으로 믿어야 하는 네 가지 이유를 제공하는 것이 아니라, 우리가—그리고 일반적으로 그리스도

13 복음전도의 행위로서의 듣기에 대한 그 이상의 설명을 위해서는, Frost and Hirsch, *Shaping of Things to Come*, 97-99를 보라.

14 이런 종류의 변증적 접근의 고전적인 예는 Josh McDowell, *Evidence that Demands a Verdict* (San Bernadino, CA: Here's Life Publishers, 1979)에서 발견된다.

인들이—개인적으로 부활이 참된 것이라고 믿는 몇 가지 이유를 제공하는 개념들에 대한 공동의 탐구에 참여하는 것을 의미한다. 이 둘은 내용적으로는 유사하지만 어조의 측면에서는 크게 다르다. 변증을 제시할 때 우리는 어떤 주장을 제시하기보다 기독교 신앙의 신비를 설명하는, 그리고 우리의 대화 파트너들에게 (아마도) 이성적인 이론에 호소하기보다 그 이상의 설명을 위한 토대로서 우리의 믿음에 대한 증거를 제공하는 대화에 참여하도록 초대한다. 이것은 설득력 있는 사유와 잘 정리된 논증이 중요하지 않다는 의미가 아니다. 그러나 포스트모던적 불확실성은 과도하게 확신에 찬 말보다는 이런 종류의 겸손한 제시를 요구한다. 이런 변증의 핵심적 특징은 믿음의 내용으로서의 예수에 대한 강조다. 여러 가지 증거들이 사람들이 예수는 좋아하고 기독교는 좋아하지 않는다는 사실을 가리킨다.[15] 이에 비추어 우리의 복음 선포는 창조, 내세, 혹은 심지어 역사적 사건으로서 부활의 가능성에 대한 우리의 견해보다 예수라는 인물에 초점을 맞춰야 한다. 물론 이런 중요한 개념들이 간과되어서는 안 된다. 하지만 대개 그것들은 사람들이 그들의 영적 탐색의 과정에서 풀어나가는 가장 절실한 문제들이 아니다. 사람들에게 필요한 것은 (우리가 그를 묘사할 수 있는 정도만큼 많이) 예수, 즉 복음서의 예수—어린아이들과 놀고, 죄인들과 함께 먹고, 나병환자들에게 손을 대고, 팔레스타인의 먼지

15 이에 대한 한 가지 일화적인 예로서 시애틀의 목회자 Karen Ward는 태평양 연안 북서부의 공동체를 상대로 한 설문을 통해 응답자 중 95%가 예수에 대해 호감을 가지고 있는 반면, 교회에 대한 그들의 호감도는 훨씬 덜 압도적이라고 전했다. Eddie Gibbs and Ryan Bolger, *Emerging Churches: Creating Christian Community in Postmodern Cultures* (Grand Rapids: Balcer, 2005), 48을 보라.

나는 길을 걷고, 십자가를 끌어안았던 예수—와 접촉하는 것이다. 이 예수야말로 사람들이 그의 이야기를 듣고 반응할 필요가 있는 대상이다. 그러므로 유배기의 변증의 능력은 예수라는 인물을 우리의 믿음을 나누는 대화의 중심으로 만드는 것에 있다.

목회자-교사식 복음전도 vs 복음전도자-설교자식 복음전도 여기서 복음전도자-설교자 모델(evangelist-preacher model)은 반드시 한 무리의 사람들 앞에 서서 복음적인 메시지를 선포하는 누군가를 묘사하기 위해 사용되지 않는다. 오히려 그것은 한 사람이나 한 무리의 사람들에게 메시지를 전해야 할 필요를 강조하는 식의 복음전도 방법을 묘사하기 위해 채택된 것이다. 그것은 복음전도는 메시지를 입 밖에 내는 것이라는, 그리고 "메시지를 입 밖에 내는 것"은—비록 그것이 어쩔 수 없어서 하는 것이고 사람들의 기분을 상하게 하는 것일지라도—궁극적으로 중요한 것이라는 생각을 전달한다. 중요한 것은 사람들이 이런저런 방식으로 복음을 듣는 것이다. 다시 말하지만, 구원의 메시지를 전함으로써 사람들이 그것을 이해하고 그것에 대해 생각하고 반응할 수 있게 하는 것은 매우 중요하다. 하지만 복음전도자-설교자 모델은 크리스텐덤 문화 안에는 존재하지만 포스트 크리스텐덤 문화의 특징은 되지 않는 여러 가지 것들(가령 믿음의 소인 및 메시지에 대한 기본적인 지식 등)을 전제한다. 이런 새로운 현실은 "메시지를 입 밖에 내는 것"을 매우 어렵고 복잡한 일이 되게 한다.

목회자-교사 모델(pastor-teacher model) 목회자-교사 모델은 장기적인 관점을 지니고 그리스도를 향해 나아가는 길 위에 서 있거나 혹은 그리스도로부터 떠나가는 길 위에 서 있는 자들과 함께 여행하고자 하는 목양적 형태의 복음전도 방식을 더 많이 반영한다. 목회자-교사들은 장기간에 걸쳐 회중과 밀접한 관계를 맺고, 단순히 진리에 대해 말할 뿐 아니라 관계를 형성하고, 사람들의 친구가 되고, 그들을 돌보고, 그들에게 조언하고 설교하는, 그러나 언제나 그들의 어깨에 팔을 두르고 자기들이 섬기는 이들 곁에서 함께 걷는다는 생각을 지니고 있는 이들이다. 유배적 상황에서 복음전도는 메시지를 전하는 것보다는 목양에 더 가깝다. 후기 기독교 시대에 복음전도는 긴 시간을 필요로 한다. 날이 갈수록 사람들은 먼 길을 걸어서 복음에 이른다. 기독교 메시지에 대한 기본적인 이해의 부족, 잠재적인 불신앙, 그리고 더 이상 기독교 신자들을 육성하는 데 도움을 주지 않는 문화적 분위기 등은 대부분의 경우에 선교가 장기적인 과정이 되리라는 것을 의미한다. 메시지를 선포하는 것이 언제나 우선적인 목표이기는 하나, 복음전도의 성공 여부는 우리가 여행 중에 있는 이들의 말에 귀를 기울이고, 그들이 제기하는 질문에 답하며, 그 과정 내내 그들과 함께하면서 그들과 더불어 걸어가는 능력에 의해 측정되어야 한다.

결론

교회가 유배기의 선교 과정에서 효과적이 되고자 한다면, 복음전도에 관한 이런 개념들을 수용할 필요가 있다. 교회 지도자들은 교회가 그런 비전을 수용하도록 도와야 할 책임을 갖고 있다.

이상의 제안들은 교회가 유배적 환경에 선교적으로 개입할 때 필요하며, 또한 교회가 자신이 처해 있는 현실에 그리고 지속적으로 변화하는 서구의 상황에 적합한 선교를 수행하도록 도와줄 것이다. 교회는 날이 갈수록 세속화되어가는 사회와 더불어 계속해서 대화를 유지해야 한다. 하지만 문화적 개입이 제공하는 도전은 또한 우리에게 유배가 지속적인 상태가 되도록 정해져 있는 것은 아님을 상기시키는 데 도움을 줄 수 있다.

12장

회복에 대한 희망

유배자들을 위한 새로운 고향

마이클 진킨스(Michael Jinkins)는 그의 책 『신학으로의 초대』(*Invitation to Theology*)에서 기독교의 종말론 교리를 설명하기 위해 밧줄의 유비를 사용한다. 진킨스는 예수의 오심 이후부터 역사 속에서 이루어지고 있는 하나님의 일을 하나의 밧줄처럼 생각했는데, 이 밧줄의 한쪽 끝은 그리스도의 역사적인 과업에 묶여 있고 다른 한쪽은 하나님이 인간의 역사를 우리가 알고 있는 것같이 완결시킬 때 일어날 "어두운 미래"에 연결되어 있다.[1] 이 유비를 좀 더 상세히 설명해보면, 그 밧줄은 우리가 인류의 역사 속에서 우리의 여정을 이어나갈 때, 우리가 붙드는 지침이다. 왜냐하면 그것은 우리를 하나님과, 그리고 과거와 현재와 미래에 속해 있는 그분의 일과 연결시켜 주기 때문이다. 현대 서구 교회의 입장에서 보자면, 우리의 여행은 결국 우리를 유배라는 골짜기 속으로 이끌었다. 그리고 그 골짜기

1 Michael Jinkins, *Invitation to Theology: A Guide to Study, Conversation and Practice* (Downers Grove, IL: InterVarsity Press, 2001), 248.

를 가로지르는 동안 우리는 이것이 우리의 종착지가 아니라는 믿음에 의해 이끌렸다. 우리는, 비록 그것의 상세한 내용은 여전히 신비로 남아 있으나, 우리 앞에 미래가 놓여 있다는 지식을 갖고서 살아간다. 비록 지금은 우리가 우리의 궁극적인 고향으로부터 떨어져 살고 있으나, 언젠가는 우리가 더 이상 이 세상에서 낯선 자와 외국인으로 살지 않으리라는, 그리고 유배와도 같은 여행을 종식시키고 궁극적으로 우리가 살아가도록 만들어진 곳으로 우리를 데려갈 귀향의 날이 있으리라는 희망을 지니고 있다.

유배기의 삶의 중심에는 회복, 즉 다시 고향으로 돌아가는 것에 대한 희망이 있다. 그 희망은 고대 이스라엘 백성이 언젠가 자신들의 땅을 회복할 것에 대해 가졌던 희망과 조화를 이룬다. 물리적 귀환에 대한 희망이 감소하기 시작했을 때, 제2성전기의 종말론적 희망이 출현했다. 그리고 우리가 베드로전서를 살피면서 보았듯이, 그 희망은 초기 교회에서도 지속되었다. 그 희망은 하나님의 백성으로서 우리의 유배의 궁극적 결말이 언제나 종말론적이며 그때까지는 우리가 온전하게 "고향에 있지" 않은 상태에서 살아간다는 것을 상기시켜준다는 점에서 오늘의 교회를 위해서도 적절하고 여전히 필요한 모티브로 남아 있다.

표면적으로 이런 식의 격려는 서구 교회에는 필요치 않아 보인다. 아마도 초기 교회의 유배 경험과 우리 자신의 유배 경험 사이에 존재하는 극적인 차이가 가장 분명하게 드러나는 것은 바로 이 지점일 것이다. 대부분 서구에서 살아가는 그리스도인들인 우리의 삶은 우리의 초창기 믿음의 선배들과 같은 형태의 시련들로 채워져 있지 않다. 우리는 국가가 주도하는 박해나 물리적 폭력과 마주하고 있지 않으며, 대개의 경우 고작 우리와 동일한 신앙을 가진 이들로부터 오는 가벼운 조롱에 직면하고 있을 뿐이다. 대부분의 경우, 사람들은 비록 우리의 믿음을 공유하지는 않으나 우리가 그것에 집착하는 것을 못마땅하게 여기지도 않는다. 우리의 삶은 대체로 아주 편안하고 심지어 성공적이기까지 하다. 그렇다면 어째서 우리가, 이 세상이 실제로 우리에게 아주 좋음에도 불구하고, 오는 세상에 대한 희망을 가져야만 하는 것일까? 더 나아가 우리가 베드로전서의 종말론적 강조를 우리 시대에 적용하려 할 경우, 우리는 그런 견해에 대한 근본적인 저항을 마주하게 되는데, 이는 포스트모던 시대에서 양육되어온 사람들의 문화적인 상황으로 인해 나타난다. 우리는 하늘의 영광에 대해서만 관심이 없는 것이 아니라, 만족 지연(Deferred gratification)에도 매료되지 않는 문화 속에서 살아간다. 그로 인해 이생에서는 성취되지 않을 보답에 관심을 가질 것을 요구하는 가르침은 우리에게는 그다지 적절해 보이지 않는다. 우리의 문화는 직접적이고 개인적인 성취와 개선이 우리가 행하는 모든 헌신의 결과가 되기를—비록 그것의 이유까지는 아닐지라도—기대한다. 우리는 우리가 그것을 누릴 자격이 있다고 느낀다. 그래서 만약 우리가 무언가에 헌신한다면, 그로 인한 유익이 우리가 죽은 후에나 혹은 아주 오랜 기다림 끝에 예수가 재림할 때가 아니라 즉시 우리에게 다가와야 한다고 느낀다. 마지막으로 우리는 어떤 값을 치르고서라도 고통과 고난을 피하려는 문화 안에서 살아간다. 우리는 약물, 치료, 혹은 너무 많은 노력이 필요한 일들에 대한 전적인 포기 등을 우리가 경험할지도 모를 고통을 경감시키기 위한 방법으로 사용한다. 그런 까닭에, 베드로가 우리에게 그리스도가 돌아올 때까지 그분의 고통에 동참하기 위해 고통을 끌어안고 고통 아래서 인내하라고 격려할 때, 우리는 그 메시지를 선선히 끌어안지 않는다. 이렇게 문화적으로 특징지어진 반응은 보다 넓은 문화 안에서는 말할 것도 없고 오늘날의 교회 안에서도 베드로의 메시지를 수용하는 것을 어렵게 만든다.

이런 경향은 대다수 교회의 강단에서 종말론적 주제들이 자취를 감춘 것 때문에 더욱 악화되고 있다. 즉각적인 만족을 지향하는 서구 문화의 정신에 부합하듯, 오늘날에는 재림 교리에 대한 믿음과 관련해 총체적인 지적 혼란이 벌어지고 있는 것처럼 보인다. 또한 어떤 분야들에서는 인간의 진보야말로 세계를 괴롭히는 문제들에 대한 궁극적인 답이라는 자유주의적 개념을 믿는 경향이 나타나고 있다. 이 시대의 종말론 신앙이 『레프트 비하인드』(*Left Behind*) 시리즈(팀 라헤이[Tim LaHaye], 제리 젠킨스[Jerry B. Jenkins]가 공동으로 쓴 소설 시리즈로 휴거를 비롯한 종말의 문제를 다룬다—역자 주)에서 보는 것처럼 문자주의적 광신으로 표현되는 것을 보고 일부 사람들은 만약 너무 진지하게 종말론적 희망을 품거나 그 희망에 너무 몰두할 경우 혹시라도 그 광신자 패거리와 한통속으로 취급되지 않을까 하고 전반적으로 경계하게 되었다. 이 모든 요소들로 인한 결과로 우리는 지난 몇 십 년 동안 교회의 가르침 속에서 거의 전적으로 종말론적 주제들에 대해 듣지 못하게 되었다.[2]

그러나 신약성서는 교회가 "완성을 기다리는 동안 현재 안에서 미래의 삶을 살아가는" 철저히 종말론적인 백성으로 이루어져 있음을 분명하게

2 이런 경향이 어떻게 시작되었고 어째서 계속되고 있는지에 관한 간략하지만 잘 정리된 고찰을 위해서는, Thomas G. Long, *Preaching from Memory to Hope* (Louisville, KY: John Knox, 2009), 112-17을 보라.

밝힌다.[3] 실제로, 만약 우리가 점증하는 다원주의 안에서 복음의 반문화적 기준들을 포용하면서 대안적인 공동체로 살아간다면, 미래에 대한 희망과 인내에 관한 베드로의 메시지는 서구 교회가 겪고 있는 유배적 경험에 훨씬 더 적절한 것이 될 수도 있을 것이다. 그런 메시지는 하나님의 백성이 자신들의 신앙을 실천하는 대가가 아주 큰 것이 될 수밖에 없는 상황에 처할 때 그들을 희망으로 고무할 수 있다. 만약 유배기의 교회가 철저하게 유배기적인 전략을 수용한다면, 교회는 교묘하고도 공격적인 방식으로 계속해서 교회를 괴롭히는 세상의 힘에 맞서 그 전략을 강화하기 위해 종말론적 요소를 필요로 하게 될 것이다. 존 드레인(John Drane)은 "그 어떤 기독교 전통도 우리가 살고 있는 21세기의 세상에 실용적인 종말론을 갖고 있지 않아 보인다"라고 정확하게 지적한다.[4] 더 나아가 그는 우리가 기독교 신앙의 이런 교리적 요소에 관해 느낄 수도 있는 당혹감을 극복하고 우리 시대를 위한 의미 있는 종말론을 발전시키는 데 힘을 써야 할 필요가 있음을 지적한다.

베드로전서의 종말론적 희망은 그런 대화에 공헌하고 오늘의 교회를 위한 유배 신학의 핵심을 이루는 부분을 제공할 수 있다. 베드로전서의 종말론은 오늘날과도 적절하게 연관되는데, 그것은 그 종말론이 미래의 차원과 현재의 차원 모두를 포함하는 희망에 근거한 비전이기 때문이

3 Gordon D. Fee, *Paul, the Spirit and the People of God* (Grand Rapids: Baker Academic, 2011), 49. Fee는 초기 교회 시절과 오늘의 가장 큰 차이는 종말론적 비전에 있는데, 그것은 초기 교회를 이끄는 원동력이었지만 오늘날에는 거의 완전히 결여되어 있다고 확언한다.

4 John Drane, *After McDonaldization: Mission, Ministry and Christian Discipleship in an Age of Uncertainty* (Grand Rapids: Baker, 2008), 27.

다. 그 서신은 종말론적 희망의 본질을 명시하기 위해 몇 가지 은유들을 사용한다. 이것은 궁극적인 종말론적 희망에 대해 숙고하는 몇 가지 다른 방식들을 제공하는 신약성서 전체의 내용과 조화를 이룬다. 종말론적 희망은 현세적 차원(우리가 지금 경험하고 있는 시간의 종말)과 공간적 차원(새 하늘과 새 땅) 모두를 포함한다. 우리가 주장했듯이, 베드로전서에는 이생에서의 분투가 무엇이든 그것으로부터 떠나 쉴 수 있는 장소를 제공하는 세상이 오리라는 분명한 비전이 들어 있다. 하지만 이것은 우리가 다른 이들을 그 안으로 이끌기 위해 하나님 나라의 방식으로 살아가고자 노력할 때 이 세상에서 우리의 삶을 의미 있게 만들어 주는 현재의 선교와 짝을 이룬다. 이런 선교와 믿음의 여행의 잠재적 일부인 고난은 성령의 지속적인 임재를 통해 그것을 이겨낼 힘을 얻는데, 우리는 그 성령과 연계하며 그분의 임재를 미래의 희망으로가 아니라 그분의 영의 지속적인 임재를 통한 현재의 실재로 경험한다(벧전 1:3-5). 그러므로 베드로전서의 종말론적 신학은 현재의 차원과 미래의 차원 모두를 포함한다. 그리고 그 두 차원 모두 교회의 삶에 매우 중요하다.

아마도 우리가 이런 희망의 본질을 이해할 수 있는 가장 적절한 방법은 회복(혹은 귀환)이라는 렌즈를 통해서일 것이다. 이 패러다임은 지금 우리가 이 세상에서 하는 행위들이 중요할 뿐 아니라 궁극적인 귀향의 날에 이바지할 것이라는 견해와 함께, 그리스도의 재림과 타락한 피조물의 회복이라는 결정적 행위에 묶여 있는 하나님의 백성을 위한 미래의 귀향이 있으리라는 개념을 존중하는 방식으로 종말론적 희망의 현재적 측면과 미래적 측면 모두를 담아낸다.

회복과 귀환에 대한 비전 그리고 그것의 의미 갱신된 창조의 모습은 오늘날 많은 그리스도인들이 그리고 있는 것과 다르다. 그들에게 천국은 순전히 영적인 존재들이 점유하고 있는 비물질적인 공간이다. 그러나 성서의 비전은 이와는 다르게 보인다. 구약성서와 신약성서 모두에서 우리는 갱신된 지구를 포함하는 미래에 대한 비전을 발견한다. 예언자 이사야는 이렇게 선포한다. "보라, 내가 새 하늘과 새 땅을 창조하나니 이전 것은 기억되거나 마음에 생각나지 아니할 것이라"(사 65:17). 여기서부터 그는 사람들이 일을 하고 그들의 손의 노동을 통해 생산된 풍성한 소산을 즐기고 이리와 어린양이 함께 먹는 것에 관한 비전을 묘사한다(사 65:25). 이것은 요한계시록 21:1에 실려 있는 요한의 비전과 연관된다. "또 내가 새 하늘과 새 땅을 보니 처음 하늘과 처음 땅이 없어졌고 바다도 다시 있지 않더라." 새 하늘과 새 땅은 사람들이 그리로 붙들려 올라가는 장소라기보다 하나님이 내려와 거주하시는 곳이다(계 21:3). 하나님의 궁극적인 종말론적 희망은 우리가 현재 거주하고 있는 세상을 조금도 닮지 않은 다른 세상의 성소를 창조하시는 것이 아니다. 오히려 그 희망은 참된 귀향을 위한 장소를 제공하는 새 땅에 있으며, 그곳은 유배자들이 돌아갈 그들의 본토다.

이것은 성서의 이야기, 즉 최초의 부부가 하나님이 그들의 참된 고향으로 만들어 주신 땅으로부터 유배되는 것으로 시작되며 우리 모두가 그것의 일부를 이루는 이야기의 정점이다. 그들 부부가 동산으로부터 유배된 사건은 현대의 그리스도인으로서 우리 자신의 유배를 포함해 그 이후에 하나님의 백성이 겪었던 모든 유배의 원형을 제공한다. 다양한 방식으로 우리의 역사는 하나님이 우리를 위해 제공하셨고 또한 우리가 즐기도록 의도하셨던 선한 창조로부터 멀리 떨어져서 살아가는 역사다. 종말론적 희망은 다시 한번 우리가 갈망해 왔던 회복된 창조 안으로 들어갈 때 발견된다. 이 개념은 이 세상이 본래 선하다는 견해에 근거한다. 이것은 세상의 많은 부분에서 견지되고 있는 견해, 즉 창조를 "악"으로 그리고 천국을 "선"으로 여기는 견해에 맞선다.[5] 이 후자의 견해는 이원론적인 것으로서 기독교적 희망을 천국이라는 피안적 개념에 근거한 것으로, 따라서 우리가 지금 살고 있는 세상과는 아무런 상관이 없는 것으로 잘못 이해하는 것으로 이어진다. 이런 이해는 이 세상을 현재에는 별다른 가치가 없는 것으로, 그리고 미래에는 아무런 가치가 없는 것으로 여긴다.[6]

창조의 회복에 대한 이해에 더 많이 의존하는 종말론의 입장에서 보자면, 궁극적으로 구원은 단순히 인간의 영혼만이 아니라 창조 안에 있는 모든 것을 구속하는 것과 상관이 있다. 따라서 그것은 창조와 관련해 잘못된 것을 완전히 닦아내는 것이 아니라 회복시키는 행위다.[7] 이런 견해는 지금 우리가 하는 일이 하나님이 염두에 두고 계신 종합적인 종말론적 미래의 일부가 되리라는 희망을 제공한다. 이것은 만물을 파멸시키고 모든 것을 무로부터(*ex nihilo*) 다시 창조하는 것이 아닌 만물을 새롭게 하시리라는 하나님 자신의 약속에 근거한다. 심지어 이 희망은 인간의 문화 중 가장 좋은 것이 하나님의 새로운 세상 안으로 흘러들어갈 가능성까지

5 N. T. Wright, *Surprised by Hope: Rethinking Heaven, the Resurrection, and the Mission of the Church* (New York: HarperOne, 2008), 95.

6 Richard Middleton, "A New Heaven and a New Earth: The Case for a Holistic Reading of the Biblical Story of Redemption," *Journal for Christian Theological Research* 11 (2006): 75.

7 Ibid., 90.

포함하고 있다(계 21:26).[8]

이런 신학적 비전은 오늘의 유배자들을 위한 종말론적 희망의 토대가 된다. 왜냐하면 그것은 하나님이 우리를 이 세상에서 살아가도록 창조하셨으나 우리의 타락과 그 후에 발생한 실패들로 인해 하나님이 우리를 위해 의도하셨던 고향을 경험하는 일이 어렵게 되었다는 개념을 중요하게 여기기 때문이다. 이 세상이 궁극적으로 폐지되고 새롭고 비물질적인 세상이 창조되어야 한다는 견해는 우리의 유배 경험이라는 현실을 평가절하한다. 왜냐하면 그것은 고향을 떠나 살아가는 현실 세계의 경험을 제거하고 하나님이 우리를 원래의—그리고 참된—고향으로 데려가시는 것이 아니라, 새로운 고향으로써 그 원래의 고향을 대체하시리라는 생각을 제공하기 때문이다. 이것은 마치 우리가 실제로 좋은 땅이기는 하나 우리의 원래의 고향이 아닌 새로운 땅에 재정착하라는 요구를 받는 것과 유사하다. 갱신된 창조는 우리 같은 유배자들이 돌아가기를 갈망하는 고향이다. 그러나 베드로전서가 분명하게 밝히듯이, 그 새로운 창조는 적어도 한 가지 분명한 방식으로 우리의 원래의 고향과 구별된다. 그것은 "썩지 않고 더럽지 않고 쇠하지 아니하는 유업"이다(벧전 1:4).

이 유업에 대한 계시는 하나님의 구속의 역사에 근거하는데, 그 역사는 그것과 더불어 자신의 창조에 대한 하나님의 애초의 의도를 회복시킨다.[9] 그리스도의 재림과 더불어 인간의 역사는 정점에 이르며 새로운 창

8 Stanley Grenz, *Theology for the Community of God* (Grand Rapids: Eerdmans, 2000), 646.

9 Middleton, "New Heaven," 76.

조가 시작된다. 그리고 그 새로운 창조 안에 다시 한번 하나님이 임재하시고 그분의 뜻이 이루어진다. 그 세계는 베드로전서의 수신자들인 1세기의 유배자들과 오늘의 유배자들 모두가 다시 한번 자신들이 고향에 와 있음을 발견할 수 있는 곳이다. 왜냐하면 그곳은 예수 그리스도가 궁극적으로 계시되는 곳이고(벧전 1:7) 또한 하나님이 거하시는 곳이기 때문이다. 그것은 최초의 부부가 그들의 고향인 동산, 곧 하나님이 그들과 함께 거니시고 그들과 교제하기를 바라셨던 곳에서 누렸던 경험의 회복이다. 그것을 자기들이 있기를 바라는 곳에서 멀리 떨어진 채 유배자로 살아왔던 이들을 위한 참된 귀향으로 만들어주는 것은 다름 아닌 그 새로운 창조에 대한 하나님의 참여다.[10]

우리의 종말론적 희망이 창조의 갱신이라는 생각은 또한 지금 이 세상에 개입하기 위한 동기로서의 종말론이라는 베드로전서의 견해에 부합한다. 그 서신은 이생으로부터의 도피나 이생에 대한 포기로서의 구원에 대해 말하지 않는다. 베드로의 초점은 하나님이 미래를 위해 제공하시는 약속에 맞춰진다. 베드로는 미래에 다가올 것들의 그림자가 지금 그것이 있어야 할 방향과는 반대에 있는 우리에게 드리우고 있다는 것을 자신의 독자들이 이해하기를 바랐다. 그 그림자는 현재의 교회의 삶과 사역에 영향을 주면서 교회의 현재의 정체성을 형성하는 방법을 제공한다. 우리가 지금 하는 일이 종말론적 미래에 나타날 일에 영향을 준다는 것은 우리에게 지속적인 신실함을 고무하며(벧전 1:9) 또한 지금 교회가 마주하고 있는 도전들의 한복판에서 기뻐할 것을 촉구한다(1:6, 8).[11]

10 Grenz, *Theology for the Community of God,* 647.

이런 종말론적 비전은 이 세상에서 교회의 기능에 관한 그 서신의 견해에 영향을 준다. 베드로전서 4:7은 독자들에게 "만물의 마지막이 가까이 왔다"고 상기시킨다. 이것은 그 서신의 저자로 하여금 독자들이 이 시대의 정점이 다가오고 있음을 고려하면서 수행해야 할 몇 가지 실천 사항들을 열거하게 만든다. 열거된 내용들은 분명하게 차안적이다. 깨어 있음, 분별, 기도, 서로 사랑하기, 환대하기, 다른 이들 섬기기, 그리고 하나님의 말씀을 전하기 등. 이런 행위들은 그 서신의 독자들이 처해 있는 환경을 개선하고 하나님이 영광을 받으시도록 하기 위한 것이다(벧전 4:11). 베드로전서의 저자에게 종말론적 희망은 이 세상을 보다 낫게 만드는 일에 개입하는 삶과 분리되어 있지 않았다. 사실 이것은 그가 지금의 창조와 다가오고 있는 갱신된 창조 사이의 연관성을 이해하고 있었기 때문일 수 있다. 미래의 희망은 불가분 현재의 희망과 연관되어 있다. 새로운 창조는 옛 창조에 근거한다. 유배는 회복을 향해 일하는 시간이다.

미래의 희망에 대한 이와 같은 비전은 유배 상태에서 살아가는 일이 요구하는, 그리고 우리가 앞 장들에서 살펴보았던 모든 다른 행위들(가령 리더십, 거룩함, 신학적 충실함, 그리고 선교)을 정당화한다. 사실 그런 비전 없이 그런 행위들을 일정한 기간 동안 유지하는 것은 불가능할 수도 있다.

설교자이자 주석학 교수인 토마스 롱(Thomas Long)은 자기가 프린스턴 대학교의 교목들을 위한 자문위원회에 참석했을 때 있었던 이야기를 전한다. 어느 날 교목들로부터 연간 보고를 듣는 동안 한 자문위원이 질문을 던졌다. "요즘 학생들이 정신적으로 어떠한가요?" 잠시 뜸을 들인 후

11 Joel Green, *1 Peter* (Grand Rapids: Eerdmans, 2007), 28.

에 한 감리교 교목이 질문에 답했다.

"글쎄요," 그녀가 말했다, "나는 당신이 이 말을 들으면 기뻐하리라고 생각해요. 그들은 야심차게 일터로 나갈 준비를 하고 있어요. 하지만 그것이 그들의 전부는 아니에요. 그들 중 많은 이들이 방과 후에 아이들을 가르칩니다. 어떤 학생들은 노숙자들을 위한 야간쉼터와 급식시설에서 일하고 있고요. 지난주에는 한 무리의 학생들이 남아프리카 공화국의 인종차별정책에 대해 반대하는 시위를 했어요." 그녀가 그렇게 말하는 동안, 유대교 교목이 입 꼬리를 올리며 씩 웃었다. 그녀가 말을 하면 할수록, 그는 더욱더 입을 크게 벌리며 웃었다. 그리고 마침내 그의 웃음이 주위를 산만하게 할 정도가 되었다. "에드, 지금 내가 무슨 우스운 소리를 하고 있는 건가요," 감리교 교목이 약간 분개하는 표정으로 말했다. "아니오, 아니에요, 죄송합니다." 유대교 교목이 답했다. "다만 나는 여기 앉아 생각을 하고 있었을 뿐이에요. 당신은 학생들이 선한 사람들이라고 말하는데, 사실 당신은 옳아요. 또한 당신은 그들이 선한 사회활동에 개입하고 있다고 말하는데, 그들은 실제로 그렇게 하고 있어요. 하지만 나는 혹시 그들에게 구원에 대한 비전이 부족한 것은 아닐까 하는 생각을 하고 있었습니다." 우리 모두가 그 유대교 교목을 바라보았다. "정말입니다." 그가 말했다. "만약 우리가 하나님이 모든 창조를 회복하시기 위해 지금 행하고 계신 것에 대해 얼마간이라도 비전을 갖고 있지 않다면, 우리는 매일 일어나서 급식시설에 일하러 갈 수 없을 거예요. 그런 일은 결국에는 우리를 쓰러뜨리고 말거예요."[12]

12 Long, *Preaching,* 123-24.

유배자로서 살아가는 것은 하나님이 창조 전체를 회복하기 위해 지금 행하고 계신 일에 대한 비전을 가질 것을 요구한다. 우리가 희망을 갖고서 살 수 있는 것은 오직 우리가 그런 비전을 지니고 살 때뿐이다. 왜냐하면 그런 비전은 우리가 사역 과정에서 쏟는 노력을 타락한 창조를 회복하시고 오랫동안 고향으로부터 멀리 떨어져 유배자의 신분으로 살아왔던 자신의 백성에게 새로운 고향을 제공하려는 하나님의 영원한 사역에 대한 협력으로 보게 해주기 때문이다.

유배기의 종말론이 이것을 토대로 삼아 교회의 지도자들에게 요구하는 최소한 두 가지 다른 사역이 존재한다.

교회 안에서 종말론적 정체성 형성하기 우리는 이미 삶에 대한 종말론적 견해가 21세기의 서구인들에게 늘 쉽게 수용되지는 않으리라는 것에 대해 살펴본 바 있다. 이것은 교회가 복음이 제공하고 하나님 나라의 삶이 야기하는 현재의 희망과 의미를 강조하는 방식으로 형성되어야 할 필요가 없다는 의미가 아니다. 우리가 보았듯이, 그런 견해는 기초적인 것이며 또한 유배기의 교회를 위해 중요한 것이기도 하다. 하지만 베드로전서가 불러일으키고자 하는 종말론적 정체성은 단지 유배기의 삶을 위한 중요한 배경에 불과한 것이 아니라, 종종 서구 사회와 같은 문화적 상황 속에서는 잊힐 수도 있는 보다 광범위한 신약성서의 관점 하나를 반영하기도 한다.

이런 관점에서 볼 때 유배는 오늘의 문화 속에서 교회를 이해하는 방법으로서 특별히 유력해진다. 왜냐하면 그것은 교회가 자신의 삶을 아주 생생하게 "고향으로부터 멀리 떨어져", 특히 우리가 그것을 위해 창조되고 운명지어진 궁극적인 고향으로부터 멀리 떨어져 살아가는 문제로 볼 수 있다는 종말론적 관점으로부터 나오기 때문이다.

바로 이 지점에서 다시 한번 예언자적 상상력을 목회적으로 사용하는 것이 가능해진다. 지도자들은 신자들에게 교회가 직면하고 있는 사회적 상황 속에서 교회의 삶이 오는 시대에 대한 전조가 되도록 고안되었음을 깨닫도록 도와야 한다. 이것은 교회의 지도자들이 교우들에게 그들이 대안 공동체를 세우는 것은 단순히 보다 나은 세상을 세우는 것 이상의 결과를 낳는다는 것을 가르쳐야 함을 의미하는데, 왜냐하면 교회는 궁극적으로 다가올 세상에 대해 말하기 때문이다. 우리가 기다리는 갱신된 창조는 현재의 교회의 삶속에서 배아의 형태로 발견될 수 있다. 교회로서 우리는 이 세상에서 우리의 흠결 있는 경험 너머에 있는 앞으로 다가올 보다 나은 경험을 가리킨다. 그러므로 궁극적으로 교회는 단지 "이 땅에 거주하는 이방인들"에 불과한 것이 아니라, 또한 갱신된 창조에 대한 맛보기를 전하는 집단이기도 하다. 스탠리 그렌츠(Stanley Grenz)는 평화, 조화, 사랑, 의, 그리고 교제 같은 종말론적 공동체의 몇 가지 특징들을 조명한다.[13] 이런 특징들을 인간 공동체 안에서는 찾아보기가 어려울지라도, 지금 우리는 오는 시대에 대한 표지로서 교회 안에서 그런 특징들을 계발하라는 명령을 받고 있다. 교회로 하여금 지금 우리의 삶을 다가오고 있는 새로운 창조에 비추어 그려내도록 장려하는 것은 교회의 지도자들인 우리가 수행해야 할 과업이다.

그러므로 교회는 오늘날 그것의 출현에 참여하는 방식으로—또한 그

13 Grenz, *Theology for the Community of God*, 647.

런 과정 내내 지금 우리의 경험은 미래에 대한 맛보기에 불과하다고 여기면서—하나님이 미래를 위해 염두에 두고 계신 것을 상상하라는 부르심을 받고 있음이 분명하다. 더 나아가 이런 비전은 고도로 반문화적인 맥락에서 해석될 수 있다. 왜냐하면 교회는 즉각적인 것을 그것이 추구하는 유일한 실제로 여기는 곳이 아니기 때문이다. 이것은 대안 공동체가 행하는 고도로 전복적인 행위가 될 수 있다. 왜냐하면 교회는 즉각적인 만족이 우리가 삶에서 마땅히 기대해야 하는 것이라는 일반화된 견해를 거부함과 동시에, 다가오고 있는 우리의 유업으로서의 갱신된 창조에 대한 비전을 지니고 살아가는 것에 대한 대안적 견해를 제공하기 때문이다.

마지막으로, 이처럼 영원을 강조하는 견해는 기독교의 메시지에 무관심한 문화와 마주해서 믿음과 희망을 유지하는 데 매우 중요하다. 그리스도인으로 살아가는 것은 우리로 하여금 점점 더 이 세상에서 지금 우리가 고향을 떠나 살아가고 있다고 느끼게 할 수 있다. 따라서 우리가 다시 "고향에 있게 될" 것이라는 미래의 세상에 대한 희망은, 베드로가 그렇게 했던 것처럼, 유배기의 교회가 고수해야 하고 자신의 에토스의 핵심적 측면으로서 장려해야 할 믿음을 유지시켜주는 비전이 된다. 그 비전은 우리의 설교와 가르침에서 정기적으로 등장해야 한다. 우리의 공적 기도는 자주 종말론적 희망에 대해 언급해야 한다. 이 영원한 희망의 이상은 우리의 선교 선언문과 교회가 추구하는 가치들 안에 새겨져야 한다. 이 종말론적 희망의 언어는 교회의 복음 선포의 일부가 되어야 한다. 대부분의 서구인들이 누리는 다양한 물질적 안락에도 불구하고 우리 문화에 속한 많은 이들은 개인적 고통이나 절망으로 인해 허덕이고 있다. 이런 세상에서 갱신된 창조에 대한 약속을 가지고 이 세상의 타락에 직접적으로 맞서는 희망의 메시지는 그것을 필요로 하는 이들에게 희망을 제공할 수 있다. 마지막으로, 우리가 서로에게 그리스도에 대한 우리의 충성과 삶에서 제기되는 다양한 시련들 아래서 인내하는 것이 궁극적으로 보답을 받게 되리라는 것을 상기시키며 대화할 때, 틀림없이 그것은 우리의 대화에 풍미를 더해 줄 것이다.

교회 안에서 종말론적 정체성을 계발하는 목회적 행위는 유배적 상황이라는 현실을 직접 다룬다. 왜냐하면 그것은 우리가 살고 있는 현실과 우리의 참된 고향 사이의 거리를 인정할 뿐 아니라, 회중의 지속적인 여행에 활기를 불어넣는 회복에 대한 희망과 고향으로의 귀환이라는 유배기에 필요한 핵심적인 자료들을 제공하기 때문이다. 예언자적 상상력을 통한 이런 행위는 유배 상황에 놓여 있는 백성들의 삶을 위해 꼭 필요하다. 비록 그것이 절망과 의심이 스며드는 것을 막을 수는 없을지라도, 그런 상황에서조차 미래에 대해 희망을 갖는 것은 꼭 필요하다.

의심을 정직하게 다루기

유배는 의심을 낳는 경험이다. 그것은 우리에게, 어째서 우리가 결국 우리를 유배로 이끌어간 정체성을 고수해야 하는지, 그리고 혹시 우리가 그것과 더불어 살아갈 다른 정체성을 택하는 편이 더 나은 것은 아닌지에 대해 질문하도록 부추긴다. 고대 이스라엘의 경우, 예언자들과 시편 저자들은 과연 야웨가 참된 하나님인가 하는 의심을 추상적인 이론이 아니라 목회적 조언을 필요로 하는 문제로 다뤘다. 그것은 바빌로니아의 풍요와 종교적 헤게모니가 제공하는 매력에 대한 대응이었다. 소아시아에서 베드로전서의 독자들은 그들의 신앙 때문에 주변화와 시련을 경험하고 있었고, 그것은 어떤 이들을 의심으로 이끌어갔다. 우리가 기독교 신앙을 갖고 있다는 이유로 추방되거나 믿음에 대한 우리의 헌신이 우리에 대한 비난이나 조롱을 불러일으킬 경우, 우리가 예수 그리스도의 복음의 진리에 대해 의심하기 시작하는 것은 자연스러운 일이다. 결국 죽은 사람의 몸이 일어나 생명을 얻는다거나, 어떤 인간이 참으로 하나님이시라거나, 혹은 하나님이 실제로 우리의 마음속에서 사신다고 믿는 것은 결코 평범한 일이 아니다. 고대인들은 이런 터무니없는 주장에 대해 현대인들만큼이나 회의적이었다. 그런 까닭에 베드로가 그의 편지를 쓴 한 가지 분명한 목적은, 그의 독자들이 사회의 반응에 비추어 그리스도에 대한 자신들의 믿음과 관련해 갖고 있던 의심을 진정시키려는 것이었다.[14]

오늘날의 그리스도인들에게 후기 기독교 시대의 유배는 분명히 그들의 믿음과 관련해 아주 높은 수준의 의심을 야기할 수 있다. 유배는 핵심적인 믿음들을 의심의 대상이 되도록 만든다. 왜냐하면 그것들은 이제 더 이상 공통적으로 주장되지 않으며, 옛 이스라엘의 경우처럼, 유배는 야웨의 능력이 다른 "신들"에 의해 제압된 것처럼 보이게 한다. 그것은 커튼을 걷어 올려 신으로서 그의 연약함을 폭로한다.

시편 저자처럼, 후기 기독교 시대의 유배자들은 "주여, 깨소서! 어찌하여 주무시나이까?"(시 44:23)라고, 혹은 "어찌하여 주의 얼굴을 가리시나이까?"(24절)라고 물을 수 있다. 의심이 오늘날 문화의 정신과 그리스도인들 사이에서 나타나는 현실임을 알려주는 징표들은 통계 자료들과 베스트셀러의 목록들 모두에서 발견된다.[15] 의심은 유배의 불가피한 현실이며

14 Karen Jobes, *1 Peter* (Grand Rapids: Baker, 2005), 42.

오늘날 교회 안에 존재하는 참된 경험이다. 그러므로 목회 지도자들은 다음 세 가지 핵심적인 단계를 통해 교회 안에 존재하는 의심이라는 현실을 다뤄야 한다.

의심을 인정하라 목회자가 유배기적 의심의 실재를 정직하게 인정하는 것이 출발점이 되어야 한다. 베드로가 1세기의 고통이라는 실재와 직접 맞섰던 것처럼, 교회의 지도자들은 유배가 의심을 낳는 방식을 분명하게 밝히고 그것이 사실상 우리 모두가 공통적으로 겪고 있는 일임을 인정해야 한다. 이것이야말로 의심이 개인과 회중의 삶에서 갖고 있는 설득력을 무력화시키기 위한 출발점이다. 유배기에 의심은 인정되어야 한다. 바로 거기서 성서적인 탄식의 능력―그것은 이스라엘 민족이 그들의 유배라는 현실을 헤쳐 나가는 과정에서 중요한 요소였다―이 경험될 수 있다. 왜냐하면 그것은 우리가 유배된 공동체로서 느끼는 의심을 표현하기 위한 적절한 전례적 도구를 제공하기 때문이다. 예레미야애가가 제공하는 자료들은 이스라엘이 바빌로니아에게 점령되었을 때 그들이 정말로 야웨

15 Reginald Bibby가 캐나다의 젊은이들의 종교적 정체성과 관련해 제시한 통계는 이에 대한 몇 가지 징표를 제시한다. Bibby의 2008년도 조사에 따르면, 15세에서 19세의 캐나다인들의 32%가 자신들을 "무종교"의 범주에 넣었는데, 이것은 1984년도의 13%보다 훨씬 높은 것이었다(*The Emerging Millenials: How Canada's Newest Generation Is Responding to Change and Choice* [Lethbridge, AB: Project Canada Books, 2009], 176). 비록 이것이 본질적으로 그들이 무신론자나 불가지론자라는 것을 의미하지는 않을지라도, 이것은 그들이 기존의 종교 전통, 특히 가톨릭이나 개신교와의 연계를 꺼리고 있음을 보여준다. 또한 Richard Dawkins, *The God Delusion* (Boston: Mariner, 2008)과 Christopher Hitchens의 *God Is Not Good* (Toronto: Emblem, 2008) 같은 책들의 인기에 주목하라. 이것은 현재의 문화가 종교적 의심에 대해 얼마나 많이 열려 있는지를 보여준다.

의 임재와 능력에 대해 의심했었음을 예시해준다. 영적 분투와 의심은 우리가 신실한 자들 가운데는 그런 것이 존재하지 않는 것처럼 덮어야 할 그 무엇이 결코 아니다. 많은 이들에게 의심은 믿음의 삶의 자연스러운 일부다. 유배적 환경은 의심에 대한 자극을 불러일으키는데 그것은 문화가 더 이상 우리에게 기독교 체제 밖에 있는 사람들은 틀렸고 대개는 가망이 없다고 말해주는 방식으로 우리의 신앙을 강화시켜주지 않기 때문이다. 오늘날 기독교 신앙을 갖고 있는 이들은 그들의 신앙이 주류에 의해 수용되지 않고 있으며 그것의 진실성이 여러 측면에서 의문시되고 있다는 말을 듣는다. 그러므로 우리는 이런 상황이 현실이라는 것과 의심이 나날이 세속화되어가고 있는 문화의 가장자리에서 살아가는 그리스도인들 가운데 존재하는 실제적인 문제라는 것을 인정할 필요가 있다.

우리가 정직하게 그리고 분명하게 우리의 의심에 대해 말할 때, 우리는 그것과 더불어 살아나갈 수 있으며, 또한 그것을 믿음을 무력화시키는 현실로서가 아니라 오히려 믿음을 세우는 가능성으로 여기면서 건설적으로 다룰 수 있게 된다.

믿음을 유지시켜주는 장소로서 믿음의 공동체 제시하기 교회는, 사회학적 용어를 사용해 말하자면 "타당성 구조"(plausibility structure, 사회학자 피터 버거[Peter Berger]가 지어낸 용어다—역자 주)로서의 역할을 한다. 즉 그것은 공통의 믿음을 지닌 이들이 함께 모여 서로를 지원하고 자신들의 공통의 헌신을 강화하는 장소다. 그 그룹은 자기 밖에 있는 다른 이들이 그 그룹의 구성원들에게 그들이 틀렸다고 말할 때조차 자신들의 믿음을 타당한 것으로 만듦으로써 그들이 계속해서 그 믿음을 유지하도록 돕는 역할을 한다. 이런 역할은 문화 일반이 핵심적인 기독교 신앙을 강화하는 역할을 점차 포기하는 때에 특히 더 중요해진다. 그러므로 교회 공동체는 신자들의 삶에서 보다 핵심적인 역할을 수행해야 한다. 왜냐하면 그 공동체는 우리가 예수에 대한 믿음을 추구하고 우리의 삶을 하나님 나라에 바치는 것이 "미친 짓"이 아니라는 것을 상기시켜주기 때문이다. 그러므로 성서적인 공동체의 지속적인 개발과 신자들이 그것에 참여해야 할 필요에 대한 지속적인 강조는 목회적 과업에서 핵심적인 것이 된다.

최근에 내가 섬기는 교회에서 교우들 중 한 사람이 꽤 어려운 일을 겪어야 했다. 그 과정에서 그는 자신의 믿음에 관한 모든 것을 의심했다. 어느 순간 그는 모든 것이 "허풍"이라고, 그리고 그동안 자신이 예수에게 헌신하며 살아온 것이 완전히 잘못된 것이라고 확신했다. 그럼에도 그 시기 동안 그는 몇몇 교우들과의 교제를 유지했는데, 그들은 그의 분투에 대해 연민을 표하고, 그의 말을 들어주고, 그를 격려했다. 그들은 그가 자신의 의심을 표현하고, 자신의 상황에 대해 한탄하고, 하나님을 향해 욕을 퍼붓는 것을 정죄하지 않고 받아주었다. 마침내 그가 서서히 이전의 상태로 돌아와 전보다 더 성숙하고 견고한 믿음에 이르게 되었을 때, 그는 자신이 다시 그리스도를 주님으로 고백하고 새로운 열정으로 그리스도의 선교에 동참하기로 결심할 수 있었던 것은 자기가 의심에 빠져 있는 동안 교회 공동체가 자기를 지원해주었기 때문이라고 말할 수 있었다.

유배기의 교회에서 이런 이야기는 낯설지 않으며, 앞으로도 그럴 것이다. 교회는 이런 종류의 분투에 열려 있어야 한다. 하지만 그럼에도 여전히 교회는, 문화적 형세가 무엇을 지적하든 그리고 언론의 전문가들이 무슨 말을 하든, 그리스도에 대한 믿음을 확언하는 곳으로 남아 있어야 한다.

미래의 영광에 대한 희망 제시하기 우리가 이미 살펴보았듯이, 교회의 본질은 그 구성원들에게 그들의 믿음이 다가올 시대에 궁극적으로 신원되리라고 믿을 것을 요구하는 종말론적 관점에 의해 형성될 필요가 있다. 유배기의 목회 지도자들은 교회의 구성원들에게 계속해서 이 사실을 상기시킴으로써 의심에 대한 잠재적 유혹에 대응해야 한다. 이것은 우리가 언젠가는 모든 것이 다 잘 될 것이라고 주장하거나 희망한다는 뜻이 아니다. 오히려 그것은 교회의 믿음을 계속해서 예수와 사도들의 핵심적인 가르침, 즉 이 세상이 전부가 아니라는 것과 이런 확언이 참되다고 신뢰하는 행위가 바로 믿음이라는 가르침에 근거시키는 것이다. 유배기의 사람들에게 미래의 희망이 제공하는 격려가 필요한 것은 그런 격려가 그들을 이 세상에서 "버틸 수 있게" 해주기 때문이 아니라, 그것이 그들에게 이 세상과 이 세상 너머 모두에서 기독교 신앙의 참된 본질에 대해 상기시켜 주기 때문이다. 유배기에 필요한 인내는 교회 지도자들에게 계속해서 이런 희망을 자극하도록 요구하는데, 그것은 회중들로 하여금 그들이 경험하고 있는 유혹, 즉 믿음의 포기로 이어질 수 있는 의심에 굴복하고자 하는 유혹과 맞서 싸울 수 있게 하기 위함이다.

내가 참여하고 있는 작은 개척 교회에서 이런 철학은 우리로 하여금 요한계시록에 관한 일련의 설교를 행하도록 이끌었다. 그동안 나는 늘 이 특별한 책에 대한 두려움이 있었다. 그러나 우리 교회 담임목사는 이 과정을 이끌어야 한다는 강력한 소명을 느꼈다. 나는 우리 교회의 교육팀의 일원이었기에 싫든 좋든 내 차례가 되면 사도 요한이 제시한 그 묵시적 비전에 관한 다양한 본문들과 관련해 설교를 해야 했다. 그 설교 시리즈의 목표는 회중에게 종말에 관한 비전을 제시함으로써 그들이 현재를 살아가는 데 필요한 동기를 얻게 하는 것이었다. 실제로, 풍요롭고, 교육 수준이 높고, 종교적으로 냉담한 지역 공동체 안에서 이제 막 뿌리를 내리려 하는 개척 교회에게 이런 본문은 우리가 처한 세상의 삶의 방식이 역사에 대한 지배적인 개념들과 다르다는 것을 상기시켜 주는 일종의 "정체성 형성용 말씀"(an identity-shaping word)으로서의 역할을 했다. 하나님은 무언가 다른 것을 염두에 두고 계신다. 이것은 회중이 그들의 삶을 위한 시금석으로 삼아야 할 필요가 있는 비전이다. 왜냐하면 그것은 그들로 하여금 지금 그들이 이 세상에서 겪는 일이 궁극적인 것이 아님을 깨우쳐 주기 때문이다. 이 세상의 권력구조와 지혜를 능가하는, 그리고 우리에게 현재의 지배적인 신앙체계의 일시적인 승리를 거부해야 할 이유를 제공하는 미래의 희망이 존재한다.

결론

복음의 종말론적 희망은 우리에게 유배가 우리의 영원한 상태가 아님을 상기시켜준다. 오래 기다려온 회복—그것은 언제나 유배자들의 희망이다—의 경험을 제공해 줄 미래의 집이 존재한다. 이런 희망을 키우는 것은 지금 우리가 겪고 있는 일시적인 경험, 즉 우리의 참된 고향으로부터 멀리 떨어져 살아가는 경험의 한 가운데서 계속해서 충실함을 유지하는 데 필요한 핵심적 자원을 제공한다. 그것이 1세기 교회를 위한 기초적인 견해였던 것처럼, 오늘날의 교회 안에서 그것을 살아 있는 교리로서 회복하는 것은 이 부서진 세상에서의 경험 너머에도 참된 희망이 존재하기를 간절히 바라는 세상 속 교회의 선교와 메시지에 지속적인 열정을 덧붙여줄 것이다. 오늘날 교회의 지도자들은 반드시 종말론적 비전을 계발해서 개교회들과 그 교회들이 수행하는 사역들이 우리의 현재의 경험의 한계를 넘어서는 미래를 포함하는 희망을 지닐 수 있게 도와야 한다. 종말론적 백성으로 살아가는 것은 유배기의 삶을 위한 중요한 교리들 중 하나다. 그것은 우리에게 하나님의 백성인 우리의 이야기가 우리가 처해 있는 지금 이곳의 이야기보다 더 크다는 사실을 상기시켜 준다.

결론

교회 회심시키기

문제는 … 산을 움직이는 것이 아니라,

당신이 딛고 선 땅을 파는 것이다.

–제이콥 딜런, "선한 것은 이렇게 온다"에서

해방의 기적을 경험하는 것은 분명히 놀라운 일이다. 하지만 안타깝게도 우리들 대부분에게 기적은 그것의 본성상 드물게 일어나며, 해방은 대개 근면과 반복적인 일상의 결과로서 나타난다. 그런 일상은 의식적으로 그리고 무의식적으로 전개되는 패턴들로부터 나오며 개인과 공동체들이 그들이 처한 특별한 상황 속에서 효과적으로 기능하기 위한 방법이 된다.

이스라엘 민족에게 회복의 기적은 바빌로니아 유배에 대한 훌륭한 해결책이 되었을 터이나, 아쉽게도 그런 일은 일어나지 않았다. 대신 그 민족은 이방인의 통치 아래서 하나님의 백성으로 살아가는 새로운 길을 개척했다. 이런 새로운 패턴의 삶과 신앙은 그 민족이 다양한 형태의 포로 상황을 극복하고 하나의 백성으로서 온전하게 재탄생할 수 있게 해주었다. 그와 유사하게, 초기 교회는 적지 않은 기적들을 경험했음에도 불구하고 세상에서 권력의 자리를 즐기지 못했다. 초기 교회 역시 로마 세계 안에서 구별된 백성으로서 자신들의 소명을 완수할 수 있게 해주었던 패턴과 습관들을 개발해야 했다. 두 경우 모두, 하나님은 자신의 백성이 그들이 처한 유배 상황 한 가운데서 그들의 신앙을 상황화하고 자신의 목적을 위해 일하는 데 필요한 신학적 작업을 수행할 것을 요구하셨다.

지금까지 이 책에서 우리는 주로 서구 교회에 속해 있는 우리 자신의 유배 상황 속에서 우리의 믿음의 조상들이 걸었던 길을 충실히 뒤따르면서 하나님의 목적을 위해 일하는 데 필요한 패턴과 습관들을 살피는 일에 몰두해왔다. 해방의 기적은 분명히 환영할 만한 것이지만, 지금 하나님은 우리에게 우리가 처한 특별한 상황 속에서 그분의 백성이 된다는 것이 무엇을 의미하는지 헤아리도록 요구하고 계실 수도 있다. 몇 가지 특별한 유배기의 자원들과 그것들을 교회에 적용하는 것에 관한 이런 고찰은 지속적인 대화를 돕는 것을 목적으로 한다. 더 나아가 그것은 교회의 회심을 요구한다. 그것은 서구 교회가 유배 신학의 특별한 자원을 자신에게 적용함으로써 오는 세대에도 번성할 수 있도록 하기 위하여 현재의 자신을 유배 상태에 있는 것으로 보도록 촉구한다.

유배 모티브를 취하는 것은 현대 교회에 매우 유익한 수단이 될 수 있다. 그것은 교회가 자신이 처한 문화적 현실을 보다 분명하게 이해하고 그런 상황에 압도되지 않도록 도울 수 있는 자원을 제공해줄 것이다. 월터 브루그만은 유배적 정체성을 수용하는 것은 곧 "문화적 동화가 발생하지 않도록 조심하는 논쟁적이고도 신학적인 상상력의 행위"라고 쓰면서 유배 모티브가 그런 일을 수행할 가능성에 주목한다.[1] 유배는, 우리가 보았듯이, 새로운 문화적 현실에 개입하는 식으로 자신의 정체성을 정의할

1 Walter Brueggemann, *Hopeful Imagination: Prophetic Voices in Exile* (Philadelphia: Fortress, 1986), 111.

것을 요구하지만 또한 우리가 그런 현실과는 구별되는 정체성을 갖고 있음을 인정한다.

더 나아가 유배는 교회의 참된 정체성을 재발견함으로써 교회를 위한 가능성을 제공한다. 우리가 문화적 권력을 잃었으며 주변화되었다는 것을 알게 해주는 유배적 경험은 재앙이라기보다는 오히려 교회의 참된 정체성과 선교적 소명을 회복하는 데 필요한 것일 수 있다. 아마도 우리는 유배 상황에서 사회의 주변부에 있는 교회가 정사와 권세에 저항하면서, 그리고 대안적 메시지와 삶의 방식을 제공하기 위한 길을 찾으면서 지배적인 문화에 전복적인 방식으로 개입하라는 하나님이 주신 소명을 되찾는 것을 발견하게 될 것이다.[2]

교회가 갱신된 효율성뿐만 아니라 참된 정체성을 재발견할 수 있게 해주는 모티브로서의 유배의 가능성은 교회가 그것에 의해 "회심할 수" 있다는 좋은 소식을 전해준다. 우리가 살펴보았던 성서의 자료들과 제2성전기의 자료들은 이런 회심이 현재의 상황 속에서 교회를 이끄는 견고한 비전이 될 수 있도록 그것에 필요한 정보를 제공하고 실제로 회심을 이끌어낼 수 있는 자원들이다.[3] 우리가 보았듯이, 서구 교회는 문화를 형성하는 일과 관련해 교회의 참여를 환영했던 그리고 모종의 특권의식을 제공함으로써 교회가 사회 안에서 갖고 있는 정체성을 형성해주었던 환경 속

2 Elaine Heath, *The Mystic Way of Evangelism* (Grand Rapids: Baker, 2008), 26.

3 성서의 내용에 근거한 유배라는 모티브가 어떻게 한 집단에 적용되어 그들이 처한 역경의 상황에서도 그들을 번성하도록 돕는지에 관한 예는 Gregory Lee Cuéllar가 멕시코 이주민들에 관해 쓴 책인 *Voices of Marginality: Exile and Return in Second Isaiah 40-55 and the Mexican Immigrant Experience* (New York: Peter Lang, 2008)에서 찾아볼 수 있다.

에서 발전했다. 문화가 급변하고 세속화 과정이 시작되었을 때, 교회는 서서히 국가의 삶의 중심으로서의 자신의 위치를 상실해갔다. 이런 변화는 과거 45년간 계속해서 전개된 문화의 포스트모던적 파편화로 인해 더욱 악화되었다. 이런 지속적인 자리 이동으로 인해 초래된 큰 변화는 서구 교회를 문화의 주변부에 남겨놓았다. 전체적으로 교회는 자신이 처한 새로운 문화적 상황에 적응하는 데 느렸다. 오늘날 기독교 지도자들 중 크리스텐덤이라는 낡은 패러다임 아래에서 활동하는 이는 거의 없지만, 다수의 사람들은 아직도 이런 문화적 변화가 교회의 사역에 대해 얼마나 급진적인 의미를 갖는지를 제대로 이해하지 못한다.

미국, 캐나다, 영국, 그리고 다른 유럽 국가들에서 살아가는 그리스도인으로서 우리가 겪고 있는 위치의 변화는 사회학적 현실이라는 측면에서 고대 이스라엘의 그것과 완전히 다른 것이 아니다. 두 경우 모두에서 사람들은 중심에서 주변으로의 이동을 경험했다(하고 있다). 두 경우 모두에서 이런 변화의 의미를 이해했던(이해하는) 이들은 믿음을 이런 새로운 환경 속으로 번역해 소개하기 위한 방법에 대한 창조적인 신학적 성찰을 했다(하고 있다). 구약성서가 전하는 바 우리의 조상들이 기울였던 노력은 우리 자신의 성찰을 위한 원형을 제공한다. 우리가 앞 장들에서 살펴보았듯이, 그들의 대응법은 기독교적 유배자들인 오늘의 우리들을 계속해서 이끌어갈 수 있다. 대응 신학에서 발견되는 희망의 특별한 측면들, 하나님의 거룩한 백성으로서의 갱신된 정체성, 그리고 선교하는 하나님의 백성이 되어야 한다는 우리의 소명에 대한 재각성 등은 그것들이 과거에 이스라엘에게 도움을 주었던 것처럼 오늘날 교회의 삶에도 분명한 방향을 제시해준다.

문화가 바뀌는 상황 속에서 자신들의 믿음이 어떤 역할을 해야 하는지에 대한 신학적 성찰을 계속했던 제2성전기의 유대인들의 예는, 문화적 상황이 계속해서 재형성되는 오늘날 우리가 우리 자신의 유배적 상황이 제공하는 지속적인 도전에 어떻게 대응해야 하는지를 예시해준다.

마지막으로, 신약 시대의 교회, 특히 베드로전서에서 전형적으로 묘사되고 있는 교회는 구약 시대의 유배 개념들을 새로운 상황에 적용함으로써 계속해서 그 개념들을 구체화시키는 방식으로 오늘의 교회가 나아갈 방향을 제시해준다. 1세기의 교회 역시 유배로부터의 구출이 종말론적 경험이 되리라는 제2성전기의 개념 위에 세워졌으며, 유배기의 궁극적인 희망에 대한 그들의 비전은 오늘날 그리스도인으로서 우리 자신의 유배 상황에 계속해서 도움을 줄 수 있다.

만약 교회가 자신이 겪고 있는 주변화가 결국 그것에 대응하는 유배 신학을 요구하는 유배적 경험이라는 사실에 기꺼이 동의한다면, 이런 유산들은 교회에 하나의 뚜렷한 방향을 제시해준다. 우리가 그런 견해를 취할 경우 교회는 유배 신학이 제공하는 모든 희망을 수용할 수 있게 된다. 왜냐하면 그때 우리는 고대 이스라엘과 1세기의 교회 모두—그 둘은 모두 유배를 통과하는 길을 찾아냈고 결국 번성했다—가 걸었던 것과 동일한 길을 걷게 될 것이기 때문이다.

물론 그런 패러다임을 수용하는 것은 쉬운 일이 아니다. 왜냐하면 그것은 우리에게 몇 가지 표준적인 신학적 합의들 및 사역에 대한 전통적 견해들과 결별할 것을 요구하기 때문이다. 그것은 크리스텐덤의 방식과 그것의 오랜 기준들에 도전한다. 고인이 된 신학자 스탠리 그렌츠가 새로운 땅 개척하기를 두려워하는 복음주의 신학의 경향과 관련해 썼던 것처럼, 우리가 그동안 우리를 인도해 온 격언이 (영화 "스타트렉"[*Star Trek*]에 나오는 말을 패러디해서 말하자면) "전에 모두가 갔던 곳으로 조심스럽게 가라"였다고 말하는 것은 정확한 것일 수 있다.[4] 그러나 유배는 그런 보수성에 도전한다. 왜냐하면 유배는 보수성에 대한 심판을 선언하기 때문이다. 그것은 우리에게 모든 것이 다 괜찮지 않다고, 일을 수행하는 과거의 방식이 이제 더 이상 먹히지 않으며 따라서 그것을 고수하는 것은 선택 사항이 될 수 없다고 말한다. 상황은 변했다. 그리고 하나님은 자신의 백성이 다시 한번 유배를 경험하도록 허락하심으로써 교회가 자신의 참된 정체성을 되찾고 그것을 통해 새로워지라는 새로운 명령을 내리고 계신다. 기독교 지도자들에게 이것은 교회가 현대 서구 문화 안에서 자신의 위치를 이해하도록 도움으로써 마치 고대 이스라엘의 유배자들이 그들의 독특한 상황에 대응했던 것처럼 효과적으로 현재의 문화에 대응할 수 있게 하라는 도전이다.

앞서 언급했듯이, 이것은 어떤 이들에게는 매우 어려운 변화다. 보다 큰 문화로부터 스스로 고립되어 있는 그리스도인들은 상황이 그렇게 심각하다고 생각하지 않을 수도 있다. 그들에게 유배는 수용하기에는 너무 과격한 개념이다. 자신들의 믿음에 연료를 공급하고 자기들이 영원히 계속되는 미래의 승리 안에서 살아가도록 허락하는 종말론적 승리주의에 사로잡혀 있는 이들에게 유배는 과도하게 어두운 예후처럼 보일 수도 있다. 다른 이들에게 그 개념은 즉각적인 반향을 불러일으키지 못할 수도

4 Stanley Grenz, *Renewing the Center: Evangelical Theology in a Post-Theological Era* (Grand Rapids: Baker, 2000), 7.

있다. 왜냐하면 그 개념은 그것과 더불어 물리적 추방과 유폐라는 개념을 동반하기 때문이다. 그러나 만약 유배가 교회에게 그것이 의지해 살아갈 수 있는 희망적이고 유익한 비전을 제공한다면, 그런 패러다임을 향해 교회를 회심시키는 작업은 교회가 자신의 포스트모던하고 후기 기독교적인 정체성을 찾도록 돕는 일의 중요한 일부일 수 있다.

유배 모티브는 오늘의 교회가 자신이 처해 있는 참된 문화적 환경을 충분히 이해하고 정직하게 인정할 수 있도록 돕기 위해 꼭 필요하다. 오직 그럴 때만 교회는 그런 상황에 적절하게 대응함으로써 그것에 동화되는 것을 거부하고 또한 이 세상에서 하나님의 구별된 백성으로서 자신의 참된 정체성을 되찾을 수 있다. 브루그만은 이스라엘 민족에 대한 이사야의 사역에 대해 주석하면서 유배된 자들이 그들의 문화적 현실의 참된 본질을 향해 "회심할" 필요에 대해 언급한다. "제2이사야의 핵심적 과업은 사람들을 그들의 고향으로 초대하고, 그런 전망과 희망에 대한 의식을 만들어내는 것이었다. 그러나 그렇게 하기 위해 그 시인은 바빌로니아의 유대인들을 유배자들로 **회심시키고,** 두 세 대가 지났음에도 그곳이 여전히 그들의 고향이 아니라는 사실을 설득시켜야 했다."[5]

내가 바라는 것은, 현대 서구 사회 안에서 교회의 위치를 이해하기 위한 이런 패러다임이 희망적인 소멸(hopeful demise)에 관한 비전을 제공하는 것이다. 그로 인해 서구 교회는 현대 문화 안에서 자신의 참된 위치, 즉 중심에서 밀려나 주변부에서 살아가는 백성이라는 위치를 수용하면서

5 Walter Brueggemann, *The Prophetic Imagination* (Philadelphia: Fortress, 1978), 111 (볼드체는 나의 강조).

유배야말로 교회가 문화적 동화에 맞서기 위해 의지할 수 있는 가장 유망한 자원을 제공하는 모티브임을 깨닫게 될 것이다. 더 나아가 그 비전은 하나님이 바라고 요구하시는 존재, 즉 하나님에 관한 복된 소식을 보고 들어야 할 필요가 절실한 세상에 바로 그 소식을 선포하는 대안 공동체가 되고자 하는 교회의 결의를 강화시켜줄 것이다. 그러므로 우리의 개인적 회심이 하나님의 성령을 우리의 삶 속으로 모셔 그분으로 하여금 우리를 변화시키고 그리스도의 제자로 살아가게 해주듯, 하나님의 성령은 또한 우리가 집단적으로 그분의 은총을 통해 변화되어 오늘 이 세상에서 과거에 그리스도의 백성이 그랬던 것처럼 그리스도의 유배된 백성으로 살아가게 해주실 것이다.

나 여호와가 의로 너를 불렀은즉
내가 네 손을 잡아 너를 보호하며
너를 세워 백성의 언약과
이방의 빛이 되게 하리니
네가 눈먼 자들의 눈을 밝히며
갇힌 자를 감옥에서 이끌어 내며
흑암에 앉은 자를 감방에서 나오게 하리라(사 42:6-7).

저자 색인

성구 색인

유배된 교회

가나안교회 시대에 그리스도인으로 살아가기

1쇄발행_ 2017년 11월 5일
2쇄발행_ 2017년 11월 29일

지은이_ 리 비치
옮긴이_ 김광남
펴낸이_ 김요한
펴낸곳_ 새물결플러스
편　집_ 왕희광·정인철·최율리·박규준·노재현·한바울·신준호·정혜인·김태윤
디자인_ 김민영·이지훈·이재희·박슬기
마케팅_ 임성배·박성민
총　무_ 김명화·이성순
영　상_ 최정호·조용석·곽상원

아카데미_ 유영성·최경환·이윤범

홈페이지 www.holywaveplus.com
이메일 hwpbooks@hwpbooks.com
출판등록 2008년 8월 21일 제2008-24호
주소 (우) 07214 서울특별시 영등포구 양평로 11, 4층(당산동5가)
전화 02) 2652-3161
팩스 02) 2652-3191

ISBN 979-11-6129-041-6 03230

책값은 뒤표지에 있습니다.

이 도서의 국립중앙도서관 출판예정도서목록(CIP)은 서지정보유통지원시스템 홈페이지(http://seoji.nl.go.kr)와 국가자료공동목록시스템(http://www.nl.go.kr/kolisnet)에서 이용하실 수 있습니다(CIP제어번호: CIP2017027841).